INHALT

INHALT

Aussprache

[b, d, g, l, m, n] werden wie im Deutschen ausgesprochen. [p, t, k] werden ohne Behauchung ausgesprochen. ' vor einer Silbe bedeutet, dass die nachfolgende Silbe betont ist.

[a]	wie in **a**lle	άγιος	['ajɔs]
[ɛ]	wie in B**ä**cker, h**e**ll	έντυπο	['ɛndipɔ]
[i]	wie in M**i**nute	ιστορία	[istɔ'ria]
[ɔ]	wie in **o**ffen	οδός	[ɔ'ðɔs]
[u]	wie in M**u**sik	ουρανός	[ura'nɔs]
[j]	wie in **j**eder	γύρος	['jirɔs]
[f]	wie in **f**allen, **V**ater	φυτό	[fi'tɔ]
[v]	wie in **W**asser, **V**ioline	βάρκα	['varka]
[s]	wie in rei**ß**en, la**ss**en	σπίρτο	['spirtɔ]
[z]	wie in le**s**en, rei**s**en	ζάχαρη	['zaxari]
[ç]	wie in **ich**, schle**ch**t	χέρι	['çɛri]
[x]	wie in a**ch**, no**ch**	χαρτί	[xar'ti]
[θ]	wie in engl. **th**ing, mit der Zungen-spitze hinter den Zähnen	θάλασσα	['θalasa]
[ð]	wie in engl. **th**at, mit der Zungen-spitze hinter den Zähnen	δρόμος	['ðrɔmɔs]
[ɣ]	wie ein Zäpfchen-r ohne Rollen wie in **w**aren	γάλα	['ɣala]
[ŋ]	wie in la**ng**, bri**ng**en	παγκάκι	[paŋ'gaki]
[r]	geschlagenes Zungenspitzen-r	ρέστα	['rɛsta]

Das griechische Alphabet

Buchstabe	Name	Lautwert
Α α	['alfa]	[a]
Β β	['vita]	[v]
Γ γ	['ɣama]	[ɣ]
		[j] vor [ε, i]
Δ δ	['ðεlta]	[ð]
Ε ε	['εpsilɔn]	[ε]
Ζ ζ	['zita]	[z]
Η η	['ita]	[i]
Θ θ	['θita]	[θ]
Ι ι	['jɔta]	[i]
		[j] vor betontem Vokal
Κ κ	['kapa]	[k]
Λ λ	['lamða]	[l]
Μ μ	[mi]	[m]
Ν ν	[ni]	[n]
Ξ ξ	[ksi]	[ks]
Ο ο	['ɔmikrɔn]	[ɔ]
Π π	[pi]	[p]
Ρ ρ	[rɔ]	[r] (Zungen-r)
Σ σ, ς	['siɣma]	[s]
		[z] vor stimmh. Konsonant
Τ τ	[taf]	[t]
Υ υ	['ipsilɔn]	[i]
Φ φ	[fi]	[f]
Χ χ	[çi]	[x]
		[ç] vor [ε, i]
Ψ ψ	[psi]	[ps]
Ω ω	[ɔ'mεɣa]	[ɔ]

lautliche Entsprechung	griechisches Musterwort	
alle	άγιος	['ajɔs]
Wasser	βάρκα	['varka]
wa**r**um	γάλα	['ɣala]
jeder	γύρος	['jirɔs]
engl. **th**at	δέντρο	['ðɛndrɔ]
h**e**ll	έντυπο	['ɛndipɔ]
le**s**en	ζάχαρη	['zaxari]
M**i**nute	ήλιος	['iliɔs]
engl. **th**ing	θάλασσα	['θalasa]
M**i**nute	ιστορία	[istɔ'ria]
jeder	μια	[mia]
franz. **c**afé	κάρτα	['karta]
lesen	λεπτό	[lɛ'ptɔ]
Mitte	μέρα	['mɛra]
Norden	νύχτα	['nixta]
He**x**e	ξύλο	['ksilɔ]
offen	οδός	[ɔ'ðɔs]
franz. **p**ilote	παγκάκι	[pan'gaki]
ital. ma**r**e	ρέστα	['rɛsta]
la**ss**en	σπίρτο	['spirtɔ]
le**s**en	κόσμος	['kɔzmɔs]
franz. **t**abac	ταινία	[tɛ'nia]
M**i**nute	ύπνος	['ipnɔs]
fallen	φυτό	[fi'tɔ]
a**ch**	χαρτί	[xar'ti]
i**ch**	χέρι	['çɛri]
Psalm	ψάρι	['psari]
offen	ώρα	['ɔra]

Buchstabenverbindungen

Buchstabenverbindung		Laut-wert	Musterwort	
αι		[ε]	ταινία	[tɛˈnia]
αυ	vor Vokal oder stimm-haften Konsonanten	[av]	αυγό	[aˈvɣɔ]
	vor stimmlosen Konsonanten	[af]	αυτί	[aˈfti]
ευ	vor Vokal oder stimm-haften Konsonanten	[εv]	Ευρώπη	[ɛˈvrɔpi]
	vor stimmlosen Konsonanten	[εf]	ευχαριστώ	[ɛfxariˈstɔ]
			εικόνα	[iˈkɔna]
ει		[i]	όλοι	[ˈɔli]
οι	zwischen Konsonant und be-tontem Vokal, außer nach [j]	[j]	δουλειά	[ðuˈlja]
			τακτοποιώ	[taktɔˈpjɔ]
ου		[u]	ουρανός	[uraˈnɔs]
γι	vor [a, ɔ, u]	[j]	γιος	[jɔs]
γγ		[ŋg]	στρογγυλός	[strɔŋgiˈlɔs]
γκ	am Wortanfang	[g]	γκρι	[gri]
	im Wortinnern	[ŋg]	παγκάκι	[paŋˈgaki]
γχ		[ŋx]	ελεγχτής	[ɛlɛŋˈxtis]
	vor [ε, i]	[ŋç]	εγχείρηση	[ɛŋˈçirisi]
μπ	am Wortanfang	[b]	μπλε	[blɛ]
	im Wortinnern*	[mb]	κουμπί	[kumˈbi]
ντ	am Wortanfang	[d]	ντους	[dus]
	im Wortinnern*	[nd]	δόντι	[ˈðɔndi]
ν	am Wortende			
	+ κ	[ŋg]	τον καφέ	[tɔŋ gaˈfɛ]
	+ ξ	[ŋgz]	δεν ξέρω	[ðɛŋ ˈgzɛrɔ]
	+ μπ	[mb]	δεν μπορείτε	[ðɛm bɔˈritɛ]
	+ π	[mb]	τον προσέχω	[tɔm brɔˈsɛxɔ]
	+ ψ	[mbz]	την ψυχή	[tim bziˈçi]
	+ τ	[nd]	την τέντα	[tin ˈdɛnda]
	+ τσ	[ndz]	την τσάντα	[tin ˈdzanda]

* außer in bestimmten Fremdwörtern und fremden Namen

Allgemeine Abkürzungen

Α	ανατολικά	östlich
Α.Ε.	Ανώνυμη Εταιρία	Aktiengesellschaft
Α.Π.	Αστυνομία Πόλεων	Stadtpolizei
α/π.	ατμόπλοιο	Dampfer
αρ.	αριθμός	Nummer
Β	βορράς	Norden
βλ.	βλέπε	siehe
ΓΜ	Γερμανικά Μάρκα	Deutsche Mark
Δ	δυτικά	westlich
Δ.Ε.	Δημόσια Έργα	Öffentliche Bau-/Straßenarbeiten
Δ.Ε.Η.	Δημόσια Επιχείρηση Ηλεκτρισμού	Öffentliche Elektrizitätsgesellschaft
δηλ.	δηλαδή	das heißt
Δίς	Δεσποινίς	Fräulein
δρχ.	δραχμές	Drachmen
Δ.Χ.	δημόσια χρήση	Öffentliche Nutzung
Ε.Α.Α.	Ελληνική Αεροπορική Αστυνομία	Griechische Flugverkehrspolizei
Ε.Ε.	Ετερόρρυθμη Εταιρία	Kommanditgesellschaft
Ε.Ε.	Ευρωπαϊκή Ένωση	Europäische Union
Ε.Ε.Σ.	Ελληνικός Ερυθρός Σταυρός	Griechisches Rotes Kreuz
Ε.Λ.Π.Α.	Ελληνική Λέσχη Περιηγήσεως καί Αυτοκινήτου	Griechischer Automobilclub und Straßenwacht
ΕΛ.ΤΑ.	Ελληνικά Ταχυδρομεία	Griechische Post
Ε.Ο.Τ.	Ελληνικός Οργανισμός Τουρισμού	Griechische Zentrale für Fremdenverkehr
Ε.Π.Ε.	Εταιρία Περιορισμένης Ευθύνης	GmbH
Ε.Ρ.Τ.	Ελληνική Ραδιοτηλεόραση	Griechische Rundfunk- u. Fernsehanstalt
Ε.Σ.	Ελληνικός Στρατός	Griechisches Militär
Ε.Σ.Α.	Ελληνική Στρατιωτική Αστυνομία	Griechische Militärpolizei
Η.Π.Α.	Ηνωμένες Πολιτείες Αμερικής	Vereinigte Staaten von Amerika
Ι.Κ.Α.	Ίδρυμα Κοινωνικών Ασφαλίσεων	Sozialversicherungsanstalt
Ι.Χ.	ιδιωτικής χρήσεως	Pkw
κ.	κύριος	Herr
κα.	κυρία	Frau
κ. ά.	και άλλα	und andere
Κ.Κ.Ε.	Κομμουνιστικό Κόμμα Ελλάδος	Kommunistische Partei Griechenlands
κλπ.	και λοιπά	und so weiter
κ.ο.κ.	και ούτω καθεξής	und so weiter
Κ.Τ.Ε.Λ.	Κοινό Ταμείο Εισπράξεων Λεωφορείων	Interessengemeinschaft der Autobusunternehmer
κ.τ.τ.	και τα τοιαύτα	und dergleichen
λ.	λίτρο	Liter
λ.χ.	λόγου χάρη	zum Beispiel
μ.	μέτρο	Meter
μ.μ.	μετά μεσημβρίαν	nachmittags

μ.Χ.	μετά Χριστόν	nach Christus
Ν	Νότια/Νότος	Südlich/Süden
Ο.Ε.	Ομόρρυθμος Εταιρία	Offene Handelsgesellschaft
Ο.Η.Ε.	Οργανισμός Ηνωμένων Εθνών	UNO
Ο.Λ.Π.	Οργανισμός Λιμένος Πειραιώς	Hafenamt von Piräus
Ο.Σ.Ε.	Οργανισμός Σιδηροδρόμων Ελλάδος	Griechische Staatsbahnen
Ο.Τ.Ε.	Οργανισμός Τηλεπικοινωνιών Ελλάδος	Griechische Anstalt für Telekommunikation
Π.Β.	Πρόεδρος Βουλής	Parlamentspräsident
π.μ.	προ μεσημβρίας	vormittags
π.χ.	παραδείγματος χάριν	zum Beispiel
π.Χ.	προ Χριστού	vor Christus
Τ.Α.	Τουριστική Αστυνομία	Touristenpolizei
Υ.Ε.Α.	Υπουργείο Εθνικής Αμύνης	Verteidigungsministerium
Υ.Ε.Π.Θ	Υπουργείο Εθνικής Παιδείας και Θρησκευμάτων	Ministerium für nationale Bildung und Religion

Abkürzungen im Reisewörterbuch

acc	Akkusativ, 4. Fall	αιτιατική
adj	Adjektiv, Eigenschaftswort	επίθετο
adv	Adverb, Umstandswort	επίρρημα
BIO	Biologie	βιολογία
conj	Konjunktion, Bindewort	σύνδεσμος
El	Elektrotechnik	ηλεκτρολογία
etw	etwas	κάτι
f	Femininum, weiblich	θηλυκό
fig	figurativ	μεταφορικά
gen	Genitiv, 2. Fall	γενική
jdm	jemandem	σε κάποιον
jdn	jemanden	κάποιον
JUR	Rechtswesen	νομική
LING	Sprache/Grammatik	γλωσσικός/γραμματικός όρος
m	Maskulinum, männlich	αρσενικό
MED	Medizin	ιατρική
n	Neutrum, sächlich	ουδέτερο
pers prn	Personalpronomen	προσωπική αντωνυμία
PHYS	Physik	φυσική
pl	Plural, Mehrzahl	πληθυντικός αριθμός
poss prn	Possessivpronomen	κτητική αντωνυμία
prn	Pronomen, Fürwort	αντωνυμία
prp	Präposition, Verhältniswort	πρόθεση
REL	Religion	θρησκεία
s.	sich	εαυτός
sing	Singular, Einzahl	ενικός αριθμός
TECH	Technik	τεχνική/τεχνολογία
TEL	Telekommunikation	τηλεπικοινωνίες
umg	umgangssprachlich	καθομιλουμένη
verb	Verb, Zeitwort	ρήμα
vi	intransitiv	αμετάβατο ρήμα
vp	mediopassiv	μέση φωνή
vt	transitiv	μεταβατικό ρήμα

Allgemeines

Willkommen im Land der Sonne und des Lichts!
132 000 km² Mittelgebirge und Inseln und eine einzigartige Melange aus Altertum und Neuzeit, aus Orient und Okzident, die zugleich balkanisch und mediterran geprägt ist, warten darauf, von Ihnen entdeckt zu werden.
Allein die über 60 bewohnten Inseln sind voneinander völlig verschieden und jede einen Besuch wert.
Als südöstlichstes Land Europas gehört Griechenland sicher zu den wohl eigenwilligsten und widersprüchlichsten Staaten.
Was für das Land und seine Bewohner gilt, trifft nicht minder auf die Sprache zu. Weit über 3 000 Jahre wechselvoller Geschichte haben im Griechischen tiefe Spuren hinterlassen, die es dem Anfänger oft nicht eben leicht machen, sie zu erlernen.
Nun genug der Vorrede und viel Spaß beim Abenteuer Hellas!

Das Wichtigste in Kürze

Ja.	**Ναι.** [nε]
Nein.	**Όχι.** ['ɔçi]
Bitte.	**Παρακαλώ.** [paraka'lɔ]
Danke!	**Ευχαριστώ!** [εfxari'stɔ]
Wie bitte?	**Ορίστε;** [ɔ'ristε]
Selbstverständlich!	**Φυσικά!** [fisi'ka]
Einverstanden!	**Έγινε!** ['εjinε]
In Ordnung!	**Εντάξει!** [εn'daksi]
Verzeihung!	**Συγνώμη!** [si'ɣnɔmi]
Einen Augenblick, bitte!	**Μια στιγμή, παρακαλώ.** [mia stiɣ'mi paraka'lɔ]
Genug!	**Αρκετά!** [arkε'ta]
Hilfe!	**Βοήθεια!** [vɔ'iθia]
Wer?	**Ποιος;** [pjɔs]
Was?	**Τι;** [ti]
Welcher/Welche/Welches?	**Ποιος/ποια/ποιο;** [pjɔs/pja/pjɔ]
Wo?	**Πού;** [pu]
Wo ist/Wo sind ...?	**Πού είναι ...;** [pu 'inε]
Woher?	**Από πού;** [a'pɔ pu]
Wohin?	**Πού;** [pu]
Warum?	**Γιατί;** [ja'ti]
Wie?	**Πώς;** [pɔs]

Wie viel?	**Πόσο;** ['pɔsɔ]
Wie lange?	**Πόσον καιρό;** ['pɔsɔn kɛ'rɔ]
Wann?	**Πότε;** ['pɔtɛ]
Ich will ...	**Θέλω ...** ['θɛlɔ]
Ich möchte ...	**Θα ήθελα ...** [θa 'iθɛla]
Gibt es ...?	**Έχει ...; Υπάρχει ...;** ['ɛçi/i'parçi]

Zahlen – Maße – Gewichte

0	**μηδέν** [mi'ðɛn]
1	**ένα** ['ɛna]
2	**δυο** ['ðiɔ]
3	**τρία** ['tria]
4	**τέσσερα** ['tɛsɛra]
5	**πέντε** ['pɛndɛ]
6	**έξι** ['ɛksi]
7	**εφτά** [ɛ'fta]
8	**οχτώ** [ɔ'xtɔ]
9	**εννέα** [ɛ'nɛa]
10	**δέκα** ['ðɛka]
11	**έντεκα/ένδεκα** ['ɛndɛka/'ɛnðɛka]
12	**δώδεκα** ['ðɔðɛka]
13	**δεκατρία** [ðɛka'tria]
14	**δεκατέσσερα** [ðɛka'tɛsɛra]
15	**δεκαπέντε** [ðɛka'pɛndɛ]
16	**δεκαέξι** [ðɛka'ɛksi]
17	**δεκαεφτά** [ðɛkaɛ'fta]
18	**δεκαοχτώ** [ðɛkaɔx'tɔ]
19	**δεκαεννέα** [ðɛkaɛ'nɛa]
20	**είκοσι** ['ikɔsi]
21	**είκοσι ένα** ['ikɔsi 'ɛna]
22	**είκοσι δυο** ['ikɔsi 'ðiɔ]
23	**είκοσι τρία** ['ikɔsi 'tria]
24	**είκοσι τέσσερα** ['ikɔsi 'tɛsɛra]
25	**είκοσι πέντε** ['ikɔsi 'pɛndɛ]
26	**είκοσι έξι** ['ikɔsi 'ɛksi]
27	**είκοσι εφτά** ['ikɔsi ɛ'fta]
28	**είκοσι οχτώ** ['ikɔsi ɔx'tɔ]
29	**είκοσι εννιά/εννέα** ['ikɔsi ɛn'ja/ɛ'nɛa]
30	**τριάντα** [tri'anda]
31	**τριάντα ένα** [tri'anda 'ɛna]
32	**τριάντα δυο** [tri'anda 'ðiɔ]
40	**σαράντα** [sa'randa]
50	**πενήντα** [pɛ'ninda]
60	**εξήντα** [ɛ'ksinda]
70	**εβδομήντα** [ɛvðɔ'minda]

80	**ογδόντα** [ɔɣ'ðɔnda]
90	**ενενήντα** [ɛnɛ'ninda]
100	**εκατό** [ɛka'tɔ]
101	**εκατόν ένα** [ɛka'tɔn 'ɛna]
200	**διακόσια** [ðia'kɔsia]
300	**τριακόσια** [tria'kɔsia]
1 000	**χίλια** ['çilia]
3 000	**τρεις χιλιάδες** [tris çil'jaðɛs]
10 000	**δέκα χιλιάδες** ['ðɛka çil'jaðɛs]
100 000	**εκατό χιλιάδες** [ɛka'tɔ çil'jaðɛs]
1 000 000	**ένα εκατομμύριο** ['ɛna ɛkatɔ'miriɔ]
1.	**πρώτος** ['prɔtɔs]
2.	**δεύτερος** ['ðɛftɛrɔs]
3.	**τρίτος** ['tritɔs]
4.	**τέταρτος** ['tɛtartɔs]
5.	**πέμπτος** ['pɛmptɔs]
6.	**έκτος** ['ɛktɔs]
7.	**έβδομος** ['ɛvðɔmɔs]
8.	**όγδοος** ['ɔɣðɔɔs]
9.	**ένατος** ['ɛnatɔs]
10.	**δέκατος** ['ðɛkatɔs]
1/2	**(το) ένα δεύτερο** [tɔ 'ɛna 'ðɛftɛrɔ]
1/3	**(το) ένα τρίτο** [tɔ 'ɛna 'tritɔ]
1/4	**(το) ένα τέταρτο** [tɔ 'ɛna 'tɛtartɔ]
3/4	**(τα) τρία τέταρτα** [ta 'tria 'tɛtarta]
3,5%	**τρία κόμμα πέντε τοις εκατό** ['tria 'kɔma 'pɛndɛ tis ɛka'tɔ]
27 °C	**είκοσι εφτά βαθμοί κελσίου** ['ikɔsi ɛ'fta vaθ'mi kɛl'siu]
–5 °C	**πέντε βαθμοί κελσίου κάτω από το μηδέν** ['pɛndɛ vaθ'mi kɛl'siu 'katɔ a'pɔ tɔ mi'ðɛn]
1999	**(το) χίλια εννιακόσια ενενήντα εννιά** [tɔ 'çilia ɛnia'kɔsia ɛnɛn'inda ɛn'ja]
2000	**(το) δυο χιλιάδες** [to 'ðiɔ çil'jaðɛs]
2001	**(το) δυο χιλιάδες ένα** [to 'ðiɔ çil'jaðɛs 'ɛna]
Millimeter	**το χιλιοστό** [tɔ çiliɔ'stɔ]
Zentimeter	**το εκατοστό** [tɔ ɛkatɔ'stɔ]
Meter	**το μέτρο** [tɔ 'mɛtrɔ]
Kilometer	**το χιλιόμετρο** [tɔ çil'jɔmɛtrɔ]
Seemeile	**το ναυτικό μίλι** [tɔ nafti'kɔ 'mili]
Quadratmeter	**το τετραγωνικό μέτρο** [tɔ tɛtraɣɔni'kɔ 'mɛtrɔ]
Quadratkilometer	**το τετραγωνικό χιλιόμετρο** [tɔ tɛtraɣɔni'kɔ çil'jɔmɛtrɔ]
Liter	**το λίτρο** [tɔ 'litrɔ]
Gramm	**το γραμμάριο** [tɔ ɣra'mariɔ]
Pfund	**το μισό κιλό** [tɔ mi'sɔ ki'lɔ]
Kilo(gramm)	**το κιλό** [tɔ ki'lɔ]

Zeitangaben

Uhrzeit

Wie viel Uhr ist es?	**Τι ώρα είναι;** [ti 'ɔra 'inɛ]
Es ist (genau/ungefähr) um 3 Uhr.	**Η ώρα είναι (ακριβώς/περίπου) τρεις.** [i 'ɔra 'inɛ (akri'vɔs/pɛ'ripu) tris]
Um 3 Uhr nachmittags.	**Στις τρεις (η ώρα) το απόγευμα.** [stis tris (i 'ɔra) tɔ a'pɔɣɛvma]
Um 9 Uhr früh/vormittags.	**Στις εννιά (η ώρα) το πρωί.** [stis ɛn'ja (i 'ɔra) tɔ prɔ'i]
5 nach 3.	**Τρεις και πέντε.** [tris kɛ 'pɛndɛ]
3 Uhr 10.	**Τρεις και δέκα.** [tris kɛ 'ðɛka]
Viertel nach 3.	**Τρεις και τέταρτο.** [tris kɛ 'tɛtartɔ]
Halb 4.	**Τρεις και μισή.** [tris kɛ mi'si]
Viertel vor 4.	**Τέσσερις παρά τέταρτο.** ['tɛsɛris pa'ra 'tɛtartɔ]
5 vor 4.	**Τέσσερις παρά πέντε.** ['tɛsɛris pa'ra 'pɛndɛ]
12 Uhr Mittag/Mitternacht.	**Δώδεκα το μεσημέρι/τα μεσάνυχτα.** ['ðɔðɛka tɔ mɛsi'mɛri/ta mɛ'sanixta]
Um wie viel Uhr?/Wann?	**Τι ώρα;/Πότε;** [ti 'ɔra/'pɔtɛ]
Um 1 Uhr.	**Στη μία η ώρα.** [sti 'mia i 'ɔra]
Um 2 Uhr.	**Στις δυο η ώρα.** [stis 'ðiɔ i 'ɔra]
Gegen 4 Uhr.	**Κατά τις τέσσερις η ώρα.** [ka'ta tis 'tɛsɛris i 'ɔra]
In einer Stunde.	**Σε μία ώρα.** [sɛ 'mia 'ɔra]
In zwei Stunden.	**Σε δυο ώρες.** [sɛ 'ðiɔ 'ɔrɛs]
Nach 8 Uhr abends.	**Μετά τις οχτώ το βράδυ.** [mɛ'ta tis ɔ'xtɔ tɔ 'vraði]
Zwischen 3 und 4.	**Μεταξύ τρεις και τέσσερις.** [mɛta'ksi tris kɛ 'tɛsɛris]
Wie lange?	**Πόσον καιρό;** ['pɔsɔn kɛ'rɔ]
Zwei Stunden (lang).	**(Επί) δυο ώρες.** [ɛ'pi 'ðiɔ 'ɔrɛs]
Von 10 bis 11.	**Από τις δέκα μέχρι τις ένδεκα.** [a'pɔ tiz 'ðɛka 'mɛxri tis 'ɛnðɛka]

Bis 5 Uhr.	**Μέχρι τις πέντε η ώρα.** ['mεxri tis 'pende i 'ɔra]
Seit wann?	**Από πότε;** [a'pɔ 'pɔtε]
Seit 8 Uhr morgens.	**Από τις οχτώ τό πρωί.** [a'pɔ tis ɔ'xtɔ tɔ prɔ'i]
Seit einer halben Stunde.	**Εδώ και μισή ώρα.** [ε'ðɔ kε mi'si 'ɔra]
Seit acht Tagen.	**Εδώ και οχτώ μέρες.** [ε'ðɔ kε ɔ'xtɔ 'mεrεs]
abends	**το βράδυ** [tɔ 'vraði]
am Sonntag	**την Κυριακή** [tin kirja'ki]
am Wochenende	**το Σαββατοκύριακο** [tɔ savatɔ'kiriakɔ]
bald	**σε λίγο** [sε 'liɣɔ]
diese Woche	**αυτή τη βδομάδα** [a'fti ti vðɔ'maða]
gegen Mittag	**κατά το μεσημέρι** [ka'ta tɔ mεsi'mεri]
gestern	**χθες** [xθεs]
heute	**σήμερα** ['simεra]
heute morgen/Abend	**σήμερα το πρωί/το βράδυ** ['simεra tɔ prɔ'i/tɔ 'vraði]
in 14 Tagen	**σε δεκατέσσερις μέρες** [sε ðεka'tεsεris 'mεrεs]
innerhalb einer Woche	**μέσα σε μια βδομάδα** ['mεsa sε mja vðɔ'maða]
jeden Tag	**κάθε μέρα** ['kaθε 'mεra]
jetzt	**τώρα** ['tɔra]
kürzlich	**πριν λίγο (καιρό)** [prin 'liɣɔ (kε'rɔ)]
letzten Montag	**την περασμένη Δευτέρα** [tim bεra'zmεni ðεf'tεra]
manchmal	**μερικές φορές** [mεri'kεs fɔ'rεs]
mittags	**το μεσημέρι** [tɔ mεsi'mεri]
morgen	**αύριο** ['avriɔ]
morgen früh/Abend	**αύριο το πρωί/το βράδυ** ['avriɔ tɔ prɔ'i/tɔ 'vraði]
morgens	**το πρωί** [tɔ prɔ'i]
nachmittags	**το απόγευμα** [tɔ a'pɔɣεvma]
nächstes Jahr	**του χρόνου** [tu 'xrɔnu]
nachts	**τη νύχτα** [ti 'nixta]
stündlich	**την ώρα** [tin 'ɔra]
täglich	**καθημερινά** [kaθimeri'na]
übermorgen	**μεθαύριο** [mε'θavriɔ]
um diese Zeit	**αυτή την ώρα** [a'fti tin 'ɔra]
vor zehn Minuten	**πριν δέκα λεπτά** [prin 'ðεka lεp'ta]
vorgestern	**προχθές** [prɔ'xθεs]
voriges Jahr	**πέρσι** [pεr'si]

Wochentage

Montag	**η Δευτέρα** [i ðɛ'ftɛra]
Dienstag	**η Τρίτη** [i 'triti]
Mittwoch	**η Τετάρτη** [i tɛ'tarti]
Donnerstag	**η Πέμπτη** [i 'pɛmpti]
Freitag	**η Παρασκευή** [i paraskɛ'vi]
Samstag	**το Σάββατο** [tɔ 'savatɔ]
Sonntag	**η Κυριακή** [i kiria'ki]

Monate

Januar	**ο Ιανουάριος** [ɔ janu'ariɔs]
Februar	**ο Φεβρουάριος** [ɔ fɛvru'ariɔs]
März	**ο Μάρτιος** [ɔ 'martiɔs]
April	**ο Απρίλιος** [ɔ a'priliɔs]
Mai	**ο Μάιος** [ɔ 'majɔs]
Juni	**ο Ιούνιος** [ɔ 'juniɔs]
Juli	**ο Ιούλιος** [ɔ 'juliɔs]
August	**ο Αύγουστος** [ɔ 'avɣustɔs]
September	**ο Σεπτέμβριος** [ɔ sɛp'tɛmvriɔs]
Oktober	**ο Οκτώβριος** [ɔ ɔk'tɔvriɔs]
November	**ο Νοέμβριος** [o nɔ'ɛmvriɔs]
Dezember	**ο Δεκέμβριος** [ɔ ðɛ'kɛmvriɔs]

Jahreszeiten

Frühling	**η άνοιξη** [i 'aniksi]
Sommer	**το καλοκαίρι** [tɔ kalɔ'kɛri]
Herbst	**το φθινόπωρο** [tɔ fθi'nɔpɔrɔ]
Winter	**ο χειμώνας** [ɔ çi'mɔnas]

Feiertage

Neujahr	**η Πρωτοχρονιά** [i prɔtɔxrɔn'ja]
Heilige drei Könige (6. Januar)	**Τα Φώτα** [ta 'fɔta]
Karneval	**οι Απόκριες/το καρναβάλι** [i a'pokries/tɔ karna'vali]
Der griechische Unabhängigkeitstag/Mariä Verkündigung (25. März)	**η 25η Μαρτίου/ ο Ευαγγελισμός της Θεοτόκου** [i ikɔ'sti 'pɛmbti mar'tiu/ɔ ɛvangɛliz'mɔs tis θɛɔ'tɔku]
Gründonnerstag	**η Μεγάλη Πέμπτη** [i mɛ'ɣali 'pɛmbti]
Karfreitag	**η Μεγάλη Παρασκευή** [i mɛ'ɣali paraskɛ'vi]
Ostern	**το Πάσχα** [tɔ 'pasxa]
Ostermontag	**η Δευτέρα του Πάσχα** [i ðɛ'ftɛra tu 'pasxa]
1. Mai	**η Πρωτομαγιά** [i prɔtɔma'ja]
Nationalfeiertag	**η εθνική γιορτή** [i ɛθni'ki jɔr'ti]

Pfingsten	**η Πεντηκοστή** [i pεndikɔs'ti]
Mariä Himmelfahrt (15. August)	**η Κοίμηση της Θεοτόκου/ο δεκαπενταύγουστος** [i 'kimisi tis θεɔ'tɔku/ɔ ðεkapεn'davγustɔs]
Tag des Neins (28. Oktober)	**Η επέτειος του όχι** [i ε'pεtios tu 'ɔçi]
Heiligabend	**η Παραμονή των Χριστουγέννων** [i paramɔ'ni tɔn xristu'jεnɔn]
Weihnachten	**τα Χριστούγεννα** [ta xris'tujεna]
1./2. Weihnachtsfeiertag	**η πρώτη/δεύτερη μέρα των Χριστουγέννων** [i 'prɔti/'ðεftεri 'mεra tɔn xristu'jεnɔn]
Silvester	**η Παραμονή της Πρωτοχρονιάς** [i paramɔ'ni tis prɔtɔxrɔn'jas]

Datum

Den Wievielten haben wir heute?	**Πόσο του μηνός έχουμε σήμερα;** ['pɔsɔ tu mi'nɔs 'εxumε 'simεra]
Heute ist der 1. März.	**Σήμερα είναι η πρώτη του Μαρτίου.** ['simεra 'inε i 'prɔti tu mar'tiu]
Am 13. Februar.	**Στις δεκατρείς Φεβρουαρίου** [stis ðεka'tris fεvrua'riu]

Wetter

Was für ein herrliches/schreckliches Wetter!	**Τι ωραίος/απαίσιος καιρός!** [ti ɔ'rεɔs/a'pεsios kεrɔs]
Es ist kalt/heiß.	**Κάνει κρύο/ζέστη.** ['kani 'kriɔ/'zεsti]
Es ist schwül.	**Ο καιρός είναι αποπνικτικός.** [ɔ kεr'ɔs 'inε apɔpnikti'kɔs]
Es ist neblig.	**Έχει ομίχλη.** ['εçi ɔ'miçli]
Es ist windig.	**Φυσάει./ Ο καιρός είναι ανεμώδης.** [fi'sai/ɔ kε'rɔs 'inε anε'mɔðis]
Es bleibt schön/schlecht.	**Θα μείνει καλός/άσχημος ο καιρός.** [θa 'mini ka'lɔs/'asçimɔs ɔ kε'rɔs]
Es wird wärmer/kälter.	**Θα ανέβει/πέσει η θερμοκρασία** [θa a'nεvi/'pεsi i θermɔkra'sia]
Es wird regnen/schneien.	**Θα βρέξει/χιονίσει.** [θa 'vrεksi/çiɔ'nisi]
Wie viel Grad haben wir heute?	**Πόσους βαθμούς έχουμε σήμερα;** ['pɔsus vaθ'mus 'εxumε 'simεra]
Es ist 20 Grad Celsius.	**Έχουμε είκοσι βαθμούς κελσίου.** ['εxumε 'ikɔsi vaθ'mus kεl'siu]

Olymp

Wie ist der Straßenzustand auf dem Peloponnes?	**Πώς είναι η κατάσταση των δρόμων στην Πελοπόννησο;** ['pɔs 'inɛ i ka'tastasi tɔn 'ðrɔmɔn stim bɛlɔ'pɔnisɔ]
Die Straßen sind glatt.	**Οι δρόμοι είναι γλιστεροί.** [i 'ðrɔmi 'inɛ ɣlistɛ'ri]
Schneeketten sind erforderlich.	**Απαιτούνται αλυσίδες.** [apɛ'tundɛ ali'siðɛs]

bewölkt	**συννεφιασμένος** [sinɛfiaz'mɛnɔs]
Blitz	**η αστραπή** [i astra'pi]
Bö	**το μπουρίνι** [tɔ bu'rini]
Donner	**η βροντή** [i vrɔn'di]
Ebbe	**η αμπωτή** [i ampɔ'ti]
Eis	**ο πάγος** [ɔ 'paɣɔs]
Flaute	**η νηνεμία** [i ninɛ'mia]
Flut	**η πλημμυρίδα** [i plimi'riða]
Frost	**η παγωνιά** [i paɣɔn'ja]
heiß	**ζεστός** [zɛ'stɔs]
Hitze	**η ζέστη** [i 'zɛsti]
Hitzewelle	**ο καύσωνας** [ɔ 'kafsɔnas]
kalt	**κρύος** ['kriɔs]
Kälte	**το κρύο** [tɔ 'kriɔ]
Luft	**ο αέρας** [ɔ a'ɛras]
nass	**υγρός** [i'ɣrɔs]
Nebel	**η ομίχλη** [i ɔ'miçli]
Regen	**η βροχή** [i vrɔ'çi]
Regenschauer	**η μπόρα** [i 'bɔra]
regnerisch	**βροχερός** [vrɔçɛ'rɔs]

Schnee	**το χιόνι** [tɔ 'çjɔni]
schwül	**αποπνικτικός** [apɔpnikti'kɔs]
Sonne	**ο ήλιος** [ɔ 'iliɔs]
sonnig	**ευήλιος** [ɛ'viliɔs]
Temperatur	**η θερμοκρασία** [i θɛrmɔkra'sia]
warm	**ζεστός** [zɛs'tɔs]
wechselhaft	**άστατος** ['astatɔs]
Wetterbericht	**το δελτίο καιρού** [tɔ ðɛl'tiɔ kɛ'ru]
Wettervorhersage	**η πρόγνωση του καιρού** [i 'prɔɣnɔsi tu kɛ'ru]
Wind	**ο άνεμος** [ɔ 'anɛmɔs]
Windstärke 8	**οχτώ μποφόρ** [ɔx'tɔ bɔ'fɔr]
Wolke	**το σύννεφο** [tɔ 'sinɛfɔ]

Farben

beige	**μπεζ** [bɛz]
blau	**γαλάζιος** [ɣa'laziɔs]
	μπλε [blɛ]
braun	**καφετί** [kafɛ'ti]
bunt	**πολύχρωμος** [pɔ'lixrɔmɔs]
gelb	**κίτρινος** ['kitrinɔs]
golden	**χρυσός** [xri'sɔs]
grau	**γκρίζος** ['grizɔs]
grün	**πράσινος** ['prasinɔs]
lila	**λιλά** [li'la]
orange	**πορτοκαλί** [pɔrtɔka'li]
rosa	**ρόζ** [rɔz]
rot	**κόκκινος** ['kɔkinɔs]
schwarz	**μαύρος** ['mavrɔs]
silbern	**ασημένιος/αργυρός** [asi'mɛniɔs/arɣi'rɔs]
türkisfarben	**τιρκουάζ** [tirku'az]
violett	**μοβ** [mov]
weiß	**άσπρος** ['asprɔs]
blond	**ξανθός** [ksan'θos]
brünett	**μελαγχρινός** [mɛlaŋxri'nɔs]
farbig	**έγχρωμος** ['ɛŋxrɔmɔs]
einfarbig	**μονόχρωμος** [mɔ'nɔxrɔmɔs]
hell	**φωτινός** [foti'nos]
dunkel	**σκοτινός** [skoti'nɔs]

Zwischenmenschliches

Spielregeln der Gastfreundschaft

Die griechische Gastfreundschaft ist ein kompliziertes System, dessen Spielregeln nur schwer zu durchschauen sind. Wenn einem etwas spendiert wird oder man zum Essen oder gar zum Busuki-Abend eingeladen wird, sollte man sich stets zu revanchieren versuchen. Ob einem das auch gelingt, ist eine andere Frage, aber das Bemühen zählt.

Versuchen Sie sich die Namen Ihrer Gesprächspartner einzuprägen und sie beim nächstenmal damit anzureden. Damit werten Sie nicht nur den Angesprochenen auf, sondern kommen so schneller mit den Umstehenden in Kontakt: Sie sind ja ein Bekannter der angesprochenen Person.

Das mit den Namen wird mit zunehmendem Bekanntenkreis allerdings immer schwieriger, da unglaublich viele Greichen Jannis, Jorgos, Nikos oder Dimitris heißen.

Begrüßung und Verabschiedung

Begrüßung

Höflichkeit groß geschrieben

Zur Begrüßung gehört die stereotype Frage, wie es einem geht (Τι κάνετε;). Man beantwortet sie gewöhnlich mit Καλά. Κι εσείς;

Guten Morgen!	**Καλημέρα!** [kali'mɛra]
Guten Tag!	**Καλημέρα/χαίρετε!** [kali'mɛra/'çɛrɛtɛ]
Guten Abend!	**Καλησπέρα!** [kali'spɛra]
Hallo!/Grüß dich!	**Γειά σου!** ['jasu]
Hallo!/Grüßt euch!/Ich grüße Sie!	**Γειά σας!** ['jasas]
Wie ist Ihr Name, bitte?	**Πώς σας λένε, παρακαλώ;** ['pɔs sas 'lɛnɛ paraka'lɔ]

Der Weg vom Sie zum Du ist im Griechischen deutlich kürzer als im Deutschen. Nicht selten wird man gleich mit "Du" angeredet, was keine Degradierung darstellt, sondern eher Vertrautheit ausdrücken soll. Man selbst sollte erst einmal die Sie-Form benutzen.

Wie heißt du?	**Πώς σε λένε;** [pɔs sɛ 'lɛnɛ]
Mein Name ist …/ Ich heiße …	**Με λένε …** [mɛ 'lɛnɛ]

Wie geht es Ihnen?	**Τι κάνετε;** [ti 'kanεtε]
Wie geht's?	**Τι κάνεις;** [ti 'kanis]
Gut. Und Ihnen/dir?	**Καλά. Κι εσείς/εσύ;** [ka'la ki ε'sis/ε'si]

Vorstellung

Darf ich bekannt machen? Das ist ...	**Μπορώ να σας συστήσω; Είναι ...** [bɔ'rɔ na sas si'stisɔ 'inε]
Frau X.	**η κυρία ...** [i ki'ria]
Fräulein Y.	**η δεσποινίς ...** [i ðεspi'nis]
Herr Z.	**ο κύριος ...** [ɔ 'kiriɔs]
mein Mann.	**ο άνδρας μου.** [ɔ 'anðraz mu]
meine Frau.	**η γυναίκα μου.** [i ji'nεka mu]
mein Sohn.	**ο γιός μου.** [ɔ jɔz mu]
meine Tochter.	**η κόρη μου.** [i 'kɔri mu]
mein Freund/meine Freundin.	**ο φίλος μου/η φίλι μου.** [ɔ 'filɔs mu/i 'fili mu]

Abschied

Auf Wiedersehen!	**Αντίο!** [a'diɔ]
Bis bald/später!	**Τα λέμε!** [ta 'lεmε]
Bis morgen!	**Μέχρι αύριο!** ['mεxri 'avriɔ]
Gute Nacht!	**Καλή νύχτα!** [ka'li 'nixta]
Tschüs!	**Γειά σου/σας!** ['jasu/sas]
Gute Reise!	**Καλό ταξίδι!** [ka'lɔ ta'ksiði]

Höflichkeit

Bitte und Dank

Bitte. *(um etwas bitten)*	**Παρακαλώ.** [paraka'lɔ]
Bitte. *(etwas anbieten)*	**Ορίστε!** [ɔ'ristε]
Ja, bitte.	**Ναι, παρακαλώ.** [nε paraka'lɔ]
Nein, danke!	**Όχι, ευχαριστώ.** ['ɔçi εfxari'stɔ]

Gestatten Sie?	**Επιτρέπετε;** [εpi'trεpεtε]
Können Sie mir bitte helfen?	**Μπορείτε να με βοηθήσετε, παρακαλώ;** [bɔ'ritε na mε vɔi'θisεtε paraka'lɔ]
Danke!	**Ευχαριστώ.** [εfxari'stɔ]
Danke, sehr gern!	**Ευχαριστώ, πολύ ευχαρίστως.** [εfxari'stɔ, pɔ'li εfxa'ristɔs]
Das ist nett, danke.	**Είναι ευγενικό, ευχαριστώ.** ['inε εvjεni'kɔ εfxari'stɔ]
Bitte sehr./Gern geschehen.	**Παρακαλώ πολύ. Το έκανα ευχάριστα.** [paraka'lɔ pɔ'li tɔ 'εkana εf'xarista]

Entschuldigung

Entschuldigung!	**Συγνώμη!** [si'ɣnɔmi]
Verzeihen Sie!	**Με συγχωρείτε!** [mε siŋxɔ'ritε]
Es war nicht so gemeint.	**Δεν το εννοούσα έτσι.** [ðεn dɔ εnɔ'usa 'εtsi]
Das ist leider nicht möglich.	**Δε γίνεται δυστυχώς.** [ðε 'jinεtε ðisti'xɔs]

Glückwunsch

Herzlichen Glückwunsch!	**Συγχαρητήρια!** [siŋxari'tiria]
Alles Gute zum Geburtstag!	**Χρόνια πολλά (για τα γενέθλιά σου/σας)!** ['xrɔnja pɔ'la (ja ta jε'nεθ'lja su/sas)]
Viel Erfolg!	**Καλή επιτυχία!** [ka'li εpiti'çia]
Viel Glück!	**Καλή τύχη!** [ka'li 'tiçi]
Gute Besserung!	**Περαστικά!** [pεrasti'ka]

Meinung und Gefühle

Zustimmung

Gut.	**Καλά.** [ka'la]
Richtig.	**Σωστό.** [sɔ'stɔ]
Genau.	**Ακριβώς.** [akri'vɔs]
Das stimmt.	**Σωστά.** [sɔ'sta]
Das finde ich (sehr) gut.	**(Πολύ) καλό αυτό.** [(pɔ'li) ka'lɔ af'tɔ]
Mit Vergnügen!	**Ευχαρίστως.** [ɛfxa'ristɔs]

Ablehnung

Ich will nicht.	**Δε θέλω.** [ðɛ 'θɛlɔ]
Dazu habe ich keine Lust.	**Δεν έχω όρεξη για τέτοια.** [ðɛn 'ɛxɔ 'ɔrɛksi ja 'tɛtia]
Ich bin nicht einverstanden.	**Όχι, δε συμφωνώ.** ['ɔçi ðɛ simfɔ'nɔ]
Das kommt nicht in Frage!	**Αποκλείεται!** [apo'kliɛtɛ]
Auf gar keinen Fall!	**Σε καμιά περίπτωση.** [sɛ kam'ja pɛ'riptɔsi]

Vorlieben

Das gefällt mir (nicht).	**Αυτό (δε) μου αρέσει.** [af'tɔ (ðɛ) mu a'rɛsi]
Ich möchte lieber ...	**Θα προτιμούσα ...** [θa prɔti'musa]
Am liebsten wäre mir ...	**Πιο πολύ απ' όλα θα ήθελα ...** [piɔ pɔ'li ap'ɔla θa 'iθɛla]

Unentschiedenheit

Das ist mir egal.	**Το ίδιο μου κάνει.** [tɔ 'iðiɔ mu 'kani]
Ich weiß noch nicht.	**Δεν ξέρω ακόμα.** [ðɛn 'ksɛrɔ a'kɔma]
Vielleicht.	**Ίσως.** ['isɔs]
Wahrscheinlich.	**Πιθανόν./Μάλλον.** [piθa'nɔn/'malɔn]
Kann sein./Möglich.	**Μπορεί.** [bɔ'ri]

Freude – Begeisterung

Großartig!	**Καταπληκτικό!** [kataplikti'kɔ]
Prima!	**Υπέροχα!** [i'pɛrɔxa]
Toll!	**Φοβερό!** [fɔvɛ'rɔ]
Super!	**Θαυμάσιο!** [θav'masjɔ]

Erstaunen – Überraschung

Ach so!	**Α, έτσι!** [a 'ɛtsi]
Wirklich?	**Σοβαρά;** [sɔva'ra]
Was du nicht sagst!	**Τι μου λες!** [ti mu lɛs]
Unglaublich!	**Απίστευτο!** [a'pistɛftɔ]
Ach du lieber Himmel!	**Θεέ μου!** [θɛ'ɛ mu]

Ärger

Das ist ärgerlich.	**Αυτό είναι δυσάρεστο.** [a'ftɔ 'inɛ ði'sarɛstɔ]
Da haben wir den Salat!	**Ορίστε κατάσταση!** [ɔ'ristɛ ka'tastasi]
So ein Pech!	**Τι ατυχία!** [ti ati'çia]
So ein Unsinn!	**Σαχλαμάρες!** [saxla'marɛs]
So ein Mist! *(vulgär!)*	**Τι σκατά!** [ti ska'ta]
Jetzt reicht's!	**Φτάνει πια!** ['ftani pia]

Bedauern – Enttäuschung

Oh je!	**Πώπω!** ['bɔbɔ]
Es tut mir (sehr) Leid.	**Λυπάμαι (πολύ).** [li'pamɛ (pɔ'li)]
Schade!	**Κρίμα!** ['krima]

Körpersprache

Zustimmung, „Ja." (Kopfwiegen – oft mit Kopfschütteln verwechselt!)

Herbeiwinken „Komm!" (Winkbewegung mit vier geschlossenen Fingern; Ellbogen wird nicht bewegt)

Erstaunen (mehrfaches Schnalzen oder Exklamation „Bo-bo!")

Verneinung, Ablehnung, „Nein." (oft von einem oder mehreren Schnalzlauten begleitet; fast immer mit hochgezogenen Augenbrauen)

Winken von Weitem (grüßend oder verabschiedend)

Abweisen, Unglauben (Lautäußerung „Ba!" – Stimme geht nach unten)

Nicht-Wissen, „Keine Ahnung"

Frage, Nachfrage, Unverständnis (kurzes Kopfschütteln mit Lautäußerung „ti;" „Was?")

sehr abwertend „verpiss dich!" (sollten Touristen nicht machen!)

Komplimente

Wie herrlich!	**Τι ωραίο!** [ti ɔ'rɛɔ]
Wie nett von Ihnen!	**Πολύ ευγενικό εκ μέρους σας!** [po'li ɛvɣɛni'kɔ ɛk 'mɛrus sas]
Es ist wirklich traumhaft hier!	**Είναι πραγματικά θαυμάσιο εδώ!** ['inɛ praɣmati'ka θav'masiɔ ɛðɔ]
Sie sprechen aber sehr gut Griechisch/Deutsch.	**Μα μιλάτε πολύ καλά ελληνικά/γερμανικά.** [ma mi'latɛ pɔ'li ka'la ɛlini'ka/ jɛrmani'ka]
Wir haben selten so gut gegessen wie bei Ihnen.	**Σπάνια φάγαμε τόσο καλά όπως σε σας.** ['spania 'faɣamɛ 'tɔsɔ ka'la 'ɔpɔs sɛ sas]
Wir haben uns bei Ihnen sehr wohl gefühlt.	**Περάσαμε πολύ καλά σε σας.** [pɛ'rasamɛ pɔ'li ka'la sɛ sas]
angenehm	**ευχάριστος** [ɛf'xaristɔs]
beeindruckend	**εντυπωσιακός** [ɛntipɔsja'kɔs]
freundlich	**φιλικός** [fili'kɔs]
hübsch	**χαριτωμένος** [xaritɔ'mɛnɔs]
lecker	**νόστιμος** ['nɔstimɔs]
liebenswürdig	**ευγενικός** [ɛvɣɛni'kɔs]
schön	**όμορφος/ωραίος** ['ɔmɔrfɔs/ɔ'rɛɔs]

Smalltalk

Hat man ein Anliegen, so sollte man nicht gleich mit der Tür ins Haus fallen, sondern erst einmal ein kleines Schwätzchen halten und dann die Dinge zur Sprache bringen.

Angaben zur Person

Wie alt sind Sie/bist du?	**Πόσων χρονών είστε/είσαι;** ['pɔsɔn xrɔ'nɔn 'istɛ/'isɛ]
Ich bin 39.	**Είμαι 39 χρονών.** ['imɛ tri'anda ɛ'nja xrɔ'nɔn]
Was machen Sie/machst du beruflich?	**Με τι ασχολείστε/ασχολείσαι επαγγελματικά;** [mɛ ti asxɔ'listɛ/asxɔ'lisɛ ɛpaŋgɛlmati'ka]
Ich bin ...	**Είμαι ...** ['imɛ]
Ich arbeite bei ...	**Εργάζομαι σε ...** [ɛr'ɣazɔmɛ sɛ]
Ich bin Rentner/in.	**Είμαι συνταξιούχος.** ['imɛ sinda'ksjuxɔs]

Ich gehe noch zur Schule.	**Πηγαίνω ακόμα στο σχολείο.** [pi'jɛnɔ a'kɔma stɔ sxɔ'liɔ]
Ich bin Student/in.	**Είμαι φοιτητής/φοιτήτρια.** ['imɛ fiti'tis/fi'titria]

Herkunft und Aufenthalt

Woher kommen Sie/kommst du?	**Από πού είστε/είσαι;** [a'pɔ 'pu 'istɛ/'isɛ]
Ich bin aus Hamburg.	**Είμαι από το Αμβούργο.** ['imɛ a'pɔ tɔ am'vurɣɔ]
Sind Sie/Bist du schon lange hier?	**Είστε/Είσαι πολύ καιρό εδώ;** ['istɛ/'isɛ pɔ'li kɛ'rɔ ɛ'dɔ]
Ich bin seit Sonntag hier.	**Είμαι εδώ από την Κυριακή.** ['imɛ ɛdɔ a'pɔ tin kiria'ki]
Wie lange bleiben Sie/bleibst du?	**Πόσον καιρό θα μείνετε/θα μείνεις;** [pɔsɔn kɛ'rɔ θa 'minɛtɛ/θa 'minis]
Sind Sie/Bist du zum ersten Mal hier?	**Είστε/Είσαι για πρώτη φορά εδώ;** ['istɛ/'isɛ ja 'prɔti fɔ'ra ɛ'ðɔ]
Wie finden Sie es?	**Πώς σας αρέσει;** [pɔs sas a'rɛsi]

Familie

Sind Sie verheiratet?	**Είστε παντρεμένος/-νη;** ['istɛ pandrɛ'mɛnɔs/-ni]
Haben Sie Kinder?	**Έχετε παιδιά;** ['ɛçɛtɛ pɛðja]
Ja, aber sie sind schon groß.	**Ναι, άλλα είναι μεγάλα.** [nɛ 'ala 'inɛ mɛ'ɣala]
Wie alt ist Ihr Sohn/Ihre Tochter?	**Πόσων χρονών είναι ο γιός/η κόρη σας;** ['pɔsɔn xrɔ'nɔn 'inɛ ɔ jiɔs/i 'kɔri sas]
Er/Sie ist 12.	**Είναι δώδεκα χρονών.** ['inɛ 'ðɔðɛka xrɔ'nɔn]

Hobbys ➢ auch Aktiv- und Kreativurlaub, S. 99

Was für Hobbys haben Sie/hast du?	**Τι χόμπι έχετε/έχεις;** [ti 'xɔmbi 'ɛçɛtɛ/'ɛçis]
Ich verbringe viel Zeit mit meinen Kindern.	**Περνάω πολύ καιρό με τα παιδιά μου.** [pɛr'naɔ pɔ'li kɛ'rɔ mɛ ta pɛ'ðja mu]
Ich singe in einem Chor.	**Τραγουδώ σε μια χορωδία.** [traɣu'ðɔ sɛ mia xɔrɔ'ðia]
Ich male ein wenig.	**Ζωγραφίζω λιγάκι.** [zɔɣra'fizɔ li'ɣaki]

Ich sammle Antiquitäten/Briefmarken/Postkarten.	**Μαζεύω αντίκες/γραμματόσημα/κάρτ ποστάλ.** [ma'zɛvɔ an'tikɛs/ɣrama'tɔsima/kart pɔ'stal]
Ich interessiere mich für ...	**Ενδιαφέρομαι για ...** [ɛnðia'fɛrɔmɛ ja]
im Garten arbeiten	**δουλεύω στον κήπο** [ðu'lɛvɔ stɔn 'kipɔ]
faulenzen	**τεμπελιάζω** [tɛmbɛl'jazɔ]
kochen	**μαγειρεύω** [maji'rɛvɔ]
lesen	**διαβάζω** [ðia'vazɔ]
malen	**ζωγραφίζω** [zɔgra'fizɔ]
Musik hören	**ακούω μουσική** [a'kuɔ musi'ki]
musizieren	**παίζω μουσική** ['pɛzɔ musi'ki]
zeichnen	**σχεδιάζω** [sçɛ'ðjazɔ]

Fitness ➢ auch Aktivurlaub, S. 99

Wie halten Sie sich fit?	**Τι κάνετε για να κρατηθείτε σε φόρμα;** [ti 'kanɛtɛ ja na krati'θitɛ sɛ 'fɔrma]
Ich jogge/schwimme/fahre Rad.	**Κάνω τζόγκινγκ/Κολυμπάω/Κάνω ποδήλατο.** ['kanɔ 'dzɔgiŋg/kɔlim'baɔ/'kanɔ pɔ'ðilatɔ]
Ich spiele einmal in der Woche Squash/Tennis/Golf.	**Παίζω σκουός/τένις/γκολφ μια φορά τη βδομάδα.** ['pɛzɔ 'skuɔs/'tɛnis/gɔlf mia fɔ'ra ti vðɔ'maða]
Ich gehe regelmäßig ins Fitnesscenter.	**Πηγαίνω τακτικά στο γυμναστήριο.** [pi'jɛnɔ takti'ka stɔ jimna'stiriɔ]
Welchen Sport treiben Sie?	**Με ποιο άθλημα ασχολείστε;** [mɛ piɔ 'aθlima asxɔ'listɛ]
Ich spiele ...	**Παίζω ...** ['pɛzɔ]
Ich bin ein Fan von ...	**Είμαι οπαδός του ...** ['imɛ ɔpa'ðɔs tu]
Ich gehe gern ...	**Μου αρέσει να πάω ...** [mu a'rɛsi na p'aɔ]
Kann ich mitspielen?	**Μπορώ να παίξω κι εγώ;** [bɔ'rɔ na 'pɛksɔ ki ɛ'ɣɔ]

Verabredung

Haben Sie/Hast du morgen schon etwas vor?	**Προγραμματίσατε/Προγραμμάτισες τίποτε για αύριο;** [prɔɣrama'tisatɛ/prɔɣra'matisɛs 'tipɔtɛ ja 'avriɔ]
Wollen wir zusammen hingehen?	**Θέλετε/Θέλεις να πάμε μαζί εκεί;** ['θɛlɛtɛ/'θɛlis na 'pamɛ ma'zi ɛ'ki]

Wollen wir heute Abend gemeinsam etwas unternehmen?	**Θέλετε/Θέλεις να κάνουμε κάτι μαζί απόψε;** ['θɛlɛtɛ/'θɛlis na 'kanumɛ 'kati ma'zi a'pɔpsɛ]
Darf ich Sie/dich zum Essen einladen?	**Μπορώ να σας/σου κάνω το τραπέζι;** [bɔ'rɔ na sas/su 'kanɔ tɔ tra'pɛzi]
Wann treffen wir uns?	**Πότε να συναντηθούμε;** ['pɔtɛ na sinandi'θumɛ]
Treffen wir uns um 9 Uhr vor .../im ...	**Να συναντηθούμε στις εννέα η ώρα μπροστά από .../στο ...** [na sinandi'θumɛ stis ɛnɛa i 'ɔra brɔ'sta a'pɔ .../stɔ]
Ich hole Sie/dich ab.	**Θα έρθω να σας/σε πάρω.** [θa 'ɛrθɔ na sas/sɛ 'parɔ]
Kann ich Sie/dich wiedersehen?	**Μπορώ να σας/σε ξαναδώ;** [bɔ'rɔ na sas/sɛ ksana'ðɔ]
Vielen Dank für den netten Abend.	**Ευχαριστώ πολύ για την ευχάριστη βραδιά.** [ɛfxari'stɔ pɔ'li ja tin ɛf'xaristi vra'ðja]

Flirt

Du hast wunderschöne Augen.	**Έχεις πανέμορφα μάτια.** ['ɛçis pa'nɛmɔrfa 'matia]
Mir gefällt, wie du lachst.	**Μου αρέσει πώς γελάς.** [mu a'rɛsi pɔs jɛ'las]
Du gefällst mir./Ich mag dich.	**Μου αρέσεις.** [mu a'rɛsis]
Ich finde dich ganz toll.	**Είσαι υπέροχος/υπέροχη.** ['isɛ i'pɛrɔxɔs/i'pɛrɔçi]
Ich bin verrückt nach dir.	**Είμαι τρελός/τρελή για σένα.** ['imɛ trɛ'lɔs/trɛ'li ja 'sɛna]
Ich liebe dich!	**Σε αγαπάω!** [sɛ aɣa'paɔ]
Hast du einen festen Freund/eine feste Freundin?	**Έχεις έναν μόνιμο φίλο/μια μόνιμη φίλη;** ['ɛçis 'ɛnan 'mɔnimɔ 'filɔ/mia 'mɔnimi 'fili]
Ich möchte gerne die Nacht mit dir verbringen.	**Θα ήθελα να περάσω τη νύχτα μαζί σου.** [θa 'iθɛla na pɛ'rasɔ ti 'nixta ma'zi su]
Ich möchte mit dir schlafen.	**Θα ήθελα να κοιμηθώ μαζί σου.** [θa 'iθɛla na kimi'θɔ ma'zi su]
Vielleicht später.	**Ίσως αργότερα.** ['isɔs ar'ɣɔtɛra]
Nein, das geht mir zu schnell.	**Όχι, προχωράς πολύ γρήγορα.** ['ɔci prɔxɔ'ras pɔ'li 'ɣrigɔra]

Ich möchte eigentlich nur kuscheln.	**Έχω ανάγκη μόνο από τρυφερότητα.** ['ɛxɔ a'naŋgi 'mɔnɔ a'pɔ trifɛ'rɔtita]
Finger weg!	**Κοντά τα χέρια!** [kɔn'da ta 'çɛria]
Aber nur mit Kondom!	**Αλλά μόνο με προφυλακτικό!** [a'la 'mɔnɔ mɛ prɔfilakti'kɔ]
Wo kann ich welche kaufen?	**Πού να τα αγοράσω;** [pu na ta aɣɔ'rasɔ]
Da drüben, am Kiosk.	**Εκεί πέρα στο περίπτερο.** [ɛ'ki 'pɛra stɔ pɛ'riptɛrɔ]
Hat es dir gefallen?	**Σου άρεσε;** [su 'arɛsɛ]
Es war wunderschön.	**Ήταν πολύ όμορφο.** ['itan pɔ'li 'ɔmɔrfɔ]
Bitte geh jetzt!	**Να φύγεις τώρα, σε παρακαλώ.** [na 'fijis 'tɔra se paraka'lɔ]
Zisch ab!	**Άντε, χάσου!** ['adɛ 'xasu]
Lassen Sie mich bitte in Ruhe!	**Αφήστε με στην ησυχία μου σας παρακαλώ!** [a'fistɛ mɛ stin isi'çia mu sas paraka'lɔ]

Verständigungsschwierigkeiten

Wie bitte?	**Ορίστε;** [ɔ'ristɛ]
Ich verstehe Sie nicht. Bitte, wiederholen Sie es.	**Δε σας καταλαβαίνω. Να το επαναλάβετε, παρακαλώ.** [ðɛ sas katala'vɛnɔ, na tɔ ɛpana'lavɛtɛ paraka'lɔ]
Bitte sprechen Sie etwas langsamer.	**Μιλήστε λίγο πιο αργά, παρακαλώ.** [mi'listɛ 'liɣɔ piɔ ar'ɣa paraka'lɔ]
Ich verstehe.	**Καταλαβαίνω.** [katala'vɛnɔ]
Sprechen Sie/Sprichst du ...	**Μιλάτε/Μιλάς ...** [mi'latɛ/mi'las]
Deutsch?	**γερμανικά;** [ɟɛrmani'ka]
Englisch?	**αγγλικά;** [aŋgli'ka]
Französisch?	**γαλλικά;** [ɣali'ka]
Ich spreche nur wenig ...	**Μιλάω μόνο λίγα ...** [mi'laɔ 'mɔnɔ liɣa]
Schreiben Sie es mir bitte auf!	**Γράψτε το, σας παρακαλώ!** ['ɣrapstɛ tɔ sas paraka'lɔ]

Unterwegs

Ratschläge für unterwegs

Achten Sie vor Fahrtantritt darauf, dass es versicherungstechnisch keine offenen Fragen gibt. Fahren Sie so vorsichtig wie möglich und gehen Sie <u>niemals</u> davon aus, dass sich die anderen Verkehrsteilnehmer an die Straßenverkehrsordnung halten. Pochen Sie nicht auf Ihr Vorfahrtsrecht, sondern versuchen Sie, alle Situationen so flexibel und relaxed wie möglich anzugehen. Achten Sie auf Handzeichen und sonstige Signale der anderen Verkehrsteilnehmer. Hauptunfallursache: angetrunkene Touristen nachts im unvertrauten Mietwagen in unbekannten Straßen.

Sie sollten auch kleinere Bagatellschäden aus Versicherungsgründen stets der Polizei anzeigen.

Für Langstrecken: Insbesondere die Nord-Süd-Durchquerung der Gebirge ist recht anspruchsvoll (Serpentinen, Steinschlaggefahr).

Für Winterurlauber: Schneeketten, warme Decken und Thermoskannen mit heißem Tee sind ein Muss. Nordgriechenland ist oft über Wochen hinweg komplett eingeschneit. Ein Mobiltelefon ist empfehlenswert.

Fragen nach dem Weg

Ortsangaben

links	**αριστερά** [aristɛ'ra]
rechts	**δεξιά** [ðɛ'ksja]
geradeaus	**ευθεία** [ɛf'θia]
vor	**μπροστά** [brɔ'sta]
hinter	**πίσω** ['pisɔ]
neben	**δίπλα** ['ðipla]
gegenüber	**απέναντι** [a'pɛnandi]
hier	**εδώ** [ɛ'ðɔ]
dort	**εκεί** [ɛ'ki]
nah	**κοντά** [kɔn'da]
weit	**μακριά** [ma'krja]
nach	**προς/για** [prɔs/ja]
Ampel	**το φανάρι** [tɔ fa'nari]
Straße	**ο δρόμος** [ɔ 'ðrɔmɔs]
Kreuzung	**η διασταύρωση** [i ðia'stavrɔsi]
Kurve	**η στροφή** [i strɔ'fi]

Wegbeschreibung

Entschuldigung, wie komme ich bitte nach ...?	**Συγνώμη, πώς να πάω σε ...;** [si'ɣnɔmi pɔs na 'paɔ sɛ]
Immer geradeaus bis ...	**Όλο ευθεία μέχρι ...** ['ɔlɔ ɛf'θia 'mɛxri]

Dann bei der Ampel links/rechts abbiegen.	**Μετά στρίψτε στα φανάρια αριστερά/δεξιά.** [mɛ'ta 'stripstɛ sta fa'naria aristɛ'ra/ðɛ'ksja]
Wie weit ist das?	**Πόσο μακριά είναι;** ['pɔsɔ ma'krja 'inɛ]
Ungefähr zwei Kilometer.	**Περίπου δυο χιλιόμετρα.** [pɛ'ripu ðiɔ çil'jɔmɛtra]
Es ist ganz in der Nähe.	**Είναι πολύ κοντά.** ['inɛ pɔ'li kɔn'da]
Bitte, ist das die Straße nach ...?	**Παρακαλώ, είναι αυτός ο δρόμος για ...;** [paraka'lɔ 'inɛ a'ftɔs ɔ 'ðrɔmɔs ja]
Bitte, wo ist ...?	**Παρακαλώ, πού είναι ...;** [paraka'lɔ 'pu 'inɛ]
Tut mir Leid, das weiß ich nicht.	**Λυπάμαι, δεν το ξέρω.** [li'pamɛ ðɛn tɔ 'ksɛrɔ]
Gehen Sie geradeaus/nach links/nach rechts.	**Πηγαίνετε ευθεία/αριστερά/δεξιά.** [pi'jɛnɛtɛ ɛf'θia/aristɛ'ra/ðɛ'ksja]
Die erste/zweite Straße links/rechts.	**ο πρώτος/δεύτερος δρόμος αριστερά/δεξιά.** [ɔ 'prɔtɔs/'ðɛftɛrɔs 'ðrɔmɔs aristɛ'ra/ðɛ'ksja]
Überqueren Sie ...	**Περάστε ...** [pɛ'rastɛ]
die Brücke.	**τη γέφυρα.** [ti 'jɛfira]
den Platz.	**την πλατεία.** [tim bla'tia]
die Straße.	**το δρόμο.** [tɔ 'ðrɔmɔ]
Sie nehmen am besten den Bus Nr. ...	**Το καλύτερο είναι να πάρετε το λεωφορείο ...** [tɔ ka'litɛrɔ 'inɛ na 'parɛtɛ tɔ lɛɔfɔ'riɔ]

An der Grenze

Pass- und Zollkontrolle

Ihren Pass, bitte!	**Το διαβατήριό σας, παρακαλώ!** [tɔ ðiava'tir'jɔ sas paraka'lɔ]
Haben Sie etwas zu verzollen?	**Έχετε να εκτελωνίσετε τίποτα;** ['ɛçɛtɛ na ɛktɛlɔ'nisɛtɛ 'tipɔta]
Fahren Sie bitte rechts/links heran.	**Περάστε, παρακαλώ, δεξιά/αριστερά.** [pɛ'rastɛ paraka'lɔ ðɛ'ksja/aristɛ'ra]
Öffnen Sie bitte den Kofferraum/diesen Koffer.	**Ανοίξτε παρακαλώ το πορτ-μπαγάς/αυτή τη βαλίτσα.** [a'nikstɛ paraka'lɔ tɔ pɔrt ba'ɣaz/a'fti ti va'litsa]
Muss ich das verzollen?	**Πρέπει να το εκτελωνίσω;** ['prɛpi na tɔ ɛktɛlɔ'nisɔ]

Personalien

Familienname	**το επώνυμο** [tɔ ɛ'pɔnimɔ]
Familienstand	**η οικογενειακή κατάσταση** [i ikɔjɛnia'ki ka'tastasi]
ledig	**άγαμος** ['aɣamɔs]
	ανύπαντρος [a'nipantrɔs]
verheiratet	**παντρεμένος** [pandrɛ'mɛnɔs]
Witwe	**χήρα** ['çira]
Witwer	**χήρος** ['çirɔs]
Geburtsdatum	**η ημερομηνία γεννήσεως** [i imɛrɔmi'nia jɛ'nisɛɔs]
Geburtsname, geborene	**το γένος** [tɔ 'jɛnɔs]
Geburtsort	**ο τόπος γεννήσεως** [ɔ 'tɔpɔs jɛ'nisɛɔs]
Name	**το όνομα** [tɔ 'ɔnɔma]
Staatsangehörigkeit	**η ιθαγένεια** [i iθa'jɛnia]
Vorname	**το μικρό όνομα** [tɔ mi'krɔ 'ɔnɔma]
Wohnort	**ο τόπος κατοικίας** [ɔ 'tɔpɔs kati'kias]

Grenze

Ausreise	**η έξοδος** [i 'ɛksɔðɔs]
Einreise	**η είσοδος** [i 'isɔðɔs]
EU-Bürger	**ο πολίτης της Ευρωπαϊκής Ένωσης** [ɔ pɔ'litis tis evrɔpai'kis 'enɔsis]
Führerschein	**η άδεια οδήγησης** [i 'aðia ɔ'ðiɣisis]
Grenzübergang	**η διάβαση συνόρων** [i 'ðjavasi si'nɔrɔn]
grüne Versicherungskarte	**η πράσινη ασφαλιστική κάρτα** [i 'prasini asfalisti'ki 'karta]
gültig	**έγκυρος** ['ɛŋgirɔs]
Nummernschild	**η πινακίδα αριθμών (αυτοκινήτου)** [i pina'kiða ariθ'mɔn (aftɔki'nitu)]
Passkontrolle	**ο έλεγχος διαβατηρίων** [ɔ 'ɛlɛŋxɔs ðiavati'riɔn]
Personalausweis	**η ταυτότητα** [i taf'tɔtita]
Reisepass	**το διαβατήριο** [tɔ ðiava'tiriɔ]
Visum	**η βίζα** [i 'viza]
Zoll *(Behörde)*	**το τελωνείο** [tɔ tɛlɔ'niɔ]
Zoll *(Abgabe)*	**ο δασμός** [ɔ ðaz'mɔs]
zollfrei	**αφορολόγητος** [afɔrɔ'lɔjitɔs]
Zollgebühren	**τα τελωνειακά τέλη** [ta tɛlɔnia'ka 'tɛli]
zollpflichtig	**εκτελωνίσιμος** [ɛktɛlɔ'nisimɔs]

Auto und Motorrad

Reisewege, Vorschriften ...

Autobahn	**ο αυτοκινητόδρομος** [ɔ aftɔkini'tɔðromɔs]
Autobahngebühren	**τα διόδια** [ta 'ðjɔðia]

Bußgeld	**το πρόστιμο** [tɔ 'prɔstimɔ]
Hauptstraße	**η κεντρική οδός** [i kɛndri'ki ɔ'ðɔs]
Landstraße	**η επαρχιακή οδός** [i ɛparcia'ki ɔ'ðɔs]
Nebenstraße	**η δευτερεύουσα οδός** [i ðɛftɛ'rɛvusa ɔ'ðɔs]
Promillegrenze	**το όριο συγκέντρωσης οινοπνεύματος (στο αίμα)** [tɔ 'ɔriɔ si'ŋgɛndrɔsis inɔ'pnɛvmatɔs (stɔ 'ɛma)]
Radarkontrolle	**ο έλεγχος ταχύτητας με ραντάρ** [ɔ 'ɛlɛŋgxɔs ta'çititas mɛ ra'dar]
Rastplatz	**ο χώρος επιτρεπόμενης στάθμευσης** [ɔ 'xɔrɔs ɛpitrɛ'pɔmɛnis 'staθmɛvsis]
Raststätte	**το εστιατόριο** [tɔ ɛstia'tɔriɔ]
Stau	**η κυκλοφοριακή συμφόρηση** [i kiklɔfɔria'ki sim'fɔrisi]
trampen	**ταξιδεύω με οτοστόπ** [taksi'ðɛvɔ mɛ ɔtɔ'stɔp]
Tramper	**ο ταξιδιώτης με οτοστόπ** [ɔ taksi'ðjɔtis mɛ ɔtɔ'stɔp]
Wegweiser	**ο οδοδείκτης** [ɔ ɔðɔ'ðiktis]

Trampen
Klappt fast immer. Was für den Rest der Welt gilt, bildet auch in Griechenland keine Ausnahme: Frauen sollten besser nicht allein trampen.

An der Tankstelle ➢ auch Werkstatt, S. 42

Wo ist bitte die nächste Tankstelle?	**Πού είναι, παρακαλώ, το επόμενο πρατήριο βενζίνης;** ['pu 'inɛ paraka'lɔ tɔ ɛ'pɔmɛnɔ pra'tiriɔ vɛn'zinis]
Ich möchte ... Liter ...	**Θέλω ... λίτρα ...** ['θɛlɔ ... 'litra]
Normalbenzin.	**απλή βενζίνη.** [ap'li vɛn'zini]
Super.	**σούπερ.** ['supɛr]
Diesel.	**ντήζελ/πετρέλαιο.** ['dizɛl/pɛ'trɛlɛɔ]
Gemisch.	**ανάμικτη.** [a'namikti]
bleifrei/mit ... Oktan.	**αμόλυβδη/με ... οκτάνια.** [a'mɔlivði/mɛ ... ɔ'ktanja]
Super bitte, für 5 000 Drachmen.	**Για πέντε χιλιάδες σούπερ, παρακαλώ.** [ja 'pɛndɛ çil'jaðɛs 'supɛr paraka'lɔ]
Voll tanken, bitte.	**Γεμίστε, παρακαλώ.** [jɛ'mistɛ, paraka'lɔ]
Prüfen Sie bitte ...	**Ελέγξτε, παρακαλώ ...** [ɛ'lɛŋgstɛ paraka'lɔ]
den Ölstand.	**τη στάθμη του λαδιού.** [ti 'staθmi tu lað'ju]

den Reifendruck.	**την πίεση των ελαστικών.** [tim 'biεsi tɔn εlasti'kɔn]
Ich möchte eine Straßenkarte dieser Gegend, bitte.	**Θέλω, παρακαλώ, έναν οδικό χάρτη για την περιοχή αυτή.** ['θεlɔ paraka'lɔ 'εnan ɔði'kɔ'xarti ja tim bεriɔ'çi a'fti]

Hinweise und Informationen

Απαγορεύεται η στάση και η στάθμευση	Halteverbot
Προσοχή!	Achtung!
επικίνδυνο ανώμαλο οδόστρωμα	unebene Fahrbahn
Προσοχή άλλοι κίνδυνοι	Gefahrstelle
ολισθηρό οδόστρωμα	Schleudergefahr
επικίνδυνη κατωφέρεια	Starkes Gefälle
παρακαμπτήριος	Umleitung
κίνδυνος λόγω συχνής κίνησης παιδιών	Kinder
Απαγορέυεται η είσοδος	Verbot der Einfahrt
Έξοδος από περιοχή απαγορευμένης στάθμευσης	Ende des Parkverbots
νοσοκομείο	Krankenhaus
φορτηγό	Lastwagen
προτεραιότητα από δεξιά	Rechtsvorfahrt
Προσοχή!	Vorsicht!
χαμηλώστε την ταχύτητα	Langsamer fahren
οδική βοήθεια	Pannenhilfe, Straßenwacht
οδηγήστε δεξιά/αριστερά	Rechts / Links fahren
έξοδος από τον αυτοκινητόδρομο	Autobahnausfahrt
αφήστε την έξοδο ελεύθερη	Ausfahrt freihalten
περιοχή απαγορευμένης στάθμευσης	Parken verboten
επικίνδυνη δεξιά/αριστερή στροφή	Gefährliche Kurve (rechts / links)
παρακαμπτήριος οδός	Umgehungsstraße
περιοχή στάθμευσης περιορισμένης χρονικής διάρκειας	Kurzparkzone
κίνδυνος λόγω εκτελούμενων εργασιών στην οδό	Baustelle

Parken

Gibt es hier in der Nähe eine Parkmöglichkeit?	**Υπάρχει εδώ κοντά δυνατότητα στάθμευσης;** [i'parçi ε'ðɔ kɔn'da ðina'tɔtita 'staθmεvsis]
Kann ich den Wagen hier abstellen?	**Μπορώ να αφήσω το αυτοκίνητο εδώ;** [bɔ'rɔ na a'fisɔ tɔ aftɔ'kinitɔ ε'ðɔ]

Ist der Parkplatz bewacht?	**Φυλάγεται το πάρκινγκ;** ['fi'lajɛtɛ tɔ 'parkiŋg]
Wie hoch ist die Parkgebühr pro Stunde?	**Πόσο κοστίζει τό παρκάρισμα την ώρα;** ['pɔsɔ kɔ'stizi tɔ par'karizma tin 'ɔra]

Eine Panne

Ich habe eine Panne.	**Έπαθα αβαρία.** ['ɛpaθa ava'ria]
Ich habe einen Platten.	**Έπαθα λάστιχο.** ['ɛpaθa 'lastixɔ]
Wo ist hier in der Nähe eine Werkstatt?	**Πού υπάρχει εδώ κοντά ένα συνεργείο;** ['pu i'parçi ɛ'ðɔ kɔn'da 'ɛna sinɛr'jiɔ]
Würden Sie bitte den Pannendienst anrufen?	**Μπορείτε, παρακαλώ, να καλέσετε την οδική βοήθεια;** [bɔ'ritɛ paraka'lɔ na ka'lɛsɛtɛ tin ɔði'ki vɔ'iθia]
Könnten Sie mir mit Benzin aushelfen?	**Θα μπορούσατε να μου δώσετε λίγη βενζίνη;** [θa bɔ'rusatɛ na mu 'ðɔsɛtɛ 'liji vɛn'zini]

Könnten Sie mir beim Reifenwechsel helfen?	**Θα μπορούσατε να με βοηθήσετε ν'αλλάξουμε το λάστιχο;** [θa bɔ'rusatɛ na mɛ vɔi'θisɛtɛ na'laksumɛ tɔ 'lastixɔ]
Würden Sie mich bis zur nächsten Werkstatt mitnehmen?	**Θα μπορούσατε να με πάρετε μαζί σας μέχρι το επόμενο συνεργείο;** [θa bɔ'rusatɛ na mɛ 'parɛtɛ ma'zi sas 'mɛxri tɔ ɛ'pɔmɛnɔ sinɛr'jiɔ]

Abschleppdienst	**η οδική βοήθεια** [i ɔði'ki vɔ'iθia]
abschleppen	**ρυμουλκώ** [rimul'kɔ]
Abschleppseil	**το συρματόσκοινο ρυμούλκησης** [tɔ sirma'tɔskinɔ ri'mulkisis]
Abschleppwagen	**το ρυμουλκό** [tɔ rimul'kɔ]
Benzinkanister	**το μπετόνι βενζίνης** [tɔ bɛ'tɔni vɛn'zinis]
Ersatzrad	**ο εφεδρικός τροχός** [ɔ ɛfɛðri'kɔs trɔ'xɔs]
Notrufsäule	**το τηλέφωνο έκτακτης ανάγκης** [tɔ ti'lɛfɔnɔ 'ɛktaktis a'naŋgis]
Panne	**η βλάβη/η αβαρία** [i'vlavi/i ava'ria]
Pannendienst	**η οδική βοήθεια** [i ɔði'ki vɔ'iθia]
Starthilfekabel	**το βοηθητικό καλώδιο** [tɔ vɔiθiti'kɔ ka'lɔðiɔ]
Wagenheber	**ο γρύλος** [ɔ 'ɣrilɔs]
Warnblinker	**το αλάρμ** [tɔ a'larm]
Warndreieck	**το προειδοποιητικό τρίγωνο** [tɔ prɔiðɔpiiti'kɔ 'triɣɔnɔ]
Werkzeug	**τα εργαλεία** [ta ɛrɣa'lia]

In der Werkstatt

Mein Wagen springt nicht an.	**Το αυτοκίνητό μου δεν παίρνει μπρος.** [tɔ aftɔ'kini'tɔ mu ðɛm 'bɛrni brɔs]
Mit dem Motor stimmt was nicht.	**Με τον κινητήρα κάτι δεν πάει καλά.** [mɛ tɔn kini'tira 'kati ðɛm'bai ka'la]
... ist defekt.	**... χάλασε.** [... 'xalasɛ]
Der Wagen verliert Öl.	**Το αυτοκίνητο χάνει λάδι.** [tɔ aftɔ'kinitɔ 'xani 'laði]
Können Sie mal nachsehen?	**Μπορείτε να κοιτάξετε λίγο;** [bɔ'ritɛ na ki'taksɛtɛ 'liɣɔ]
Wann ist der Wagen fertig?	**Πότε θα είναι έτοιμο το αμάξι;** ['pɔtɛ θa 'inɛ 'ɛtimɔ tɔ a'maksi]
Was wird es kosten?	**Τι θα κοστίσει;** ['ti θa kɔ'stisi]

Abblendlicht	**τα χαμηλά φώτα** [ta xami'la 'fɔta]
Alarmanlage	**το σύστημα συναγερμού** [tɔ'sistima sinajɛr'mu]
Anlasser	**ο εκκινητήρας** [ɔ ɛkini'tiras]
Auspuff	**η εξάτμιση** [i ɛ'ksatmisi]
Automatik(getriebe)	**το αυτόματο κιβώτιο ταχυτήτων** [tɔ af'tɔmatɔ ki'vɔtiɔ taçi'titɔn]
Benzinpumpe	**η αντλία βενζίνης** [i an'dlia vɛn'zinis]
Blinker	**ο δείκτης κατευθύνσεως** [ɔ 'ðiktis katɛf'θinsɛɔs]
Bremse	**τα φρένα** [ta 'frɛna]

Bremsflüssigkeit	**τα υγρά φρένων** [ta i'ɣra 'frɛnɔn]
Bremslichter	**τα φώτα των φρένων** [ta 'fɔta tɔn 'frɛnɔn]
Defekt	**η βλάβη** [i 'vlavi]
Fernlicht	**τα μακρυνά φώτα** [ta makri'na 'fɔta]
Frostschutzmittel	**το αντιψυκτικό** [tɔ andipsikti'kɔ]
Gang	**η ταχύτητα** [i ta'çitita]
erster Gang	**η πρώτη ταχύτητα** [i 'prɔti ta'çitita]
Leerlauf	**το ρελαντί** [tɔ rɛlan'di]
Rückwärtsgang	**η όπισθεν** [i 'ɔpisθɛn]
Gaspedal	**το πηδάλιο γκαζιού** [tɔ pi'ðaliɔ ga'zju]
Getriebe	**το κιβώτιο ταχυτήτων** [tɔ ki'vɔtiɔ taçi'titɔn]
Handbremse	**το χειρόφρενο** [tɔ çi'rɔfrɛnɔ]
Kofferraum	**το πορτ-μπαγάς.** [tɔ pɔrt ba'ɣaz]
Kühler	**το ψυγείο** [tɔ psi'jiɔ]
Kühlwasser	**το νερό του ψυγείου** [tɔ nɛ'rɔ tu psi'jiu]
Kupplung	**ο συμπλέκτης** [ɔ sim'blɛktis]
Kurzschluss	**το βραχυκύκλωμα** [tɔ vraçi'kiklɔma]
Lichtmaschine	**το δυναμό** [tɔ ðina'mɔ]
Luftfilter	**το φίλτρο αέρα** [tɔ 'filtrɔ a'ɛra]
Motor	**ο κινητήρας** [ɔ kini'tiras]
Motorhaube	**το κάλυμμα κινητήρα** [tɔ 'kalima kini'tira]
Öl	**το λάδι** [tɔ 'laði]
Ölwechsel	**η άλλαγή λαδιών** [i ala'ji la'ðjɔn]
Rad	**ο τροχός** [ɔ trɔ'xɔs]
Reifen	**το λάστιχο** [tɔ 'lastixɔ]
Rücklicht	**το πισινό φως** [tɔ pisi'nɔ fɔs]
Rückspiegel	**ο καθρέφτης οδήγησης** [ɔ ka'θrɛftis ɔ'ðijisis]
Scheibenwischer	**ο υαλοκαθαριστήρας** [ɔ ialɔkaθari'stiras]
Scheinwerfer	**ο προβολέας** [ɔ prɔvɔ'lɛas]
Schraube	**η βίδα** [i 'viða]
Sicherheitsgurt	**η ζώνη ασφαλείας** [i 'zɔni asfa'lias]
Standlicht	**τα φώτα θέσης** [ta 'fɔta 'θɛsis]
Stoßstange	**ο προφυλακτήρας** [ɔ prɔfila'ktiras]
Tachometer	**το ταχόμετρο** [tɔ ta'xɔmɛtrɔ]
Tank	**η δεξαμενή βενζίνης** [i ðɛksamɛ'ni vɛn'zinis]
Werkstatt	**τό συνεργείο** [tɔ sinɛr'jiɔ]
Windschutzscheibe	**το παρμπρίζ** [tɔ par'briz]
Winterreifen	**τα χειμωνιάτικα λάστιχα** [ta çimɔ'njatika 'lastixa]
Zündkerze	**το μπουζί** [tɔ bu'zi]
Zündung	**η ανάφλεξη** [i a'naflɛksi]

Verkehrsunfall

Es ist ein Unfall passiert.	**Έγινε ατύχημα.** [ˈεʝinε aˈtiçima]
Rufen Sie bitte schnell ...	**Καλέστε, παρακαλώ, γρήγορα ...** [kaˈlεstε parakaˈlɔ ˈɣriɣɔra]
einen Krankenwagen.	**ένα ασθενοφόρο.** [ˈεna asθεnɔˈfɔrɔ]
die Polizei.	**την αστυνομία.** [tin astinɔˈmia]
die Feuerwehr.	**την πυροσβεστική υπηρεσία.** [tim birɔzvεstiˈki ipirεˈsia]
Haben Sie Verbandszeug?	**Έχετε υλικό πρώτων βοηθειών;** [ˈεçεtε iliˈkɔ ˈprɔtɔn vɔiˈθjɔn]
Geben Sie mir bitte Ihren Namen und Ihre Anschrift.	**Δώστε μου παρακαλώ το όνομα και τη διεύθυνσή σας.** [ˈðɔstε mu parakaˈlɔ tɔ ˈɔnɔma kε ti ðiˈεfθinˈsi sas]
Vielen Dank für Ihre Hilfe.	**Ευχαριστώ πολύ για τη βοήθειά σας.** [εfxariˈstɔ pɔˈli ja ti vɔˈiˈθja sas]

Auto-, Motorrad- und Fahrradvermietung

Ich möchte für zwei Tage / eine Woche ... mieten.	**Θέλω να νοικιάσω ... για δυο μέρες/μια βδομάδα.** [ˈθεlɔ na niˈkjasɔ ja ðiɔ ˈmεrεs/mia vðɔˈmaða]
einen Wagen	**ένα αυτοκίνητο** [ˈεna aftɔˈkinitɔ]
einen Jeep	**ένα τζιπ** [ˈεna tzip]
ein Motorrad	**μια μοτοσυκλέτα** [mia mɔtɔsiˈklεta]
einen Motorroller	**μια βέσπα** [mia ˈvεspa]

ein Mofa	**ένα μοτοποδήλατο** ['ɛna mɔtɔpɔ'ðilatɔ]
ein Fahrrad	**ένα ποδήλατο** ['ɛna pɔ'ðilatɔ]
Wie hoch ist die Tages-/ Wochenpauschale?	**Πόσα είναι τα συνολικά έξοδα για μια μέρα/βδομάδα;** ['pɔsa 'inɛ ta sinɔli'ka 'ɛksɔða ja mia 'mɛra/vðɔ'maða]
Wie viel verlangen Sie pro gefahrenen Kilometer?	**Πόσα ζητάτε για κάθε χιλιόμετρο;** ['pɔsa zi'tatɛ ja 'kaθɛ çil'jɔmɛtrɔ]
Ist das Fahrzeug vollkasko-versichert?	**Έχει το όχημα μικτή ασφάλεια;** ['ɛçi tɔ 'ɔçima mik'ti as'falia]
Kann ich das Fahrzeug auch in ... abgeben?	**Μπορώ να παραδώσω το όχημα και σε ...;** [bɔ'rɔ na para'ðɔsɔ tɔ 'ɔçima kɛ sɛ]

Führerschein	**η άδεια οδήγησης** [i 'aðia ɔ'ðijisis]
grüne Versicherungskarte	**η πράσινη κάρτα ασφάλειας αυτοκινήτου** [i 'prasini 'karta as'falias aftɔki'nitu]
hinterlegen	**παρακαταθέτω** [parakata'θɛtɔ]
Kindersitz	**το παιδικό κάθισμα** [tɔ pɛði'kɔ 'kaθisma]
Kaution	**η εγγύηση** [i ɛŋ'giisi]
Nierengurt	**η ζώνη προστασίας νεφρών** [i 'zɔni prɔsta'sias nɛ'frɔn]
Papiere	**τα χαρτιά αυτοκινήτου** [ta xar'tja aftɔki'nitu]
Sturzhelm	**το προστατευτικό κράνος** [tɔ prɔstatɛfti'kɔ 'kranɔs]
Teilkasko	**η μερική ασφάλιση** [i mɛri'ki as'falisi]
Vollkasko	**η μικτή ασφάλεια** [i mik'ti as'falia]
Zündschlüssel	**το κλειδί ανάφλεξης** [tɔ kli'ði a'naflɛksis]

Flugzeug

Einen Flug buchen

Wann fliegt die nächste Maschine nach ...?	**Πότε πετάει το επόμενο αεροπλάνο για ...;** ['pɔtɛ pɛ'tai tɔ ɛ'pɔmɛnɔ aɛrɔ'planɔ ja]
Sind noch Plätze frei?	**Υπάρχουν ακόμα ελεύθερες θέσεις;** [i'parxun a'kɔma ɛ'lɛfθɛrɛs 'θɛsis]

Ich möchte einen einfachen Flug nach ... buchen.	**Θέλω να κλείσω μια απλή πτήση για ...** ['θεlɔ na 'klisɔ mia a'pli 'ptisi ja]
Ich möchte einen Hin- und Rückflug nach ... buchen.	**Θέλω να κλείσω μια πτήση με επιστροφή για ...** ['θεlɔ na 'klisɔ mia 'ptisi mε εpistrɔ'fi ja]
Ich möchte bitte ...	**Θα ήθελα, παρακαλώ, ...** [θa 'iθεla paraka'lɔ]
einen Fensterplatz.	**μια θέση στο παράθυρο.** [mia 'θεsi stɔ pa'raθirɔ]
einen Platz am Gang.	**μια θέση στο διάδρομο.** [mia 'θεsi stɔ 'ðjaðrɔmɔ]
Ich möchte diesen Flug stornieren.	**Θέλω να ακυρώσω αυτή την πτήση.** ['θεlɔ na aki'rɔsɔ af'ti tim btisi]
Ich möchte diesen Flug umbuchen.	**Θέλω να αλλάξω αυτή την πτήση.** ['θεlɔ na a'laksɔ af'ti tim btisi]

Am Flughafen

Wo ist der Schalter der ...-Fluggesellschaft?	**Πού είναι η θυρίδα της αεροπορικής εταιρείας ...;** ['pu 'inε i θi'riða tis aεrɔpɔri'kis εtε'rias]
Könnte ich bitte Ihren Flugschein sehen?	**Μπορώ να δω το αεροπορικό εισιτήριό σας;** [bɔ'rɔ na ðɔ tɔ aεrɔpɔri'kɔ isi'ti'rjɔ sas]

Ankunft ➢ auch Fundbüro, S. 147

Mein Gepäck ist verloren gegangen.	**Οι αποσκευές μου χάθηκαν.** [i apɔskε'vεz mu 'xaθikan]
Mein Koffer ist beschädigt worden.	**Η βαλίτσα μου έπαθε βλάβη.** [i va'litsa mu 'εpaθε 'vlavi]
Von wo fährt der Bus in Richtung ... ab?	**Από πού ξεκινάει το λεωφορείο για ...;** [a'pɔ pu ksεki'nai tɔ lεɔfɔ'riɔ ja]

➢ **auch Eisenbahn, S. 49**

Abflug	**η αναχώρηση** [i ana'xɔrisi]
Ankunft	**η άφιξη** [i 'afiksi]
Ankunftszeit	**η ώρα άφιξης** [i 'ɔra 'afiksis]
Anschluss	**η ανταπόκριση** [i anda'pɔkrisi]
Bordkarte	**η κάρτα επιβίβασης** [i 'karta εpi'vivasis]
einchecken	**περνώ από τον έλεγχο** [pεr'nɔ a'pɔ tɔn 'εlεŋxɔ]
Flug	**η πτήση** [i 'ptisi]

Fluggesellschaft	**η αεροπορική εταιρεία** [i aεrɔpɔri'ki εtε'ria]
Flughafen	**το αεροδρόμιο** [tɔ aεrɔ'ðrɔmiɔ]
Flughafenbus	**το λεωφορείο αεροδρομίου** [tɔ lεɔfɔ'riɔ aεrɔðrɔ'miu]
Flughafengebühr	**τα τέλη αεροδρομίου** [ta 'tεli aεrɔðrɔ'miu]
Flugsteig	**η έξοδος** [i'εksɔðɔs]
Gepäck	**οι αποσκευές** [i apɔskε'vεs]
Gepäckabfertigung	**η διεκπεραίωση αποσκεών** [i ðiεkpε'rεɔsi apɔskε'vɔn]
Gepäckausgabe	**η έκδοση αποσκευών** ['εkðɔsi apɔskε'vɔn]
Gepäckwagen	**το καροτσάκι αποσκευών** [tɔ karɔ'tsaki apɔskε'vɔn]
Landung	**η προσγειώση** [i prɔs'γiɔsi]
Notausgang	**η έξοδος κινδύνου** [i 'εksɔðɔs kin'ðinu]
Notlandung	**η αναγκαστική προσγείωση** [i anaŋgasti'ki prɔs'jiɔsi]
Passagier	**ο επιβάτης** [ɔ εpi'vatis]
Pilot	**ο πιλότος** [ɔ pi'lɔtɔs]
planmäßiger Abflug	**η αναχώρηση βάσει δρομολογίου** [i ana'xɔrisi 'vasi ðrɔmɔlɔ'γiu]
Sauerstoffmaske	**η μάσκα οξυγόνου** [i 'maska ɔksi'γɔnu]
Schwimmweste	**το σωσίβιο** [tɔ sɔ'siviɔ]
Sicherheitskontrolle	**ο έλεγχος ασφάλειας** [ɔ 'εlεŋxɔs a'sfalias]
Start	**η απογείωση** [i apɔ'jiɔsi]
Steward/ess	**ο/η αεροσυνοδός** [ɔ/i aεrɔsinɔ'ðɔs]
stornieren	**ακυρώνω** [aki'rɔnɔ]
Terminal	**ο αεροσταθμός επιβατών** [ɔ aεrɔstaθ'mɔs εpiva'tɔn]
umbuchen	**αλλάζω πτήση** [a'lazɔ 'ptisi]
Verspätung	**η καθυστέρηση** [i kaθi'stεrisi]
zollfreier Laden	**το κατάστημα αφορολόγητων ειδών** [tɔ ka'tastima afɔrɔ'lɔγitɔn i'ðɔn]
Zwischenlandung	**η ενδιάμεση προσγείωση** [i εn'ðjamεsi prɔs'jiɔsi]

Eisenbahn

Das Eisenbahnnetz ist nicht sehr ausgebaut, und die Züge zeichnen sich leider durch große Verspätungen aus. In Athen gibt es zwei nebeneinanderliegende Bahnhöfe: einen für Züge in Richtung Thessaloniki und einen für die Schmalspurbahn über den Peloponnes. Beide Strecken sind teilweise so malerisch, dass sie es sogar bis ins Nachtprogramm der ARD geschafft haben.

Fahrkarten kaufen

Eine einfache Fahrt 2. Klasse/1. Klasse nach ..., bitte.	**Ένα απλό εισιτήριο δευτέρας/ πρώτης θέσης γιά ... παρακαλώ.** ['εna a'plɔ isi'tiriɔ ðε'ftεras/'prɔtis 'θεsis ja ... paraka'lɔ]
Zweimal ... hin und zurück, bitte.	**Δυο εισιτήρια ... με επιστροφή, παρακαλώ.** [ðiɔ isi'tiria ... mε εpistrɔ'fi paraka'lɔ]
Gibt es eine Ermäßigung für Kinder/Studenten/Senioren?	**Υπάρχει έκπτωση για παιδιά/ φοιτητές/συνταξιούχους;** [i'parçi 'εkptɔsi ja pε'ðja/fiti'tεs/sinta'ksjuxus]
Bitte eine Platzkarte für den Zug um ... Uhr nach ...	**Παρακαλώ, μια κάρτα θέσης για το τρένο στις ... η ώρα για ...** [paraka'lɔ mia 'karta 'θεsis ja tɔ 'trεnɔ stis ... i 'ɔra ja]
Ich möchte einen Liege-wagen-/Schlafwagenplatz.	**Θέλω μια θέση στο βαγόνι κουκέτας/στην κλινάμαξα.** ['θεlɔ mia 'θεsi stɔ va'γɔni ku'kεtas/stiŋ gli'namaksa]
Habe ich in ... Anschluss nach ...?	**Έχω ανταπόκριση σε ... για ...** ['εxɔ anda'pɔkrisi sε ... ja]
(Wo) Muss ich umsteigen?	**(Πού) Πρέπει να αλλάξω τρένο;** ['pu 'prεpi na'laksɔ 'trεnɔ]

Im Bahnhof

Ich möchte diesen Koffer als Reisegepäck aufgeben.	**Θέλω να παραδώσω τη βαλίτσα αυτή σαν αποσκευή ταξιδιού.** ['θεlɔ na para'ðɔsɔ ti va'litsa a'fti san apɔskε'vi taksi'ðju]
Von welchem Gleis fährt der Zug nach ... ab?	**Από ποια γραμμή ξεκινάει το τρένο για ...;** [a'pɔ pia γra'mi ksεki'nai tɔ 'trεnɔ ja]

Im Zug

Verzeihung, ist dieser Platz noch frei?	**Συγνώμη, είναι η θέση αυτή ελεύθερη;** [si'γnɔmi 'inε i 'θεsi af'ti ε'lεfθεri]
Darf ich das Fenster öffnen/schließen?	**Μπορώ να ανοίξω/κλείσω το παράθυρο;** [bɔ'rɔ na a'niksɔ/'klisɔ tɔ pa'raθirɔ]
Entschuldigen Sie, das ist mein Platz. Ich habe eine Platzkarte.	**Με συγχωρείτε, αυτή είναι η δική μου θέση. Έχω κάρτα θέσεως.** [mε siŋxɔ'ritε a'fti 'inε i ði'ki mu 'θεsi. 'εxɔ 'karta 'θεsεɔs]

Hinweise und Informationen

Προς τις αποβάθρες	Zu den Bahnsteigen
Άφιξη	Ankunft
Αναψυκτικά	Erfrischungen
Σταθμάρχης	Stationsvorsteher
Μη πόσιμο νερό!	Kein Trinkwasser!
Καπνιστές	Raucher
Δρομολόγιο	Fahrplan
Λουτρό/Μπάνιο	Waschraum
ελεύθερο	Frei
Ανδρών	Herren
Γυναικών	Damen
Μη Καπνιστές	Nichtraucher
Κατειλημμένο	Besetzt *(Aufschrift)*
Υπόγεια διάβαση	Unterführung
Διάβαση	Übergang
Αποβάθρα/Γραμμή	Bahnsteig/Gleis
Πληροφορίες	Auskunft
Αίθουσα αναμονής	Wartesaal
Σήμα κινδύνου	Notbremse
Έξοδος	Ausgang
Τουαλέτες	Toiletten
βαγόνι με κουκέτες	Liegewagen
Κλινάμαξα	Schlafwagen
Ρεστοράν/Εστιατόριο τρένου	Speisewagen

➢ **auch Flugzeug, S. 46**

Abfahrt	**η αναχώρηση** [i anaˈxɔrisi]
Abfahrtszeit	**η ώρα αναχώρησης** [i ˈɔra anaˈxɔrisis]
Abteil	**το κουπέ** [tɔ kuˈpɛ]
ankommen	**φτάνω** [ˈftanɔ]
Aufenthalt	**η διαμονή** [i ðiamɔˈni]
aussteigen	**κατεβαίνω** [katɛˈvɛnɔ]
Bahnhof	**ο σταθμός** [ɔ staθˈmɔs]
einsteigen	**ανεβαίνω** [anɛˈvɛnɔ]
Fahrkarte	**το εισιτήριο** [tɔ isiˈtiriɔ]
Fahrkartenkontrolle	**ο έλεγχος εισιτηρίων** [ɔ ˈɛlɛŋxɔs isitiˈriɔn]
Fahrkartenschalter	**η θυρίδα εισιτηρίων** [i θiˈriða isitiˈriɔn]
Fahrplan	**το δρομολόγιο** [tɔ ðrɔmɔˈlɔjiɔ]
Fahrpreis	**η τιμή εισιτηρίου** [i tiˈmi isitiˈriu]
Fensterplatz	**η θέση στο παράθυρο** [i ˈθɛsi stɔ paˈraθirɔ]
Gang	**ο διάδρομος** [ɔ ˈðjaðrɔmɔs]
Gepäck	**οι αποσκευές** [i apɔskɛˈvɛs]
Gepäckaufbewahrung	**η φύλαξη αποσκευών** [i ˈfilaksi apɔskɛˈvɔn]
Gepäckschalter	**η θυρίδα παράδοσης αποσκευών** [i θiˈriða paˈraðɔsis apɔskɛˈvɔn]

Gleis	**η γραμμή** [i ɣra'mi]
Großraumwagen	**το βαγόνι κεντρικού διαδρόμου** [tɔ va'ɣɔni kɛndri'ku ðia'ðrɔmu]
Hauptbahnhof	**ο κεντρικός σιδηροδρομικός σταθμός** [ɔ kɛndri'kɔs siðirɔðrɔmi'kɔs staθ'mɔs]
Interrail	**το Ιντερέηλ** [tɔ intɛ'rɛil]
Nichtraucherabteil	**το κουπέ μη καπνιστών/Μη Καπνιστές** [tɔ ku'pɛ mi kapnis'tɔn/mi kapnis'tɛs]
Platzkarte	**η κάρτα θέσεως** [i 'karta 'θɛsɛɔs]
Raucherabteil	**το κουπέ καπνιστών/Καπνιστές** [tɔ ku'pɛ kapnis'tɔn/kapnis'tɛs]
Reservierung	**η κράτηση θέσης** [i 'kratisi 'θɛsis]
Rückfahrkarte	**το εισιτήριο μέ επιστροφή** [tɔ isi'tiriɔ mɛ ɛpistrɔ'fi]
Schließfach	**η θυρίδα φύλαξης αποσκευών** [i θi'riða 'filaksis apɔskɛ'vɔn]
Speisewagen	**το ρεστοράν/εστιατόριο τρένου** [tɔ rɛstɔ'ran/ɛstia'tɔriɔ 'trɛnu]
Wagennummer	**ο αριθμός βαγονιού** [ɔ ariθ'mɔs vaɣɔ'nju]
Wartesaal	**η αίθουσα αναμονής** [i 'ɛθusa anamɔ'nis]
Zug	**το τρένο** [tɔ 'trɛnɔ]
Zuschlag	**το πρόσθετο εισιτήριο** [tɔ 'prɔsθɛtɔ isi'tiriɔ]

Schiff

Die gemütlichste Art, durch Griechenland zu reisen …

… ist natürlich die mit dem Schiff. Wenn man beim Kauf des Tickets nur sein Reiseziel angibt, wird man automatisch als Deckspassagier eingestuft. Das kostet auch über größere Entfernungen nicht viel. Wer von vornherein plant, als Deckspassagier zu reisen, sollte auch im Sommer einen Schlafsack dabeihaben.

Alle mittleren und größeren Fähren verfügen über Selbstbedienungsrestaurants mit einem durchaus ordentlichen Essen zu einem sehr fairen Preis. Ganz anders sieht es mit den Preisen an der Bordbar aus: Empfehlenswert ist in jedem Falle, sich im Hafen mit einem Getränkevorrat einzudecken.

Schiffsfahrkarten sind um 10% billiger, wenn sie vor der Abfahrt im Hafen gekauft werden.

ACHTUNG: Auf Inseln können Schiffe auch schon früher eintreffen und früher wieder abfahren. Seien Sie daher immer gut eine Stunde vor Abfahrt im Hafen und halten Sie sich am besten in der Informationszentrale auf – also in der Hafenkneipe. Wenn sich absehen lässt, dass Sie Ihren Rückflug aufgrund von Schiffsverspätungen nicht mehr erreichen können, lassen Sie sich auf dem nächsten Hafenamt ("ΛΙΜΕΝΑΡΧΕΙΟ") eine entsprechende Bescheinigung ausstellen, was ganz unbürokratisch geht – die

Fluggesellschaften sind meistens so kulant, diese Bescheinigung zu akzeptieren.
Wer auf der Rückfahrt nach Mitternacht in Piräus ankommt, hat das Recht, bis Sonnenaufgang an Bord zu bleiben. Man kann also in Ruhe ausschlafen und z. B. ab 6.00 Uhr mit der Metro weiterreisen.

Auskunft

Wann fährt ...	**Πότε αναχωρεί ...** ['pɔtɛ anaxɔ'ri]
das nächste Schiff	**το επόμενο πλοίο** [tɔ ɛ'pɔmɛnɔ 'pliɔ]
die nächste Fähre	**το επόμενο φερυμπότ** [tɔ ɛ'pɔmɛnɔ fɛri'bɔt]
nach ... ab?	**γιά ...;** [ja]
Wie lange dauert die Überfahrt?	**Πόση ώρα κάνει η διαπεραίωση;** ['pɔsi 'ɔra 'kani i ðiapɛ'rɛɔsi]
Wann legen wir in ... an?	**Πότε θα φτάσουμε σε ...;** ['pɔtɛ θa 'ftasumɛ sɛ]
Ich möchte eine Schiffskarte ... nach ...	**Θέλω ένα εισιτήριο πλοίου ... για ...** ['θɛlɔ 'ɛna isi'tiriɔ 'pliu ja]
1. Klasse *(= mit Kabine)*	**πρώτης θέσεως** ['prɔtis 'θɛsɛɔs]
2. Klasse *(= mit Kabine)*	**δευτέρας θέσεως** [ðɛf'tɛras 'θɛsɛɔs]
3. Klasse *(= Deckspassagier)*	**τρίτης θέσεως** ['tritis 'θɛsɛɔs]
mit Einzelkabine	**με μονόκλινη καμπίνα** [mɛ mɔ'nɔklini ka'bina]
mit Zweibettkabine	**με δίκλινη καμπίνα** [mɛ 'ðiklini ka'bina]

An Bord

Wo ist der Speisesaal/die Bar?	**Πού είναι το εστιατόριο/το μπαρ;** ['pu 'inɛ tɔ ɛstia'tɔriɔ/tɔ bar]
Ich fühle mich nicht wohl.	**Δεν αισθάνομαι καλά.** [ðɛn ɛ'sθanɔmɛ ka'la]
Rufen Sie bitte den Schiffsarzt!	**Καλέστε, παρακαλώ, το γιατρό του πλοίου!** [ka'lɛstɛ paraka'lɔ tɔ ja'trɔ tu 'pliu]
Geben Sie mir bitte ein Mittel gegen Seekrankheit.	**Δώστε μου, σας παρακαλώ, ένα φάρμακο για ναυτία.** ['ðɔstɛ mu sas paraka'lɔ 'ɛna 'farmakɔ ja na'ftia]
Mann über Bord!	**Άνθρωπος στη θάλασσα!** ['anθrɔpɔs sti 'θalasa]

ablegen	**αποπλέω** [apɔ'plɛɔ]
anlegen	**φτάνω/αράζω** ['ftanɔ/a'razɔ]
Buchung	**η κράτηση θέσης** [i 'kratisi 'θɛsis]
Deck	**το κατάστρωμα** [tɔ ka'tastrɔma]
Fähre/Autofähre	**το φερρυμπότ** [tɔ fɛri'bɔt]
Fahrkarte	**το εισιτήριο** [tɔ isi'tiriɔ]
Fahrzeugdeck	**το κατάστρωμα οχημάτων** [tɔ ka'tastrɔma ɔçi'matɔn]
Hafen	**το λιμάνι** [tɔ li'mani]
Hafenamt	**το Λιμεναρχείο** [tɔ limɛnar'çiɔ]
Hafenmeister	**ο Λιμενάρχης** [ɔ limɛ'narçis]
Hafenpolizei	**το Λιμενικό Σώμα** [tɔ limeni'kɔ 'sɔma]
Kabine	**η καμπίνα** [i ka'bina]
Kai	**η προκυμαία** [i prɔki'mɛa]
Kapitän	**ο πλοίαρχος** [ɔ 'pliarxɔs]
Kreuzfahrt	**η κρουαζιέρα** [i krua'zjɛra]
Küste	**η ακτή** [i ak'ti]
Leuchtturm	**ο φάρος** [ɔ 'farɔs]
Mole	**ο μόλος** [ɔ 'mɔlɔs]
Notausgang	**η έξοδος κινδύνου** [i 'ɛksɔðɔs kin'ðinu]
Rettungsboot	**η σωσίβιος λέμος** [i sɔ'siviɔs 'lɛmvɔs]
Rettungsring	**το σωσίβιο** [tɔ sɔ'siviɔ]
Rezeption	**η ρεσεψιόν** [i rɛsɛ'psiɔn]
Schwimmweste	**το σωσίβιο** [tɔ sɔ'siviɔ]
Seegang	**η θαλασσοταραχή** [i θalasɔtara'çi]
seekrank sein	**έχω ναυτία** ['ɛxɔ naf'tia]
Tragflächenboot	**το ιπτάμενο δελφίνι** [tɔ ip'tamɛnɔ ðɛl'fini]

Nahverkehrsmittel

Der Überlandbus ("ΠΟΥΛΜΑΝ") ist für das Festland und den Peloponnes ein probates und billiges Verkehrsmittel. In größeren Städten erfolgt die Abfahrt vom Busbahnhof, von denen es z. B. in Athen je nach Richtung (Peloponnes, Attika oder Festlandsgriechenland) mehrere gibt. Wer auf dem Land an einer Busstation wartet, gibt dem Fahrer mit ausgestrecktem Arm zu verstehen, dass er mitgenommen werden möchte. Will man an der nächsten Station aussteigen, drückt man im Bus den Knopf "ΣΤΑΣΗ".

Bitte, wo ist die nächste ...	**Παρακαλώ, πού είναι η επόμενη ...** [paraka'lɔ pu 'inɛ i ɛ'pɔmɛni]
Bushaltestelle?	**στάση λεωφορείου;** ['stasi lɛɔfɔ'riu]
U-Bahnstation?	**στάση του μετρό;** ['stasi tu mɛ'trɔ]

Welche Linie fährt nach …?	**Ποια γραμμή πηγαίνει για …;** ['pia ɣra'mi pi'jɛni ja]
Ist dies der Bus nach …?	**Είναι αυτό το λεωφορείο για …;** ['inɛ af'tɔ tɔ lɛɔfɔ'riɔ ja]
Wie viele Haltestellen sind es?	**Πόσες στάσεις είναι;** ['pɔsɛs 'stasis 'inɛ]
Wo muss ich aussteigen/umsteigen?	**Πού πρέπει να κατέβω/ν' αλλάξω όχημα;** ['pu 'prɛpi na ka'tɛvɔ/na'laksɔ 'ɔçima]
Bitte, einen Fahrschein nach …	**Παρακαλώ, ένα εισιτήριο για …** [paraka'lɔ 'ɛna isi'tiriɔ ja]

Abfahrt	**η αναχώρηση** [i ana'xɔrisi]
Bus	**το λεωφορείο** [tɔ lɛɔfɔ'riɔ]
Busbahnhof	**ο σταθμός λεωφορείων** [ɔ staθ'mɔs lɛɔfɔ'riɔn]
einsteigen	**ανεβαίνω** [anɛ'vɛnɔ]
Endstation	**η τελευταία στάση/το τέρμα** [i tɛlɛf'tɛa 'stasi/tɔ 'tɛrma]
entwerten	**ακυρώνω** [aki'rɔnɔ]
Fahrkartenautomat	**το αυτόματο εισιτηρίων** [tɔ af'tɔmatɔ isiti'riɔn]
Fahrplan	**το δρομολόγιο** [tɔ ðrɔmɔ'lɔjiɔ]
Fahrpreis	**η τιμή εισιτηρίου** [i ti'mi isiti'riu]
Fahrschein	**το εισιτήριο** [tɔ isi'tiriɔ]
Fahrscheinentwerter	**το ακυρωτικό μηχάνημα εισιτηρίων** [tɔ akirɔti'kɔ mi'xanima isiti'riɔn]
Haltestelle	**η στάση** [i'stasi]
Kontrolleur	**ο ελεγχτής** [ɔ ɛlɛŋx'tis]
Obus	**το τρόλεϊ** [tɔ 'trɔlɛi]
Richtung	**η κατεύθυνση** [i ka'tɛfθinsi]
Schaffner	**ο εισπράκτωρας** [ɔ is'praktɔras]
Stadtbus	**το αστικό λεωφορείο** [tɔ asti'kɔ lɛɔfɔ'riɔ]
Straßenbahn	**το τραμ** [tɔ tram]
Tageskarte	**η ημερήσια κάρτα** [i imɛ'risia 'karta]
U-Bahn	**το μετρό** [tɔ mɛ'trɔ]
Überlandbus	**το υπεραστικό λεωφορείο** [tɔ ipɛrasti'kɔ lɛɔfɔ'riɔ]
Wochenkarte	**η εβδομαδιαία κάρτα** [i ɛvðɔma'ðjɛa 'karta]
Zahnradbahn	**ο οδοντωτός σιδηρόδρομος** [ɔ ɔðɔntɔ'tɔs siði'rɔðrɔmɔs]

Taxi

Taxis sind in Griechenland so billig, dass sie auch für weniger Betuchte eine echte Alternative als Verkehrsmittel darstellen. Dafür ist es in Athen nicht so einfach, überhaupt erst einmal ein Taxi zu entern. Sitzt man dann endlich drin, muss man es sich oft mit anderen Fahrgästen teilen, was zwar verboten, aber durchaus üblich ist. Achten Sie darauf, dass der Fahrer das Taxameter einschaltet und lassen Sie sich nicht durch Phantasiepreise einschüchtern.

Auf dem Land heißen die Taxis vielfach "ΑΓΟΡΑΙΟ", und zwischen den einzelnen Ortschaften gelten Fixpreise. Besprechen Sie den Fahrpreis <u>vor</u> der Abfahrt mit dem Fahrer. Für Fahrten zum Flughafen ist in Athen ein Aufschlag zu entrichten, ebenso an Feiertagen. Aufschläge müssen im Taxi sichtbar ausgehängt sein.

Wo ist der nächste Taxistand?	**Πού είναι η επόμενη στάση ταξί;** ['pu 'inɛ i ɛ'pɔmɛni 'stasi ta'ksi]
Zum Bahnhof.	**Για το σταθμό.** [ja tɔ staθ'mɔ]
Zum ... Hotel.	**Για το ξενοδοχείο ...** [ja tɔ ksɛnɔðɔ'çiɔ]
In die ...-Straße.	**Για την οδό ...** [ja tin ɔ'ðɔ]
Nach ..., bitte.	**Για ... παρακαλώ.** [ja ... paraka'lɔ]
Wieviel kostet es nach ...?	**Πόσο κοστίζει για ...;** ['pɔsɔ kɔ'stizi ja]
Halten Sie bitte hier.	**Σταματήστε εδώ, παρακαλώ.** [stama'tistɛ ɛ'ðɔ paraka'lɔ]
Das ist für Sie.	**Αυτά είναι για σας.** [a'fta 'inɛ ja sas]

halten	**σταματώ** [stama'tɔ]
Hausnummer	**ο αριθμός** [ο ariθ'mɔs]
Kilometerpreis	**η τιμή χιλιομέτρου** [i ti'mi çiljɔ'mɛtru]
Pauschalpreis	**η εφάπαξ τιμή** [i ɛ'fapaks ti'mi]
Quittung	**η απόδειξη** [i a'pɔðiksi]
Taxifahrer	**ο ταξιτζής** [ɔ taksi'tzis]
Taxistand	**η στάση ταξί** [i 'stasi ta'ksi]
Trinkgeld	**το φιλοδώρημα** [tɔ filɔ'ðɔrima]

Reisen mit Kindern

Kinder willkommen
Die Griechen sind überaus kinderfreundlich: Je mehr Kinder man hat und je kleiner die sind, desto mehr gerät man sogleich in den Mittelpunkt des Interesses. Je kleiner der Urlaubsort, umso größer ist die Wahrscheinlichkeit, dass man seine Kinder gegen Ende des Urlaubs kaum noch zu Gesicht bekommt, weil sie entweder mit einheimischen Kindern spielen oder gerade bei Onkel Jannis oder Tante Maria auf dem Sofa sitzen und mit Süßigkeiten vollgestopft werden.

Nützliches für hier und dort

Gibt es hier einen Kinderspielplatz?

Υπάρχει εδώ παιδική χαρά;
[i'parçi ε'ðɔ pεði'ki xa'ra]

Kennen Sie jemand, der bei uns babysitten kann?

Ξέρετε κανέναν που μπορεί να προσέξει το μωρό για μας; ['ksεrεtε ka'nεnan pu bɔ'ri na prɔ'sεksi tɔ mɔ'rɔ ja mas]

Aufbettungen in Hotels und Privatquartieren sind meist unproblematisch. Für Kleinkinder werden normalerweise keine zusätzlichen Übernachtungskosten berechnet, bei größeren Kindern lässt sich oft handeln.

Haben Sie ein Babyfon?

Έχετε ένα μπέιμπι-φόουν;
['εçεtε 'εna 'bεibi 'fɔun]

Gibt es Veranstaltungen für Kinder?

Υπάρχουν εκδηλώσεις για τα παιδιά;
[i'parxun εkði'lɔsis ja ta pε'dja]

Bekommen Kinder eine Ermäßigung?

Υπάρχει μια έκπτωση για παιδιά;
[i'parxi mia 'εkptɔsi ja pε'ðja]

Wo ist das nächste Spielwarengeschäft?

Πού είναι το επόμενο κατάστημα παιχνιδιών; [pu 'inε tɔ ε'pɔmεnɔ ka'tastima pεçni'ðjɔn]

Wo bekomme ich Windeln?

Πού μπορώ να βρω πάνες;
[pu bɔ'rɔ na vrɔ 'panεs]

Unterwegs

Bei allen Beförderungstickets und Eintrittskarten gelten für Kinder oft ermäßigte Tarife.

Wir reisen mit Kind. Können wir einen Platz ganz vorn bekommen?

Ταξιδεύουμε με το παιδί μας. Μπορούμε να πάρουμε μια θέση μπροστά μπροστά; [taksi'ðεvumε mε tɔ pε'ði mas bɔ'rumε na 'parumε mia 'θεsi brɔ'sta brɔ'sta]

Haben Sie einen Kindersicherheitsgurt?	**Έχετε μια ζώνη ασφαλείας για παιδιά;** ['εçετε mia 'zɔni asfa'lias ja pε'ðja]
Haben Sie vielleicht Stifte und Papier / ein Malbuch für unser Kind?	**Μήπως έχετε μολύβια και χαρτί/ένα μπλοκ ιχνογραφίας για το παιδί μας;** ['mipɔs 'εçετε mɔ'livia kε xar'ti/'εna blɔk ixnɔγra'fias ja tɔ pε'ði mas]
Verleihen Sie Kinderautositze?	**Ενοικιάζετε παιδικά καθίσματα για αυτοκίνητα;** [eni'kjazετε pεði'ka ka'θismata ja aftɔ'kinita]

Im Restaurant

Bringen Sie bitte noch einen Kinderstuhl.	**Να μας φέρετε και μια παιδική καρέκλα, παρακαλώ.** [na mas 'fεrετε kε mia pεði'ki ka'rεkla paraka'lɔ]
Gibt es auch Kinderportionen?	**Υπάρχουν και μερίδες για παιδιά;** [i'parxun kε mε'riðεs ja pε'ðja]
Könnten Sie mir bitte das Fläschchen warm machen?	**Θα μπορούσατε να μου ζεστάνετε το μπιμπερό, παρακαλώ;** [θa bɔ'rusatε na mu zε'stanετε tɔ bibε'rɔ paraka'lɔ]
Wo kann ich stillen?	**Πού μπορώ να θηλάσω το μωρό μου;** [pu bɔ'rɔ na θi'lasɔ tɔ mɔ'rɔ mu]

Babyfon	**το μπέιμπι-φόουν** [tɔ 'bεibi 'fɔun]
Babysitter	**ο/η μπέιμπι σίτερ** [ɔ/i 'bεibi 'sitεr]
Fläschchenwärmer	**το δοχείο θέρμανσης για μπιμπερό** [tɔ ðɔ'çiɔ 'θεrmansis ja bibε'rɔ]
Junge	**το αγόρι** [tɔ a'γɔri]
Kinderbecken	**η παιδική πισίνα** [i pεði'ki pi'sina]
Kinderbett	**το παιδικό κρεβάτι** [tɔ pεði'kɔ krε'vati]
Kinderermäßigung	**η έκπτωση για παιδιά** [i 'εkptɔsi ja pε'ðja]
Kinderkleidung	**τα παιδικά ενδύματα** [ta pεdi'ka εn'ðimata]
Kindernahrung	**η βρεφική τροφή** [i vrεfi'ki trɔ'fi]
Kindersitz *(für Auto u. Rad)*	**το παιδικό κάθισμα** [tɔ pεði'kɔ 'kaθisma]
Mädchen	**το κορίτσι** [tɔ kɔ'ritsi]
Planschbecken	**η παιδική πισίνα** [i pε'ðiki pi'sina]
Sandkasten	**το σκάμμα** [tɔ 'skama]
Saugflasche	**το μπιμπερό** [tɔ bimbε'rɔ]
Schirmmütze	**το κασκέτο** [tɔ kas'kεtɔ]
Schnuller	**η πιπίλα** [i pi'pila]
Schwimmflügel	**τα (σωσίβια) μπρατσάκια** [ta (sɔ'sivia) bra'tsakia]
Schwimmkurs	**το μάθημα κολύμβησης** [tɔ 'maθima kɔ'limvisis]
Schwimmring	**το σωσίβιο** [tɔ sɔ'siviɔ]
Sonnenschutz	**η προστασία από τον ήλιο** [i prosta'sia a'pɔ tɔn 'iliɔ]

Spielplatz	**η παιδική χαρά** [i pεði'ki xa'ra]
Spielsachen	**τα παιχνίδια** [ta pεç'niðia]
Trinkflasche	**το μπουκάλι** [tɔ bu'kali]
Vergnügungspark	**το λουναπάρκ** [tɔ luna'park]
Wickeltisch	**το τραπέζι για το φάσκιωμα μωρών** [tɔ tra'pεzi ja tɔ 'faskiɔma mɔ'rɔn]
Windeln	**οι πάνες/φασκιές** [i 'panεs/fa'skjεs]

Gesundheit ➢ auch Gesundheit, S. 131

Überprüfen Sie vor der Abreise, ob Ihre Kinder aktuelle Tetanus- und sonstige Impfungen haben und nehmen Sie deren Impfausweise mit. Achten Sie vor allem bei Kleinkindern sorgfältig auf ausreichenden Sonnenschutz und lassen Sie sie niemals (auch nicht für fünf Minuten) allein im Auto.
Haben Sie Kinder mit schwierigeren gesundheitlichen Problemen bzw. Kinder im Säuglingsalter, sollten Sie kleinere Inseln und abgelegene Bergregionen besser meiden.

Gibt es hier einen Kinderarzt?	**Υπάρχει παιδίατρος εδώ;** [i'parçi pε'ðiatrɔs ε'ðɔ]
Mein Kind hat ...	**Το παιδί μου έχει ...** [tɔ pε'ði mu 'εçi]
Mein Kind ist allergisch gegen ...	**Το παιδί μου είναι αλλεργικό σε ...** [tɔ pε'ði mu 'inε alεrji'kɔ sε]
Mein Kind ist gestochen worden.	**Κάτι τσίμπισε το παιδί μου.** ['kati 'tsimbisε tɔ pε'ði mu]

Allergie	**η αλλεργία** [i alεr'jia]
Ausschlag	**το εξάνθημα** [tɔ ε'ksanθima]
Elektrolytlösung	**το ηλεκτρολυτικό διάλυμα** [tɔ ilektrɔliti'kɔ ði'ɑlima]
Fieber	**ο πυρετός** [ɔ pirε'tɔs]
Heilnahrung	**η θεραπευτική τροφή** [i θεrapεfti'ki trɔ'fi]
Impfpass	**το βιβλιάριο υγείας/εμβολιασμών** [tɔ vivli'ariɔ i'jias/εmvɔliaz'mɔn]
Kinderklinik	**η παιδιατρική κλινική** [i pεðiatri'ki klini'ki]
Kinderkrankheit	**το παιδικό νόσημα** [tɔ pεði'kɔ 'nɔsima]
Masern	**η ιλαρά** [i ila'ra]
Mumps	**η επιδημική παρωτίτιδα** [i εpiðimi'ki parɔ'titiða]
Pilz	**ο μύκητας** [ɔ 'mikitas]
Röteln	**η ερυθρά** [i εriθ'ra]
Scharlach	**η οστρακιά** [i ɔstra'kja]
Windpocken	**η ανεμοβλογιά** [i anεmɔvlɔ'ja]

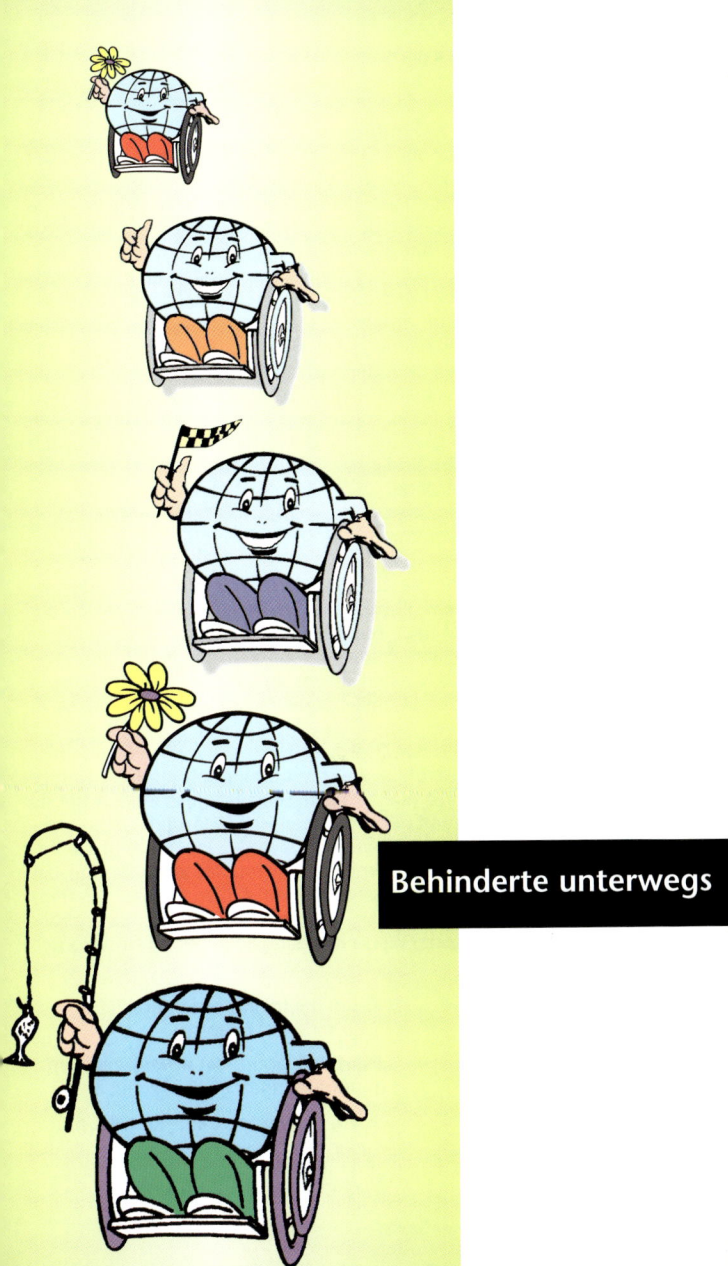

Behinderte unterwegs

Behinderungen für Behinderte

Der Großraum Athen-Piräus stellt für Behinderte ein denkbar schwieriges Terrain dar: Durch die engen Straßen windet sich eine Blechlawine von Fahrzeugen, die ohnehin schmalen Bürgersteige sind oft bis an die Hauswände zugeparkt oder mit Müllsäcken zugestellt. Für Rollstuhlfahrer und Sehbehinderte ist damit ein Weiterkommen selbst in Begleitung äußerst mühsam und mit etlichen Gefahren verbunden. Wer sich nur an die Ampeln hält (übrigens gibt es nur im Zentrum Athens einige Blindenampeln), hat schon verloren. Hupe, Handzeichen und Blickkontakt sind die Hauptkommunikationsmittel im Athener Straßenverkehr.

Daraus resultieren auch schon die wichtigsten Tipps für Behinderte: Kennzeichnen Sie sich so gut wie möglich; stürzen Sie sich möglichst nur in Begleitung ins Getümmel; seien Sie stets mit einem guten Stadtplan und einer vollen griechischen Telefonkarte für den Notfall ausgerüstet.

Öffentliche Toiletten gibt es nur wenige, von Behindertentoiletten und sonstiger Infrastruktur für Behindertenbedürfnisse ganz zu schweigen.

Es keimen aber dank des EU-Einflusses einige erste Hoffnungspflänzchen. Inzwischen gibt es erste Niederflurbusse. Der Bau der neuen Metrolinie und des neuen Flughafens gehen langsam ihrer Vollendung entgegen. Da beides gemäß EU-Richtlinien behindertengerecht sein muss, stehen im Raum Attika für Behinderte in naher Zukunft zumindest eine bequeme Ankunft und Abreise in Aussicht.

Auf dem Land und auf den Inseln ist zwar so gut wie keine behindertengerechte Infrastruktur zu finden, dennoch sind die Bedingungen für Behinderte hier in jeder Hinsicht besser. Man hat es nicht mit entnervten und gleichgültigen Hauptstädtern zu tun, sondern mit traditionell geprägten Landbewohnern, die oft große Improvisationskünstler sind und nichts unversucht lassen werden, um einem den Aufenthalt so angenehm wie möglich zu machen. Blinde, Gehörlose und auch geistig Behinderte werden in ganz unbefangener und praktischer Weise in das tägliche Leben einbezogen.

Ich bin körperbehindert.	**Είμαι σωματικά ανάπηρος.** ['imɛ sɔmati'ka a'napirɔs]
Ich bin sehbehindert.	**Η όρασή μου είναι πολύ μειωμένη.** [i 'ɔra'si mu 'inɛ pɔ'li miɔ'mɛni]
Er/Sie ist blind.	**Είναι τυφλός/τυφλή.** ['inɛ ti'flɔs/ti'fli]
Ich bin gehbehindert.	**Έχω μια αναπηρία στα πόδια.** ['ɛxɔ mia anapi'ria sta 'pɔðia]

Ich bin gehörlos. **Είμαι κουφός.** ['imɛ ku'fɔs]

Ich habe Multiple Sklerose. **Έχω σκλήρυνση κατά πλάκας.**
['ɛxɔ 'sklirinsi ka'ta 'plakas]

Unterwegs

Kann ich meinen eigenen faltbaren Rollstuhl im Flugzeug mitnehmen? **Μπορώ να πάρω το δικό μου πτυσσόμενο αναπηρικό καροτσάκι μαζί μου στο αεροπλάνο;** [bɔ'rɔ na 'parɔ tɔ ði'kɔ mu pti'sɔmɛnɔ anapiri'kɔ karɔ'tsaki ma'zi mu stɔ aɛrɔ'planɔ]

Wird ein Rollstuhl am Abflug-/Zielflughafen bereitgestellt? **Θα διατεθεί ένα αναπηρικό καροτσάκι στο αεροδρόμιο αναχώρησης/προορισμού;** [θa ðiatɛ'θi 'ɛna anapiri'kɔ karɔ'tsaki stɔ aɛrɔ'ðrɔmiɔ ana'xɔrisis/prɔɔri'zmu]

Ich möchte einen Sitz am Gang. **Θα ήθελα μια θέση στο διάδρομο.** [θa 'iθɛla mia 'θɛsi stɔ ði'aðrɔmɔ]

Gibt es eine Behindertentoilette? **Υπάρχει μια τουαλέτα για ανάπηρους;** [i'parçi mia tua'lɛta ja a'napirus]

Gibt es einen Behindertenwaschraum? **Υπάρχει ένα μπάνιο για ανάπηρους;** [i'parci 'ɛna 'baniɔ ja a'napirus]

Könnte mir jemand beim Aussteigen/Einsteigen behilflich sein? **θα μπορούσε να με βοηθήσει κανείς στο κατέβασμα/ανέβασμα;** [θa bɔ'rusɛ na mɛ vɔi'θisi ka'nis stɔ ka'tɛvasma/a'nɛvasma]

Ist der Einstieg in die Wagen ebenerdig? **Έχουν τα αμαξώματα μια ισόγεια είσοδος;** ['ɛxun ta ama'ksɔmata mia i'sɔja 'isɔðɔs]

Sind die Bahnsteige über Rampen für Rollstuhlfahrer zugänglich? **Έχουν οι αποβάθρες ράμπες για να είναι προσιτές για ανάπηρους με καροτσάκι;** ['ɛxun i apɔ'vaθrɛs 'rambɛs ja na 'inɛ prɔsi'tɛs ja a'napirus mɛ karɔ'tsaki]

Gibt es für Körperbehinderte Leihwagen mit Handgas? **Ενοικιάζονται αυτοκίνητα με προσαρμοσμένο γκάζι σε χειρομοχλό;** [ɛni'kjazɔntɛ aftɔ'kinita mɛ prɔsarmɔz'mɛnɔ 'gazi sɛ çirɔmɔx'lɔ]

Kann man hier irgendwo Behindertenfahrräder leihen? **Ενοικιάζονται κάπου εδώ ποδήλατα για ανάπηρους;** [ɛni'kjazɔntɛ 'kapu ɛ'ðɔ pɔ'ðilata ja a'napirus]

Unterkunft

Können Sie mir bitte Informationen senden, welche Hotels in ... für Rollstuhlfahrer geeignet sind.	**Σας παρακαλώ να μου στείλετε πληροφορίες για ξενοδοχεία σε ... που είναι κατάλληλα για ανάπηρους με καροτσάκι.** [sas paraka'lɔ na mu 'stilɛtɛ plirɔfɔ'riɛs ja ksɛnɔdɔ'çia sɛ ... pu 'inɛ ka'talila ja a'napirus me karɔ'tsaki]
Welche Hotels und Campingplätze haben behindertengerechte Einrichtungen?	**Ποια ξενοδοχεία και κάμπινγκ έχουν εγκαταστάσεις κατάλληλες για ανάπηρους;** [pia ksɛnɔðɔ'çia kɛ 'kambiŋg 'ɛxun ɛŋgkata'stasis ka'talilɛs ja a'napirus]

Museen, Sehenswürdigkeiten, Theater ...

Ist die Ausstellung für Gehbehinderte über Aufzüge erreichbar?	**Είναι η έκθεση προσιτή για άτομα με αναπηρία στα κάτω άκρα μέσω ανελκυστήρων;** ['inɛ i 'ɛkθɛsi prɔsi'ti ja 'atɔma mɛ anapi'ria sta 'katɔ 'akra 'mɛsɔ anɛlkis'tirɔn]
Gibt es Museumsführungen / Theateraufführungen für Taubstumme / Blinde?	**Υπάρχουν ξεναγήσεις του μουσείου/θεατρικές παραστάσεις για κουφούς/τυφλούς;** [i'parxun ksɛna'jisis tu mu'siu/θɛatri'kɛs para'stasis ja ku'fus/ti'flus]

Auffahrtrampe (für Rollstühle)	**η ράμπα ανάβασης (για αναπηρικά καροτσάκια)** [i 'ramba a'navasis (ja anapiri'ka karɔ'tsakia)]
befahrbar	**βατός** [va'tɔs]
Begleiter/-in	**ο/η συνοδός** [o/i sinɔ'ðɔs]
Behindertenausweis	**η κάρτα αναπηρίας** [i 'karta anapi'rias]
behindertengerecht	**κατάλληλος για ανάπηρους** [ka'talilɔs ja a'napirus]
Behindertenparkplatz	**το πάρκινγκ για ανάπηρους** [tɔ 'parkiŋg ja a'napirus]
Behindertentoilette	**εγκαταστάσεις υγιεινής για άτομα με μειωμένη κινητικότητα** [ɛŋgata'stasis ijii'nis ja 'atɔma mɛ miɔ'mɛni kiniti'kɔtita]
blind	**τυφλός** [ti'flɔs]
der/die Blinde	**ο τυφλός/η τυφλή** [ɔ ti'flɔs/i ti'fli]
Blindenhund	**ο σκύλος συνοδείας τυφλών** [ɔ 'skilɔs sinɔ'ðias ti'flɔn]
Braille	**το μπράιγ** [tɔ 'brai]
Breite	**το πλάτος** [tɔ 'platɔs]

Duschsitz	**το κάθισμα στο ντους** [tɔ 'kaθisma stɔ dus]
ebenerdig	**ισόγειος** [i'sɔjiɔs]
Einstiegshilfe	**το βοήθημα εισόδου** [tɔ vɔ'iθima i'sɔðu]
Epilepsie	**η επιληψία** [i epili'psia]
Fahrdienst (für Behinderte)	**η υπηρεσία μεταφοράς (για ανάπηρους)** [i ipirɛ'sia mɛtafɔ'ras (ja a'napirus)]
Flurbreite	**το πλάτος διαδρόμου** [tɔ 'platɔs ðia'ðrɔmu]
Gebärdensprache	**η γλώσσα των κωφάλαλων** [i 'ɣlɔsa tɔn kɔ'falalɔn]
der/die Gehbehinderte	**το άτομο με αναπηρία στα πόδια** [tɔ 'atɔmɔ mɛ anapi'ria sta 'pɔðia]
gehörlos	**κουφός** [ku'fɔs]
der/die Gehörlose	**ο κουφός/η κουφή** [ɔ ku'fɔs/i ku'fi]
geistig behindert	**πνευματικά ανάπηρος** [pnevmati'ka a'napirɔs]
Haltegriff	**η χειρολαβή** [çirɔla'vi]
Handgas *(Auto)*	**ο χειρομοχλός για γκάζι** [ɔ çirɔmɔx'lɔs ja 'gazi]
Höhe	**το ύψος** [tɔ 'ipsɔs]
der/die Hörbehinderte	**το άτομο με αναπηρία στην ακοή** [tɔ 'atɔmɔ mɛ anapi'ria stin akɔ'i]
der/die Hörgeschädigte	**το άτομο με μειωμένη ακοή** [tɔ 'atɔmɔ mɛ miɔ'mɛni akɔ'i]
Hublift	**ο ανελκυστήρας** [ɔ anɛlki'stiras]
der Kopfhörer	**το ακουστικό** [tɔ akusti'kɔ]
Körperbehinderung	**η σωματική αναπηρία** [i sɔmati'ki anapı'rıa]
Krücke	**το δεκανίκι** [tɔ ðɛka'niki]
der/die Pflegebedürftige	**το άτομο που χρήζει περίθαλψης** [tɔ 'atɔmɔ pu 'xrizi pɛ'riθalpsis]
ambulante Pflegestation	**το κέντρο περίθαλψης για εξωτερικούς ασθενείς** [tɔ 'kɛntrɔ pɛ'riθalpsis ja ɛksɔtɛri'kus asθɛ'nis]
querschnittsgelähmt *(untere Gliedmaßen)*	**παραπληγικός** [parapliji'kɔs]
querschnittsgelähmt *(alle Gliedmaßen)*	**τετραπληγικός** [tɛtrapliji'kɔs]
Rampe	**η ράμπα** [i 'ramba]
Rollstuhl	**το αναπηρικό καροτσάκι** [tɔ anapirik'ɔ karɔ'tsaki]
Elektrorollstuhl	**το ηλεκτρικό αναπηρικό καροτσάκι** [tɔ ilektri'kɔ anapiri'kɔ karɔ'tsaki]
Faltrollstuhl	**το πτυσσόμενο αναπηρικό καροτσάκι** [tɔ pti'sɔmɛnɔ anapiri'kɔ karɔ'tsaki]

Rollstuhl mit Hebelantrieb	**το χειροκίνητο αναπηρικό καροτσάκι** [tɔ çirɔ'kinitɔ anapiri'kɔ karɔ'tsaki]
Rollstuhlfahrer	**ο ανάπηρος με καροτσάκι** [ɔ a'napirɔs mɛ karɔ'tsaki]
rollstuhlgängiger Wagen *(Zug)*	**το βαγόνι κατάλληλο για αναπηρικό καροτσάκι** [tɔ va'ɣɔni ka'talilɔ ja anapiri'kɔ karɔ'tsaki]
rollstuhlgerecht	**κατάλληλος για αναπηρικό καροτσάκι** [ka'talilɔs ja anapiri'kɔ karɔ'tsaki]
Rollstuhlkabine *(Schiff)*	**η καμπίνα κατάλληλη για αναπηρικό καροτσάκι** [i ka'bina ka'talili ja anapiri'kɔ karɔ'tsaki]
Rollstuhlwandern	**η βόλτα με αναπηρικά καροτσάκια** [i 'vɔlta mɛ anapiri'ka karɔ'tsakia]
Sanitäreinrichtungen	**οι υγειονομικές εγκαταστάσεις** [i ijiɔnɔmi'kɛs ɛŋgata'stasis]
der/die Schwerbehinderte	**ο/η βαριά ανάπηρος/ανάπηρη** [ɔ/i va'rja a'napirɔs/a'napiri]
der/die Sehbehinderte	**το άτομο με μειωμένη όραση** [tɔ 'atɔmɔ mɛ miɔ'mɛni 'ɔrasi]
sozialer Hilfsdienst	**η υπηρεσία κοινωνικής πρόνοιας** [i ipirɛ'sia kinɔni'kis 'prɔnias]
Sozialstation	**το κοινωνικό κέντρο** [tɔ kinɔni'kɔ 'kɛntrɔ]
Steigung	**η ανηφόρα** [i ani'fɔra]
Stufe	**η βαθμίδα** [i vaθ'miða]
stufenloser Zugang	**η πρόσβαση χωρίς εμπόδια** [i 'prɔsvasi xɔ'ris ɛm'bɔðia]
stumm	**μουγγός/άλαλος** [mu'ŋgɔs/'alalɔs]
taub	**κουφός** [ku'fɔs]
taubstumm	**κωφάλαλος** [kɔ'falalɔs]
der/die Taubstumme	**ο κωφάλαλος/η κωφάλαλη** [ɔ kɔ'falalɔs/i kɔ'falali]
Treppe	**η σκάλα** [i 'skala]
automatische Tür	**η αυτόματη πόρτα** [i af'tɔmati 'pɔrta]
Türbreite	**το πλάτος πόρτας** [tɔ 'platɔs 'pɔrtas]
automatischer Türöffner	**το αυτόματο άνοιγμα πόρτας** [tɔ af'tɔmatɔ 'anigma 'pɔrtas]
Türschwelle	**το κατώφλι** [tɔ ka'tɔfli]
Zugänglichkeit	**η πρόσβαση** [i 'prɔsvasi]

Unterkunft

Bitte mit Blick aufs Meer ...

Griechenland ist so stark auf den Tourismus ausgerichtet, dass eine passable Unterbringung zu einem vertretbaren Preis vielerorts auch ohne vorherige Buchung zu finden ist – außer in der Hochsaison und in Athen. Dort stehen geforderte Preise bisweilen in keinem Verhältnis zum gebotenen Standard.

In jedem vermieteten Zimmer muss der Höchstpreis pro Übernachtung aushängen – mehr darf der Besitzer nicht verlangen. In der Vor- und Nachsaison sollten Sie unbedingt handeln. Wenn Sie länger bleiben, können Sie den Vermieter nicht selten um bis zu 50% herunterhandeln, es sei denn, er hat Ihnen ohnehin schon ein sehr günstiges Angebot gemacht.

In Griechenland herrscht überall Wassernotstand, gehen Sie deshalb sparsam mit dieser Ressource um. Wird vor dem Duschen ein Elektroboiler zugeschaltet, so sollten Sie diesen aus Sicherheitsgründen vor dem Duschen wieder ausschalten. Das Leitungswasser ist vor allem auf den Inseln oft kein Trinkwasser. Letzteres muss in eigens dafür vorgesehenen Behältern von der nächsten Trinkwasserquelle geholt werden. Vergessen Sie nicht, Ihre Kinder vor dem Leitungswasser zu warnen.

Griechische Fremdenzimmer sind für den Sommer konzipiert, außerhalb der Saison kann es in den Räumen ziemlich kühl und klamm werden. Nach einer zusätzlichen Decke zu fragen ("κουβέρτα") stellt kein Problem dar, die Frage nach einer Heizung ("σόμπα") mitunter schon. Machen Sie Ihrem Vermieter ein paar Komplimente und fragen Sie ihn dann – vielleicht lässt er sich ja doch erweichen und stellt Ihnen ein Öfchen hinein.

Auskunft

Können Sie mir bitte ... empfehlen?	**Μπορείτε παρακαλώ να μου συστήσετε ...** [bɔ'ritɛ paraka'lɔ na mu si'stisɛtɛ]
ein gutes Hotel	**ένα καλό ξενοδοχείο;** ['ɛna ka'lɔ ksɛnɔðɔ'çiɔ]
ein einfaches Hotel	**ένα απλό ξενοδοχείο;** ['ɛna a'plɔ ksɛnɔðɔ'çiɔ]
eine Pension	**μια πανσιόν;** ['mia pan'sjɔn]
ein Privatzimmer	**ένα (ιδιωτικό) δωμάτιο;** ['ɛna (iðiɔti'kɔ) ðɔ'matiɔ]
Ist es zentral/in Strandnähe gelegen?	**Βρίσκεται στο κέντρο/κοντά στην παραλία;** ['vriskɛtɛ stɔ 'kɛndrɔ/kɔ'nda stim bara'lia]

Ist es ruhig gelegen? — **Είναι ήσυχα εκεί;** ['inɛ 'isixa ɛ'ki]

Gibt es hier eine Jugendherberge/einen Campingplatz? — **Υπάρχει εδώ ξενώνας νέων/ένα κάμπιγκ;** [i'parçi ɛ'ðɔ ksɛ'nɔnas 'nɛɔn/'ɛna 'kambiŋg]

Hotel – Pension – Privatzimmer

An der Rezeption

Ich habe bei Ihnen ein Zimmer reserviert. Mein Name ist ... — **Έκλεισα ένα δωμάτιο σε σας. Ονομάζομαι ...** ['ɛklisa 'ɛna ðɔ'matiɔ sɛ sas. ɔnɔ'mazɔmɛ]

Haben Sie noch Zimmer frei? — **Έχετε ακόμα δωμάτια ελεύθερα;** ['ɛçɛtɛ a'kɔma ðɔ'matia ɛ'lɛfθɛra]

... für eine Nacht. — **... για μια νύχτα.** [ja mia 'nixta]

... für zwei Tage. — **... για δυο μέρες.** [ja 'ðiɔ 'mɛrɛs]

... für eine Woche. — **... για μια βδομάδα.** [ja mia vðɔ'maða]

Nein, wir sind leider belegt. — **Όχι, δυστυχώς είναι όλα κατειλημμένα.** ['ɔçi ðisti'xɔs 'inɛ 'ɔla katili'mɛna]

Ja, was für ein Zimmer wünschen Sie? — **Ναι, τι δωμάτιο επιθυμείτε;** [nɛ ti ðɔ'matiɔ ɛpiθi'mitɛ]

ein Einzelzimmer — **ένα μονόκλινο** ['ɛna mɔ'nɔklinɔ]

ein Zweibettzimmer — **ένα δίκλινο** ['ɛna 'ðiklinɔ]

ein ruhiges Zimmer — **ένα ήσυχο δωμάτιο** ['ɛna 'isixɔ ðɔ'matiɔ]

mit Dusche — **με ντους** [mɛ dus]

mit Bad — **με λουτρό** [mɛ lu'trɔ]

mit warmem Wasser — **με ζεστό νερό** [mɛ zɛ'stɔ nɛ'rɔ]

mit Balkon/Terrasse — **με μπαλκόνι/ταράτσα** [mɛ bal'kɔni/ta'ratsa]

mit Blick aufs Meer — **με θέα προς τη θάλασσα** [mɛ 'θɛa prɔs ti 'θalasa]

Kann ich das Zimmer ansehen? — **Μπορώ να δω το δωμάτιο;** [bɔ'rɔ na ðɔ tɔ ðɔ'matiɔ]

Dieses Zimmer gefällt mir nicht. Zeigen Sie mir bitte ein anderes. — **Το δωμάτιο αυτό δε μου αρέσει. Δείξτε μου ένα άλλο, παρακαλώ.** [tɔ ðɔ'matiɔ a'ftɔ ðɛ mu a'rɛsi. 'ðikstɛ mu 'ɛna 'alɔ paraka'lɔ]

Dieses Zimmer nehme ich.	**Θα το πάρω αυτό.** [θa tɔ 'parɔ af'tɔ]
Können Sie noch ein drittes Bett/Kinderbett dazustellen?	**Μπορείτε να μας βάλετε και τρίτο κρεβάτι/και ένα παιδικό κρεβάτι;** [bo'ritɛ na nas 'valɛtɛ kɛ 'tritɔ krɛ'vati/kɛ 'ɛna pɛði'kɔ krɛ'vati]
Was kostet das Zimmer mit ...	**Πόσο κοστίζει το δωμάτιο με ...** ['pɔsɔ kɔ'stizi tɔ ðɔ'matiɔ mɛ]
Frühstück?	**πρωινό;** [prɔi'nɔ]
Halbpension?	**με ημιδιατροφή;** [mɛ imiðiatrɔ'fi]
Vollpension?	**με πλήρες φαγητό;** [mɛ 'plirɛs faji'tɔ]

Fragen und Bitten ➢ auch Frühstück, S. 77

Ab wann gibt es Frühstück?	**Από ποια ώρα σερβίρετε το πρωινό;** [a'pɔ pia 'ɔra sɛr'virɛtɛ tɔ prɔi'nɔ]
Wann sind die Essenszeiten?	**Ποιες είναι οι ώρες των γευμάτων;** [piɛs 'inɛ i 'ɔrɛs tɔn jɛv'matɔn]
Wo ist der Speisesaal?	**Πού είναι η τραπεζαρία;** ['pu 'inɛ i trapɛza'ria]
Wecken Sie mich bitte morgen früh um ... Uhr.	**Ξυπνήστε με, παρακαλώ, αύριο το πρωί στις ... η ώρα.** [ksip'nistɛ mɛ paraka'lɔ 'avriɔ tɔ prɔ'i stis ... i 'ɔra]
Wie funktioniert ...?	**Πώς λειτουργεί ...;** ['pɔs litur'ji]
Bitte meinen Schlüssel.	**Το κλειδί μου, παρακαλώ.** [tɔ kli'ði mu paraka'lɔ]

Beanstandungen

Das Zimmer ist nicht gereinigt worden.	**Το δωμάτιο δεν καθαρίστηκε.** [tɔ ðɔ'matiɔ dɛŋ gaθa'ristikɛ]
... funktioniert nicht.	**δε λειτουργεί.** [ðɛ litur'ji]
Der Wasserhahn tropft.	**Η βρύση στάζει.** [i 'vrisi 'stazi]
Es kommt kein (warmes) Wasser.	**Δεν έχει (ζεστό) νερό.** [ðɛn 'ɛçi (zɛ'stɔ) nɛ'rɔ]
Die Toilette/Das Waschbecken ist verstopft.	**Η τουαλέτα/ο νιπτήρας είναι βουλωμένη/νος.** [i tua'lɛta/ɔ ni'ptiras 'inɛ vɔlɔ'mɛni/nɔs]
Ich hätte gern ein anderes Zimmer.	**Θα ήθελα ένα άλλο δωμάτιο.** [θa 'iθɛla 'ɛna 'alɔ ðɔ'matiɔ]

Abreise

Ich reise heute Abend/morgen um ... Uhr ab.	**Αναχωρώ σήμερα το βράδυ/αύριο στις ... η ώρα.** [anaxɔ'rɔ 'simɛra tɔ 'vraði/'avriɔ stis ... i 'ɔra]
Machen Sie bitte die Rechnung fertig.	**Ετοιμάστε, παρακαλώ, το λογαριασμό.** [ɛti'mastɛ paraka'lɔ tɔ lɔɣariaz'mɔ]
Nehmen Sie deutsches Geld/Euroschecks?	**Παίρνετε γερμανικά χρήματα/ευρωεπιταγές;** ['pɛrnɛtɛ jɛrmani'ka 'xrimata/ɛvrɔɛpita'jɛs]
Rufen Sie mir bitte ein Taxi.	**Καλέστε μου, παρακαλώ, ένα ταξί.** [ka'lɛstɛ mu paraka'lɔ 'ɛna ta'ksi]
Vielen Dank für alles! Auf Wiedersehen!	**Ευχαριστώ πολύ για όλα! Αντίο σας!** [ɛfxari'stɔ pɔ'li ja 'ɔla! an'diɔ sas!]

Abendessen	**το βραδινό** [tɔ vraði'nɔ]
Anmeldung	**η δήλωση** [i 'ðilɔsi]
Aschenbecher	**το τασάκι** [tɔ ta'saki]
Aufenthaltsraum	**ο χώρος διαμονής** [ɔ 'xɔrɔs ðiamɔnis]
Aufzug	**το ασανσέρ** [tɔ asan'sɛr]
Badewanne	**η μπανιέρα** [i ban'jɛra]
Badezimmer	**το λουτρό** [tɔ lu'trɔ]
Balkon	**το μπαλκόνι** [tɔ bal'kɔni]
Bett	**το κρεβάτι** [tɔ krɛ'vati]
Bettdecke	**η κουβέρτα** [i ku'vɛrta]
Bettwäsche	**τα σεντόνια** [ta sɛn'dɔnia]
Duschc	**το ντους** [tɔ dus]
Etage	**ο όροφος** [ɔ 'ɔrɔfɔs]
Fenster	**το παράθυρο** [tɔ pa'raθirɔ]
Fernseher	**η τηλεόραση** [i tilɛ'ɔrasi]
Frühstück	**το πρωινό** [tɔ prɔi'nɔ]
Frühstücksraum	**η αίθουσα πρωινού** [i 'ɛθusa prɔi'nu]
Garage	**το γκαράζ** [tɔ ga'raz]
Halbpension	**η ημιδιατροφή** [i imiðiatrɔ'fi]
Handtuch	**η πετσέτα** [i pɛ'tsɛta]
Heizung	**η θέρμανση** [i 'θɛrmansi]
Kleiderbügel	**η κρεμάστρα** [i krɛ'mastra]
Klimaanlage	**ο κλιματισμός** [ɔ klimatiz'mɔs]
Kopfkissen	**το μαξιλάρι** [tɔ maksi'lari]
Lampe	**η λάμπα** [i 'lamba]
Licht	**το φως** [tɔ fɔs]
Lichtschalter	**ο διακόπτης φωτός** [ɔ ðia'kɔptis fɔ'tɔs]
Matratze	**το στρώμα** [tɔ 'strɔma]
Minibar	**το μίνι μπαρ** [tɔ 'mini bar]
Mittagessen	**το μεσημεριανό** [tɔ mɛsimɛria'nɔ]
Motel	**το μοτέλ** [tɔ mɔ'tɛl]

Parkplatz	**το πάρκινγκ** [tɔ 'parkiŋg]
Pension	**η πανσιόν** [i pan'sjɔn]
Radio	**το ραδιόφωνο** [tɔ ra'ðjɔfɔnɔ]
reinigen	**καθαρίζω** [kaθa'rizɔ]
Reservierung	**η κράτηση** [i 'kratisi]
Rezeption	**η ρεσεψιόν** [i rɛsɛ'psjɔn]
Safe	**η θυρίδα ασφαλείας** [i θi'riða asfa'lias]
Schlüssel	**το κλειδί** [tɔ kli'ði]
Schrank	**η ντουλάπα** [i du'lapa]
Sessel	**η πολυθρόνα** [i pɔli'θrɔna]
Speisesaal	**η τραπεζαρία** [i trapɛza'ria]
Steckdose	**η πρίζα** [i br'iza]
Stecker	**ο ρευματολήπτης** [ɔ rɛvmatɔ'liptis]
Terrasse	**η ταράτσα** [i ta'ratsa]
Toilette	**η τουαλέτα** [i tua'lɛta]
Toilettenpapier	**το χαρτί υγείας** [tɔ xar'ti i'jias]
Übernachtung	**η διανυκτέρευση** [i ðianik'tɛrɛfsi]
Ventilator	**ο ανεμιστήρας** [ɔ anɛmi'stiras]
Vollpension	**η πλήρης διατροφή** [i 'pliris ðiatrɔ'fi]
Waschbecken	**ο νιπτήρας** [ɔ nip'tiras]
Wäschewechsel	**η αλλαγή σεντονιών** [i ala'ji sɛndɔ'njɔn]
Wasser	**το νερό** [tɔ nɛ'rɔ]
kaltes Wasser	**κρύο νερό** ['kriɔ nɛ'rɔ]
warmes Wasser	**ζεστό νερό** [zɛ'stɔ nɛ'rɔ]
Wasserglas	**το νεροπότηρο** [tɔ nɛrɔ'pɔtirɔ]
Wasserhahn	**η βρύση** [i 'vrisi]
Wolldecke	**η μάλλινη κουβέρτα** [i 'malini ku'vɛrta]
Zimmer	**το δωμάτιο** [tɔ ðɔ'matiɔ]
Zimmermädchen	**η καμαριέρα** [i kamar'jɛra]
Zimmertelefon	**το τηλέφωνο δωματίου** [tɔ ti'lɛfɔnɔ ðɔma'tiu]

Ferienhäuser und Ferienwohnungen

Ist der Strom-/Wasserverbrauch im Mietpreis enthalten?	**Περιέχεται το ρεύμα/το νερό στην τιμή του ενοικίου ;** [pɛri'ɛçɛtɛ tɔ 'rɛvma/tɔ nɛ'rɔ stin ti'mi tu ɛni'kiu]
Wo befinden sich die Mülltonnen?	**Πού βρίσκονται οι κάδοι απορριμάτων;** [pu 'vriskɔndɛ i 'kaði apɔri'matɔn]

➢ **auch Hotel – Pension – Privatzimmer, S. 69**

Anreisetag	**η ημέρα άφιξης** [i i'mɛra 'afiksis]
Apartment	**το διαμέρισμα** [tɔ ðia'mɛrizma]
Bungalow	**το μπανγκαλόου** [tɔ baŋga'lɔu]
Endreinigung	**το καθάρισμα στο τέλος** [tɔ ka'θarizma stɔ 'tɛlɔs]

Etagenbett	**το διόροφο κρεβάτι** [tɔ ði'ɔrɔfɔ krɛ'vati]
Ferienanlage	**το τουριστικό συγκρότημα** [tɔ turisti'kɔ si'ŋgrɔtima]
Ferienhaus	**το εξοχικό σπίτι** [tɔ ɛksɔçi'kɔ 'spiti]
Geschirr	**τα πιατικά** [ta piati'ka]
Geschirrtuch	**η πετσέτα κουζίνας** [i pɛ'tsɛta ku'zinas]
Geschirrspülmaschine	**το πλυντήριο πιάτων** [tɔ plin'diriɔ 'pjatɔn]
Hausbesitzer	**ο ιδιοκτήτης σπιτιού** [ɔ iðiɔk'titis spit'ju]
Haustiere	**τα κατοικίδια ζώα** [ta kati'kiðia 'zɔa]
Herd	**η κουζίνα** [i ku'zina]
Elektroherd	**η ηλεκτρική κουζίνα** [i ilɛktri'ki ku'zina]
Gasherd	**η κουζίνα με γκάζι** [i ku'zina mɛ 'gazi]
Kaffeemaschine	**η ηλεκτρική καφετιέρα** [i ilɛktri'ki kafɛ'tjɛra]
Kochnische	**το κουζινάκι** [tɔ kuzi'naki]
Kühlschrank	**το ψυγείο** [tɔ psi'jiɔ]
Miete	**το ενοίκιο** [tɔ ɛ'nikiɔ]
Mikrowelle	**ο φούρνος μικροκυμάτων** [ɔ 'furnɔs mikrɔki'matɔn]
Müll	**τα σκουπίδια** [ta sku'piðia]
Nebenkosten	**τα κοινόχρηστα** [ta ki'nɔxrista]
Schlafcouch	**ο καναπές κρεβάτι** [ɔ kana'pɛs krɛ'vati]
Schlafzimmer	**το υπνοδωμάτιο** [tɔ ipnɔðɔ'matiɔ]
Strom	**το ρεύμα** [tɔ 'revma]
Stromspannung	**η ένταση ρεύματος** [i 'ɛndasi 'rɛvmatɔs]
Studio	**το στούντιο** [tɔ 'studiɔ]
Toaster	**η τοστιέρα** [i tɔ'stjɛra]
vermieten	**νοικιάζω** [ni'kjazɔ]
Waschmaschine	**το πλυντήριο** [tɔ plin'diriɔ]
Wasserverbrauch	**η κατανάλωση νερού** [i kata'nalɔsi nɛru]
Zentralheizung	**η κεντρική θέρμανση** [i kɛndri'ki 'θɛrmansi]

Camping

Gibt es in der Nähe einen Campingplatz?	**Υπάρχει εδώ κοντά ένα κάμπιγκ;** [i'parçi 'ɛðɔ kɔn'da 'ɛna 'kambiŋg]
Haben Sie noch Platz für einen Wohnwagen/ein Zelt?	**Έχετε ακόμη χώρο για ένα τροχόσπιτο/μια σκηνή;** ['ɛçɛtɛ a'kɔmi 'xɔrɔ ja 'ɛna trɔ'xɔspitɔ/mia ski'ni]
Wie hoch ist die Gebühr pro Tag und Person?	**Πόσα κάνει για κάθε άτομο την ημέρα;** ['pɔsa 'kani ja 'kaθɛ 'atɔmɔ tin i'mɛra]
Wie hoch ist die Gebühr für ...	**Πόσα κάνει για ...** ['pɔsa 'kani ja]
das Auto?	**το αυτοκίνητο;** [tɔ aftɔ'kinitɔ]
den Wohnwagen?	**το τροχόσπιτο;** [tɔ trɔ'xɔspitɔ]

das Wohnmobil?	**την τροχοβίλα;** [tin trɔxɔ'vila]
das Zelt?	**τη σκηνή;** [ti ski'ni]
Wir bleiben ... Tage/Wochen.	**Θα μείνομε ... μέρες/βδομάδες.** [θa 'minɔmɛ ... 'mɛrɛs/vðɔ'maðɛs]
Wo sind ...	**Πού είναι ...** ['pu 'inɛ]
die Toiletten?	**οι τουαλέτες;** [i tua'lɛtɛs]
die Waschräume?	**τα λουτρά;** [ta lu'tra]
die Duschen?	**τα ντους;** [ta dus]
Wo kann ich Gasflaschen umtauschen?	**Πού μπορώ ν' αλλάξω φιάλες υγραερίου;** ['pu bɔ'rɔ na'laksɔ 'fjalɛs iɣraɛ'riu]
Ist der Campingplatz bei Nacht bewacht?	**Φυλάγεται το κάμπιγκ τη νύχτα;** [fi'lajɛtɛ tɔ 'kambiŋg ti 'nixta]

Camping	**το κάμπινγκ** [tɔ 'kambiŋg]
Campingausweis	**η κάρτα του κάμπινγκ** [i 'karta tu 'kambiŋg]
Campingführer	**ο οδηγός κάμπιγκ** [ɔ ɔði'ɣɔs 'kambiŋg]
Campingplatz	**το κάμπιγκ** [tɔ 'kambiŋg]
Gasflasche	**η φιάλη υγραερίου** [i 'fjali iɣraɛ'riu]
Gaskartusche	**το γκαζάκι** [tɔ ga'zaki]
Gaskocher	**η γκαζιέρα** [i ga'zjɛra]
Geschirrspülbecken	**ο νεροχύτης** [ɔ nɛrɔ'çitis]
Hering	**το πασαλάκι σκηνής** [tɔ pasa'laki ski'nis]
Kocher	**η συσκευή μαγειρικής** [i siskɛ'vi majiri'kis]
Petroleumlampe	**η λάμπα πετρελαίου** [i 'lamba pɛtrɛ'lɛu]
Propangas	**το προπάνιο** [tɔ prɔ'paniɔ]
Strom	**το ρεύμα** [tɔ 'revma]
Stromanschluss	**η πρίζα ρεύματος** [i 'briza 'rɛvmatɔs]
Trinkwasser	**το πόσιμο νερό** [tɔ 'pɔsimɔ nɛ'rɔ]
Voranmeldung	**η προαναγγελία** [i prɔanaŋgɛ'lia]
Waschraum	**το λουτρό** [tɔ lu'trɔ]
Wäschetrockner	**το στεγνωτήριο ρούχων** [tɔ stɛɣnɔ'tiriɔ 'ruxɔn]
Wasser	**το νερό** [tɔ nɛ'rɔ]
Wasserkanister	**το μπετόνι νερού** [tɔ be'tɔni nɛ'ru]
Wohnmobil	**η τροχοβίλα** [i trɔxɔ'vila]
Wohnwagen	**το τροχόσπιτο** [tɔ trɔ'xɔspitɔ]
Zelt	**η σκηνή** [i ski'ni]
zelten	**κατασκηνώνω** [kataski'nɔnɔ]
Zeltschnur	**το σχοινί σκηνής** [tɔ sçi'ni ski'nis]
Zeltstange	**ο στύλος σκηνής** [ɔ 'stilɔs ski'nis]

Gastronomie

Mediterran geprägte Volksküche

In Griechenland erwartet Sie keine *haute cuisine*, sondern eher eine mediterran geprägte Volksküche mit orientalischen, balkanischen und italienischen Elementen.

Viel Öl, verkocht und dann auch noch kalt serviert! Aber keine Angst – viel öfter als diese Stereotype werden Ihnen auch deftige und leckere Kompositionen begegnen, die ihren Reiz aus ihrer wohlausgewogenen und pikanten Schlichtheit beziehen.

In den Touristenzentren bekommen Sie zumeist die mittel- und westeuropäische Küche vorgesetzt – sollte das Ihren Geschmack nicht treffen, lohnt es sich, kulinarische Expeditionen ins Umland zu unternehmen. Dazu ein kleiner Überblick:

❒ Ein **εστιατόριο** ist ein **Restaurant** mit vorgekochten Speisen, die man sich im hinteren Teil des Restaurants in einer Art gewaltigen Kochvitrine zeigen lassen kann. Geöffnet ist ab mittags.

❒ Eine **ταβέρνα** ist mehr etwas für den Abend. Angeboten werden neben einer reichhaltigen Auswahl an Vorspeisen diverse Hauptgerichte, die überwiegend aus der Bratpfanne, der Bratröhre oder vom Grill stammen. Viele **Tavernen** führen einen offenen Fasswein (κρασί χύμα), zumeist weißen oder roten Retsina, den man kiloweise bestellen kann ("Ένα κιλό κόκκινο ρετσίνα, παρακαλώ!")

❒ Eine **ουζερί** ist eigentlich eine **Fischerkneipe**, in der es außer – wie der Name schon sagt – Ouzo in allen Variationen ein vielfältiges Angebot an Fisch und Meeresfrüchten gibt. Fleisch gibt es dafür normalerweise überhaupt keins. Besonders empfehlenswert: Oktopus (χταπόδι) vom Holzkohlegrill. Falls vorrätig ist, sollten Sie auch unbedingt einmal den hauseigenen τσίπουρο probieren, einen selbstgebrannten Tresterschnaps, der auf den Inseln ganz im Osten auch σούμα genannt wird.

❒ Eine **ψησταριά** ist ein **Grillrestaurant**, in der es u. a. sehr knusprige Wachteln (ορτύκια) geben kann, ein **κουτούκι** ist eine volkstümliche **Kellerkneipe** mit Wein vom Fass und manchmal zu später Stunde auch Livemusik, und ein **πατσατζήδικο** schließlich ist eher ein Ort für Eingeweihte: eine **Hafenkneipe**, die bis früh um sechs oder sogar rund um die Uhr geöffnet hat und in der ausschließlich πατσάς serviert wird – eine an Deftigkeit kaum zu überbietende Kuttelsuppe. Die Griechen schwören darauf, wenn es darum geht, nach dem ausschweifenden Besuch in einem ρεμπετάδικο (Rembetiko-Kneipe) oder in einem Λαϊκό Κέντρο (Tanzgaststätte mit griechischer Schlager-Livemusik) wieder nüchtern zu werden.

❒ Ein **καφενείον** schließlich ist weniger ein Tempel der Gastronomie als vielmehr ein Hort der Kommunikation – mitunter nur zwischen alten Männern. Man kann sich hier auch zu seinem Kaffee, Kognak oder Bier ein Tellerchen mit einem kleinen Snack (μεζές) bestellen und beim Backgammon (τάβλι) auf sehr angenehme Weise den Nachmittag verbringen.

Essen gehen

Wo gibt es hier ...
Πού υπάρχει εδώ ... ['pu i'parçi ε'ðɔ]

ein gutes Restaurant?
ένα καλό εστιατόριο;
['εna ka'lɔ εstia'tɔriɔ]

ein nicht zu teures Restaurant?
ένα όχι πολύ ακριβό εστιατόριο;
['εna 'ɔçi pɔ'li akri'vɔ εstia'tɔriɔ]

einen Schnellimbiss?
ένα φαστφουντάδικο;
['εna fastfu'daðikɔ]

Wo kann man hier in der Nähe gut/preiswert essen?
Πού μπορώ εδώ κοντά να φάω καλά/φθηνά; [pu bu'rɔ ε'ðɔ kɔ'nda na 'faɔ ka'la/fθi'na]

Im Restaurant

Reservieren Sie uns bitte für heute Abend einen Tisch für 4 Personen.
Κρατήστε μας, παρακαλώ, για απόψε ένα τραπέζι για τέσσερα άτομα. [kra'tistε mas paraka'lɔ ja a'pɔpsε 'εna tra'pεzi ja 'tεsεra 'atɔma]

Ist dieser Tisch/Platz noch frei?
Είναι αυτό το τραπέζι ελεύθερο/ αυτή η θέση ελευθερή; ['inε af'tɔ tɔ tra'pεzi ε'lεfθεrɔ/af'ti i 'θεsi ε'lεfθεri]

Einen Tisch für 3 Personen, bitte.
Ένα τραπέζι για τρία άτομα, παρακαλώ. ['εna tra'pεzi ja 'tria 'atɔma paraka'lɔ]

Wo sind bitte die Toiletten?
Πού είναι οι τουαλέτες, παρακαλώ; [pu 'inε i tua'lεtεs paraka'lɔ]

Darf ich rauchen?
Μπορώ να καπνίσω; [bɔ'rɔ na ka'pnisɔ]

Bestellung

Herr Ober/Bedienung,
Γκαρσόν, ... [gar'sɔn]

die Speisekarte, bitte.
τον κατάλογο φαγητών, παρακαλώ. [tɔŋ ga'talɔɣɔ faji'tɔn paraka'lɔ]

die Getränkekarte, bitte.
τον κατάλογο ποτών, παρακαλώ. [tɔŋ ga'talɔɣɔ pɔ'tɔn paraka'lɔ]

Was können Sie mir empfehlen?
Τι μπορείτε να μου συστήσετε; [ti bɔ'ritε na mu si'stisεtε]

Haben Sie vegetarische Gerichte/Diätkost?
Έχετε φαγητά για χορτοφάγους/ φαγητά δίαιτας; ['εçεtε faji'ta ja xɔrtɔ'faɣus/faji'ta 'ðiεtas]

Gibt es auch Kinderportionen?	**Σερβίρετε και παιδικές μερίδες;** [sɛr'virɛtɛ kɛ pɛði'kɛs mɛ'riðɛs]
Haben Sie schon gewählt?	**Αποφασίσατε;** [apɔfa'sisatɛ]
Ich nehme ...	**Θα πάρω ...** [θa 'parɔ]
Als Hauptgericht/Nachtisch nehme ich ...	**Για κύριο πιάτο/επιδόρπιο θα πάρω ...** [ja 'kiriɔ 'pjatɔ/ɛpi'ðɔrpiɔ θa 'parɔ]
Ich möchte keine Vorspeise, danke.	**Δε θέλω ορεκτικά, ευχαριστώ.** [ðɛ 'θɛlɔ ɔrɛkti'ka, ɛfxari'stɔ]
Könnte ich statt ... ... haben?	**Θα μπορούσα να έχω αντί ... ...;** [θa bɔ'rusa na 'ɛxɔ an'di]
Ich vertrage kein/e ... Könnten Sie das Gericht ohne ... zubereiten?	**Με πειράζει/ουν .... Θα μπορούσατε να ετοιμάσετε το φαγητό χωρίς ...;** [mɛ pi'razi/zun ... θa bɔ'rusatɛ na ɛti'masɛtɛ tɔ faji'tɔ xɔ'ris]
Wie möchten Sie Ihr Steak haben?	**Πώς θα θέλατε τη μπριζόλα σας;** [pɔs θa 'θɛlatɛ ti bri'zɔla sas]
gut durch	**καλοψημένη** [kalɔpsi'mɛni]
halb durch	**μισοψημένη** [misɔpsi'mɛni]
englisch	**ελαφρά ψημένη** [ɛla'fra psi'mɛni]
Was wollen Sie trinken?	**Τι θα πιείτε;** [ti θa 'pçitɛ]
Bitte ein Glas ...	**Παρακαλώ, ένα ποτήρι ...** [paraka'lɔ 'ɛna pɔ'tiri]
Bitte eine Flasche/eine halbe Flasche ...	**Παρακαλώ, ένα μπουκάλι/μισό μπουκάλι ...** [paraka'lɔ 'ɛna bu'kali/mi'sɔ bu'kali]
Bitte einen Liter/einen halben Liter ...	**Παρακαλώ, ένα κιλό/μισό κιλό ...** [paraka'lɔ 'ɛna ki'lɔ/mi'sɔ ki'lɔ]
Mit Eis, bitte.	**Με πάγο, παρακαλώ.** [mɛ 'paɣɔ paraka'lɔ]
Guten Appetit!	**Καλή όρεξη!** [ka'li 'ɔrɛksi]
Zum Wohl!	**Στην υγειά σας!** [stin i'ja sas]
Haben Sie noch einen Wunsch?	**Θέλετε τίποτε άλλο;** ['θɛlɛtɛ 'tipɔtɛ 'alɔ]
Bitte bringen Sie uns ...	**Φέρτε μας, παρακαλώ ...** ['fɛrtɛ mas paraka'lɔ]
Könnten wir noch etwas Brot/Wasser/Wein bekommen?	**Θα μπορούσαμε να έχουμε ακόμη λίγο ψωμί/νερό/κρασί;** [θa bɔ'rusamɛ na 'ɛxumɛ a'kɔmi 'liɣɔ psɔ'mi/nɛ'rɔ/kra'si]

Frühstück

Bitte, ...	**Παρακαλώ, ...** [paraka'lɔ]
einen griechischen schwarzen Kaffee.	**έναν ελληνικό καφέ σκέτο.** ['εnan εlini'kɔ a'fε 'skεtɔ]
drei doppelte griechische Kaffee mit Zucker.	**τρεις διπλούς ελληνικούς μέτριους.** [tris ði'plus εlini'kus 'mεtrius]
einen Filterkaffee schwarz.	**έναν γαλλικό καφέ σκέτο.** ['εnan ɣali'kɔ ka'fε 'skεtɔ]
zwei Filterkaffe mit Zucker und Milch.	**δύο γαλλικούς μέτριους με γάλα.** ['ðiɔ ɣali'kus 'mεtrius mε 'ɣala]
zwei koffeinfreie Kaffee.	**δυο καφέδες χωρίς καφεΐνη.** ['ðiɔ ka'fεðεs xɔ'ris kafε'ini]
einen Tee mit Milch/Zitrone.	**ένα τσάι με γάλα/λεμόνι.** ['εna 'tsai mε 'ɣala/lε'mɔni]
einen Fruchtsaft.	**ένα χυμό φρούτου.** ['εna çi'mɔ 'frutu]
einen Orangensaft.	**ένα χυμό πορτοκαλιού.** ['εna çi'mɔ pɔrtɔkal'ju]
einen Apfelsaft.	**ένα χυμό μήλου.** ['εna çi'mɔ 'milu]
ein weiches Ei.	**ένα αβγό μελάτο** ['εna av'ɣɔ mε'latɔ]
ein Omelett.	**μια ομελέτα.** [mia ɔmε'lεta]
zwei Spiegeleier.	**δυο αβγά μάτια.** ['ðiɔ av'ɣa 'matia]
noch etwas Brot/Brötchen/Toast.	**λίγο ψωμί/ψωμάκι/τοστ ακόμα.** ['liɣɔ psɔ'mi/psɔ'maki/'tɔst a'kɔma]
ein Hörnchen.	**ένα κρουασάν.** ['εna krua'san]
zwei Stück Butter.	**δυο κομμάτια βούτυρο.** ['ðiɔ kɔ'matia 'vutirɔ]
etwas Käse.	**λίγο τυρί.** ['liɣɔ ti'ri]
Wurst und Schinken.	**λουκάνικο και ζαμπόν.** [lu'kanikɔ kε zam'bɔn]
etwas Marmelade.	**λίγη μαρμελάδα.** ['liji marmε'laða]
zwei Portionen Honig.	**δυο μερίδες μέλι.** ['ðiɔ mε'riðεs 'mεli]
und Müsli (mit Milch).	**και μούσλι (με γάλα).** [kε 'musli (mε 'ɣala)]
zwei fettarme Joghurt.	**δυο άπαχα γιαούρτια.** ['ðiɔ 'apaxa ja'urtia]
einen Joghurt mit Honig und Nüssen.	**ένα γιαούρτι με μέλι και καρύδια.** ['εna ja'urti mε 'mεli kε ka'riðia]
und etwas Obst.	**και μερικά φρούτα.** [kε mεri'ka 'fruta]

Beanstandungen

Hier fehlt ein/e ...	**Εδώ λείπει ένα .../μια ...** [ε'ðɔ 'lipi 'εna .../mia]
Haben Sie mein/e ... vergessen?	**Ξεχάσατε το(ν)/τη(ν) ...μου;** [ksε'xasatε tɔ(n)/ti(n) ... mu]
Das habe ich nicht bestellt.	**Αυτό δεν το παρήγγειλα.** [a'ftɔ ðεn dɔ pa'riŋgila]
Die Suppe ist kalt/versalzen.	**Η σούπα είναι κρύα/λύσσα.** [i 'supa 'inε 'kria/'lisa]
Das Fleisch ist zäh/zu fett.	**Το κρέας είναι σκληρό/πολύ λιπαρό.** [tɔ 'krεas 'inε skli'rɔ/pɔ'li lipa'rɔ]
Der Fisch ist nicht frisch.	**Το ψάρι δέν είναι φρέσκο.** [tɔ 'psari ðεn 'inε 'frεskɔ]
Nehmen Sie es bitte zurück.	**Πάρτε το πίσω, παρακαλώ.** ['partε tɔ 'pisɔ paraka'lɔ]
Holen Sie bitte den Chef.	**Παρακαλώ, καλέστε το αφεντικό.** [paraka'lɔ, ka'lεstε tɔ afendi'kɔ]

Die Rechnung

Bezahlen, bitte.	**Παρακαλώ, να πληρώσω.** [paraka'lɔ na pli'rɔsɔ]
Bitte alles zusammen.	**Όλα μαζί, παρακαλώ.** ['ɔla ma'zi paraka'lɔ]
Getrennte Rechnungen, bitte.	**Χωριστούς λογαριασμούς, παρακαλώ.** [xɔri'stus lɔɣariaz'mus paraka'lɔ]
Die Rechnung scheint mir nicht zu stimmen.	**Ο λογαριασμός μου φαίνεται, ότι δεν είναι σωστός.** [ɔ lɔɣariaz'mɔs mu 'fεnετε 'ɔti ðεn 'inε sɔ'stɔs]
Das habe ich nicht gehabt. Ich hatte ...	**Αυτό δεν το είχα. Είχα ...** [a'ftɔ ðεn dɔ 'ixa 'ixa]
Hat es geschmeckt?	**Μείνατε ευχαριστημένοι;** ['minatε εfxaristi'mεni]
Das Essen war ausgezeichnet.	**Το φαγητό ήταν εξαιρετικό.** [tɔ faji'tɔ 'itan εksεrεti'kɔ]
Das ist für Sie.	**Αυτά είναι για σας.** [a'fta 'inε ja sas]
Danke, stimmt so.	**Εντάξει είμαστε, ευχαριστώ.** [εn'daksi 'imastε εfxari'stɔ]

➢ **auch Lebensmittel, S. 121**

Abendessen	**το βραδινό** [tɔ vraði'nɔ]
alkoholfrei	**χωρίς αλκοόλ** [xɔ'ris alkɔ'ɔl]
Aschenbecher	**το τασάκι** [tɔ ta'saki]
Besteck	**τα μαχαιροπίρουνα** [ta maçɛrɔ'piruna]
Bestellung	**η παραγγελία** [i paraŋgɛ'lia]
Diabetiker	**ο διαβητικός** [ɔ ðiaviti'kɔs]
Essig	**το ξίδι** [tɔ 'ksiði]
Fass	**το βαρέλι** [tɔ va'rɛli]
Fass, vom	**βαρελίσιο** [varɛ'lisiɔ]
Frühstück	**το πρωινό** [tɔ prɔi'nɔ]
Gabel	**το πιρούνι** [tɔ pi'runi]
Gang	**η σειρά πιάτων** [i si'ra 'pjatɔn]
Gedeck	**το κουβέρ** [tɔ ku'vɛr]
Gericht	**το φαγητό** [tɔ faji'tɔ]
Getränk	**το ποτό** [tɔ pɔ'tɔ]
Gewürz	**το καρύκευμα** [tɔ ka'rikɛvma]
Glas	**το ποτήρι** [tɔ pɔ'tiri]
Wasserglas	**το νεροπότηρο** [tɔ nɛrɔ'pɔtirɔ]
Weinglas	**το κρασοπότηρο** [tɔ krasɔ'pɔtirɔ]
Gräte	**το ψαροκόκκαλο** [tɔ psarɔ'kɔkalɔ]
hart	**σκληρός** [skli'rɔs]
Hauptspeise	**το κύριο πιάτο** [tɔ 'kiriɔ 'pjatɔ]
hausgemacht	**σπιτικός** [spiti'kɔs]
heiß	**καυτός** [kaf'tɔs]
hungrig sein	**πεινάω** [pi'naɔ]
Karaffe	**η καράφα** [i ka'rafa]
Kellner/in	**το γκαρσόν/η σερβιτόρα** [tɔ gar'sɔn/i sɛrvi'tɔra]
Ketschup	**το κέτσαπ** [tɔ 'kɛtsap]
Knochen	**το κόκκαλο** [tɔ 'kɔkalɔ]
Koch/Köchin	**ο μάγειρας/η μαγείρισσα** [ɔ 'majiras/i ma'jirisa]
Korkenzieher	**το ανοιχτήρι** [tɔ anix'tiri]
lieblich *(Wein)*	**ημίγλυκος (οίνος)** [i'miɣli'kɔs ('inɔs)]
Löffel	**το κουτάλι** [tɔ ku'tali]
Teelöffel	**το κουτάλι τσαγιού** [tɔ ku'tali tsa'ju]
Menü	**το μενού** [tɔ mɛ'nu]
Messer	**το μαχαίρι** [tɔ ma'çɛri]
Mittagessen	**το μεσημεριανό** [tɔ mɛsimɛria'nɔ]
Nachtisch	**το επιδόρπιο** [tɔ ɛpi'ðɔrpiɔ]
Ober	**το γκαρσόν** [tɔ gkar'sɔn]
Öl	**το λάδι** [tɔ 'laði]
Pfannengericht	**το τηγανητό** [tɔ tiɣani'tɔ]
Pfeffer	**το πιπέρι** [tɔ pi'pɛri]
Pfefferstreuer	**η πιπεριέρα** [i pipɛr'jɛra]
Portion	**η μερίδα** [i mɛ'riða]
Rost	**η σχάρα** [i 'sxara]
Salz	**το αλάτι** [tɔ a'lati]

Salzstreuer	**η αλατιέρα** [i ala'tjɛra]
Scheibe	**η φέτα** [i 'fɛta]
Schonkost	**τα τρόφιμα δίαιτας** [ta 'trɔfima 'ðiɛtas]
Schüssel	**η γαβάθα** [i ɣa'vaθa]
Senf	**η μουστάρδα** [i mu'starða]
Serviette	**η πετσέτα φαγητού** [i pɛ'tsɛta faji'tu]
Soße	**η σάλτσα** [i 'saltsa]
Speisekarte	**ο κατάλογος φαγητών** [ɔ ka'talɔɣɔs faji'tɔn]
Spezialität	**η σπεσιαλιτέ** [i spɛsiali'tɛ]
Strohhalm	**το καλαμάκι** [tɔ kala'maki]
Suppe	**η σούπα** [i 'supa]
Suppenteller	**το πιάτο σούπας** [tɔ 'pjatɔ 'supas]
Süßstoff	**η ζαχαρίνη** [i zaxa'rini]
Tagesgericht	**το πιάτο ημέρας** [tɔ pjatɔ i'mɛras]
Tagesmenü	**το μενού της ημέρας** [tɔ mɛnu tis i'mɛras]
Tasse	**το φλιτζάνι** [tɔ fli'dzani]
Untertasse	**το πιατάκι** [tɔ pia'taki]
Teller	**το πιάτο** [tɔ 'pjatɔ]
Tischtuch	**το τραπεζομάντηλο** [tɔ trapɛzɔ'mandilɔ]
Trinkgeld	**το φιλοδώρημα** [tɔ filɔ'ðɔrima]
trocken *(Wein)*	**ξηρός (οίνος)** [ksi'rɔs ('inɔs)]
vegetarisch	**χορτοφαγικός** [xɔrtɔ'faji'kɔs]
Vorspeise	**το ορεκτικό** [tɔ ɔrɛkti'kɔ]
Wasser	**το νερό** [tɔ nɛ'rɔ]
würzen	**καρυκεύω** [kari'kɛvɔ]
Zahnstocher	**η οδοντογλυφίδα** [i ɔðɔndɔɣli'fiða]
Zucker	**η ζάχαρη** [i 'zaxari]

Zubereitung

durchgebraten	**καλοψημένος** [kalɔpsi'mɛnɔs]
gebacken	**του φούρνου** [tu 'furnu]
gebraten	**ψητός** [psi'tɔs]
am Spieß	**στη σούβλα** [sti 'suvla]
vom Grill	**στη σχάρα** [sti 'sxara]
vom Holzkohlegrill	**στα κάρβουνα** [sta 'karvuna]
in der Pfanne	**στο τηγάνι** [stɔ ti'ɣani]
gedünstet	**σοταρισμένος** [sɔtariz'mɛnɔs]
gefüllt	**γεμιστός** [jɛmi'stɔs]
gekocht	**βραστός** [vra'stɔs] **μαγειρεμένος** [majirɛ'mɛnɔs]
geräuchert	**καπνιστός** [kapni'stɔs]
geröstet *(Mandeln, Kaffee)*	**καβουρντισμένος** [kavurdiz'mɛnɔs]
geschmort	**σιγοψημένος** [siɣɔpsi'mɛnɔs]
gar *(gebraten)*	**καλοψημένος** [kalɔpsi'mɛnɔs]
gar *(gekocht)*	**καλοβρασμένος** [kalɔvraz'mɛnɔs]
mager	**άπαχος** ['apaxɔs]
roh	**ωμός** [ɔ'mɔs]
saftig	**ζουμερός** [zumɛ'rɔs]
sauer	**ξινός** [ksi'nɔs]
scharf	**καυτερός** [kaftɛ'rɔs]
süß	**γλυκός** [ɣli'kɔs]
überbacken	**ψημένος** [psi'mɛnɔs]
weich	**μαλακός** [mala'kɔs]
zäh	**σκληρός** [skli'rɔs]
zart	**τρυφερός** [trifɛ'rɔs]

Κατάλογος φαγητών — Speisekarte

Ορεκτικά και μεζέδες	**Vorspeisen und Appetithäppchen**
Ελιές [ɛl'jɛs]	Oliven
Φέτα ['fɛta]	Schafskäse
Ρωσική σαλάτα [rɔsi'ki sa'lata]	Russischer Salat
Ταραμοσαλάτα [taramɔsa'lata]	Fischrogenpaste
Μελιτζανοσαλάτα [mɛlidzanɔsa'lata]	Auberginensalat
Μελιτζάνες τηγανητές [mɛli'dzanɛs tiɣani'tɛs]	Auberginen, fritiert
Κολοκυθάκια τηγανητά [kɔlɔki'θakia tiɣani'ta]	Zucchini, fritiert

Σκορδαλιά [skɔrðal'ja]	Knoblauchpaste
Ντολμάδες [dɔl'maðɛs]	Gefüllte Weinblätter
Πιπεριές [pipɛr'jɛs]	Paprikaschoten, eingelegt
Γίγαντες ['jiɣandɛs]	Riesenbohnen
Παντζάρια [pan'dzaria]	Rote-Bete-Salat
Γαρίδες [ɣa'ridɛs]	Garnelen
Χταπόδι [xta'pɔði]	Tintenfisch *(Oktopus in Öl und Essig)*
Αντζούγιες [an'dzujes]	Sardellen *(Anchovis)*
Τυροπιτάκια [tirɔpi'takia]	Käsetaschen
Σπανακοπιτάκια [spanakɔpi'takia]	Spinattaschen
Σαγανάκι [saɣa'naki]	Gebackene Käsescheiben
Κεφτέδες [kɛ'ftɛðɛs]	Fleischklößchen, gebraten
Τζατζίκι [dza'dziki]	Zaziki
Ποικιλία για δυο/τέσσερα άτομα [piki'lia ja 'ðiɔ/'tɛsɛra 'atɔma]	Bunter Vorspeisenteller für 2/4 Personen

Σούπες — Suppen

Κοτόσουπα [kɔ'tɔsupa]	Hühnersuppe
Ψαρόσουπα [psa'rɔsupa]	Fischsuppe
Κρεατόσουπα [krɛa'tɔsupa]	Fleischsuppe
Μαγειρίτσα [maji'ritsa]	Ostersuppe *(Lamminnereien)*
Πατσάς [ba't sas]	Kuttelsuppe
Ζωμός κρέατος [zɔ'mɔs 'krɛatɔs]	Kraftbrühe
Λαχανόσουπα [laxa'nɔsupa]	Gemüsesuppe
Φασολάδα [fasɔ'laða]	Bohnensuppe
Φακές/Σούπα φακή [fa'kɛs/supa fa'ki]	Linsensuppe
Σούπα ρεβίθια ['supa rɛ'viθia]	Kichererbsensuppe

Σαλάτες της εποχής — Salate

Ντοματοσαλάτα [dɔmatɔsa'lata]	Tomatensalat
Αγγουροσαλάτα [aŋgurɔsa'lata]	Gurkensalat
Λαχανοσαλάτα [laxanɔsa'lata]	Krautsalat
Μαρούλι [ma'ruli]	Römersalat
Χωριάτικη [xɔr'jatiki]	Bauernsalat *(gemischter Salat)*

Ψάρια και θαλασσινά — Fischgerichte und Meeresfrüchte

Αστακός λαδολέμονο [asta'kɔs laðɔ'lɛmɔnɔ]	Hummer in Öl und Zitrone
Γαρίδες μαγιονέζα [ɣa'riðes majɔ'nɛza]	Garnelen mit Majonäse
Μπαρμπούνια τηγανητά [bar'bunia tiɣani'ta]	Meerbarben gebraten

Μπαρμπούνια σχάρας   Meerbarben gegrillt
[barˈbunia ˈsxaras]
Γλώσσες μαρινάτες [ˈɣlɔsɛs mariˈnatɛs]   Seezunge mariniert
Γλώσσες τηγανητές [ˈɣlɔsɛs tiɣaniˈtɛs]   Seezunge gebraten
Γλώσσα φιλέτο [ˈɣlɔsa fiˈlɛtɔ]   Seezungenfilet
Μπακαλιάρος βραστός   Stockfisch gekocht
[bakalˈjarɔs vraˈstɔs]
Μπακαλιάρος λαδολέμονο   Stockfisch in Öl und Zitrone
[bakalˈjarɔs laðɔˈlɛmɔnɔ]
Μπακαλιάρος του φούρνου   Stockfisch im Backofen
[bakalˈjarɔs tu ˈfurnu]
Μαρίδες [maˈriðɛs]   Kleine Fischlein, gebraten
Ξιφίας στα κάρβουνα   Schwertfisch vom
[ksiˈfias sta ˈkarvuna]   Holzkohlegrill
Καλαμαράκια τηγανητά   Kalmar gebraten *(Calamares)*
[kalamaˈrakia tiɣaniˈta]
Χταπόδι στα κάρβουνα   Tintenfisch (Oktopus) vom
[xtaˈpɔði sta ˈkarvuna]   Holzkohlegrill
Σουπιές πιλάφι [suˈpjɛs piˈlafi]   Sepien, gekocht mit Reis
Μύδια γεμιστά [ˈmiðia jɛmiˈsta]   Gefüllte Muscheln
Μύδια τηγανητά [ˈmiðia tiɣaniˈta]   Muscheln gebraten
Μύδια σαγανάκι [ˈmiðia saɣaˈnaki]   Muscheln überbacken
Στρείδια [ˈstriðia]   Austern
Αχινοί [açiˈni]   Seeigel

Πουλερικά και κυνήγι   Geflügel und Wild

Κοτόπουλο ψητό [kɔˈtɔpulɔ psiˈtɔ]   Brathähnchen
Κοτόπουλο λεμονάτο   Backhühnchen mit Zitrone
[kɔˈtɔpulɔ lɛmɔˈnatɔ]
Γαλοπούλα ψητή [ɣalɔˈpula psiˈti]   Truthahn gebraten
Ορτύκια στα κάρβουνα   Wachteln vom Holzkohlegrill
[ɔrˈtikia sta ˈkarvuna]
Πέρδικα γεμιστή του φούρνου   Gefülltes Rebhuhn, in der
[ˈpɛrðika jɛmiˈsti tu ˈfurnu]   Röhre gebacken
Πέρδικα ψητή [ˈpɛrðika psiˈti]   Rebhuhn, gebraten
Κουνέλι στιφάδο [kuˈnɛli stiˈfaðɔ]   Kaninchenschmorbraten
    mit Zwiebelsauce
Κουνέλι κρασάτο [kuˈnɛli kraˈsatɔ]   Kaninchen in Weinsauce
Λαγός στιφάδο [laˈɣɔs stiˈfaðɔ]   Hasenschmorbraten mit
    Zwiebelsauce
Λαγός/Κουνέλι σαλμί   Hase/Kaninchen mariniert
[laˈɣɔs/kuˈnli salˈmi]

Της ώρας κι άλλα ψητά	Gebratenes
Παϊδάκια αρνίσια [pai'ðakia ar'nisia]	Lammkotelett
Μπριζόλες μοσχαρίσιες [bri'zɔlɛs mɔsxa'risiɛs]	Kalbskotelett
Μπριζόλες χοιρινές [bri'zɔlɛs çiri'nɛs]	Schweinekotelett
Σουτζουκάκια σχάρας [sudzu'kakia 'sxaras]	Würstchen gegrillt
Σούβλα ['suvla]	Fleischspieß
Σουβλάκια [su'vlakia]	Kleine Fleischspieße
Μπιφτέκι [bif'tɛki]	Gehacktes vom Grill
Αρνί ψητό [ar'ni psi'tɔ]	Lammbraten
Μοσχαράκι ψητό [mɔsxa'raki psi'tɔ]	Kalbsbraten
Γουρουνόπουλο ψητό [ɣuru'nɔpulɔ psi'tɔ]	Spanferkel gebraten
Γύρος ['jirɔs]	Gyros
Βοδινό φιλέτο ψητό [vɔði'nɔ fi'lɛtɔ psi'tɔ]	Rinderfilet

Φαγητά μαγειρεμένα και του φούρνου	Aus Kochtopf und Backofen
Αρνί κοκκινιστό [ar'ni kɔkinis'tɔ]	Lammfleisch, in Tomaten-Zimtsauce geschmort
Αρνί του φούρνου [ar'ni tu 'furnu]	Lammfleisch im Backofen
Μοσχάρι κοκκινιστό [mɔs'xari kɔkini'stɔ]	Kalbfleisch, in Tomaten-Zimtsauce geschmort
Μοσχάρι του φούρνου [mɔs'xari tu 'furnu]	Kalbfleisch im Backofen
Αγκινάρες γεμιστές [aŋgi'narɛs jɛmi'stɛs]	Gefüllte Artischocken
Ντομάτες γεμιστές [dɔ'matɛs jɛmi'stɛs]	Gefüllte Tomaten
Μελιτζάνες γεμιστές [mɛli'dzanɛs jɛmi'stɛs]	Gefüllte Auberginen
Πιπεριές γεμιστές [pipɛr'jɛs jɛmi'stɛs]	Gefüllte Paprikaschoten
Τουρλού [tur'lu]	Gemüseschmortopf
Μπάμιες ['bamiɛs]	Okras
Μουσακάς [musa'kas]	Auberginen-Fleisch-Auflauf
Παστίτσιο [pa'stitsiɔ]	Nudelauflauf mit Fleischfüllung
Κολοκυθάκια γεμιστά [kɔlɔki'θakia jɛmi'sta]	Gefüllte Zucchini
Σπανακόρυζο [spana'kɔrizɔ]	Spinat mit Reis
Γκιουβαρλάκια [giuvar'lakia]	Würzige Hackfleischbällchen mit Reis
Γκιουβέτσι κοκκινιστό [giu'vɛtsi kɔkini'stɔ]	Schmorfleisch im Tontopf mit Tomaten-Zimtsauce und Reisnudeln

Γαρνιτούρες	Beilagen
Πατάτες τηγανητές [pa'tatɛs tiɣani'tɛs]	Pommes frites
Πατάτες του φούρνου [pa'tatɛs tu 'furnu]	Backkartoffeln
Ρύζι ['rizi]	Reis
Μακαρόνια [maka'rɔnia]	Nudeln
Κριθαράκια [kriθa'rakia]	Reisnudeln

Επιδόρπια	Nachspeisen
Μπακλαβάς [bakla'vas]	Blätterteig in Sirup mit Nussfüllung
Σκαλτσούνια [skal'tsunia]	Nusstaschen
Γαλακτομπούρεκο [ɣalaktɔ'burɛkɔ]	Blätterteigdessert mit Zuckersirup
Κρέμα ['krɛma]	Vanillepudding
Ρυζόγαλο [ri'zɔɣalɔ]	Reispudding

Ποτά — Getränke

Ροφήματα	Heißgetränke
Έλληνικός καφές [ɛlini'kɔs ka'fɛs]	Griechischer Mokka-Kaffee
Γαλλικός καφές [ɣali'kɔs ka'fɛs]	Filterkaffee
Τσάι [tsai]	Tee

Χυμοί	Säfte
Χυμός πορτοκαλιού [çi'mɔs pɔrtɔkal'ju]	Orangensaft
Χυμός γκρέιπ φρουτ [çi'mɔs 'grɛip frut]	Grapefruitsaft
Χυμός μήλου [çi'mɔs mi'lu]	Apfelsaft
Αναψυκτικά	Erfrischungsgetränke
Πορτοκαλάδα [pɔrtɔka'laða]	Orangenlimonade
Φάντα με ανθρακικό ['fanta mɛ anθraki'kɔ]	Fanta mit Kohlensäure
Φάντα χωρίς ανθρακικό ['fanta xɔ'ris anθraki'kɔ]	Fanta ohne Kohlensäure
Σπράιτ [sprait]	Sprite
Κόκα κόλα ['kɔka 'kɔla]	Coca Cola
Μεταλλικό νερό [mɛtali'kɔ nɛ'rɔ]	Mineralwasser
Σόδα ['sɔða]	Sodawasser
Εμφιαλωμένο νερό	Tafelwasser

Αλκοολούχα ποτά	Alkoholische Getränke
Ούζο ['uzɔ]	Ouzo
Τσίπουρο ['tsipurɔ]	Traubenschnaps
Άθως ['aθɔs]	Weiß- und Rotwein "Athos", trocken-mild
Νάουσα ['nausa]	Rotwein ‚Naousa", trocken
Ρόδος ['rɔðɔs]	Rotwein "Rhodos", mild
Μαυροδάφνη [mavrɔ'ðafni]	Roter Likörwein "Mavrodafni"
Δεμέστιχα [ðɛ'mɛstixa]	Weiß- u. Rotwein "Demestika", trocken
Ρετσίνα [rɛ'tsina]	Geharzter Weißwein
Μεταξά 5 αστέρων [mɛta'ksa 'pɛndɛ a'stɛrɔn]	Weinbrand "Metaxa", 5 Sterne
Μπύρες ['birɛs]	Biere

Besichtigungen und Ausflüge

Schau mal!
So viele Sehenswürdigkeiten wie in Griechenland gibt es nur noch selten auf der Welt: prähistorische Zeugnisse, minoische Kultur, klassisches Altertum, hellenistische Kunst, byzantinische Bauwerke, römische und türkische Hinterlassenschaften, mittel- und neugriechische Volkskunst bis hin zu Sehenswertem jüngsten Datums. Fast jeder Ort hat sein kleines Museum, auf fast jedem Hügel thronen eine Kirche, Kapelle oder die Reste eines Tempels.

Im Fremdenverkehrsamt

Ich möchte einen Stadtplan von ... haben.	**Θα ήθελα ένα χάρτη πόλεως ...** [θa 'iθɛla 'ɛna 'xarti pɔlɛɔs]
Haben Sie einen Veranstaltungskalender für diese Woche?	**Έχετε πρόγραμμα εκδηλώσεων γι' αυτή τη βδομάδα;** ['ɛçɛtɛ 'prɔɣrama ɛkði'lɔsɛɔn ja'fti ti vðɔ'maða]
Gibt es Stadtrundfahrten?	**Υπάρχουν ξεναγήσεις με πούλμαν στην πόλη;** [i'parxun ksɛna'jisis mɛ 'pulman stim 'bɔli]
Was kostet die Rundfahrt?	**Πόσο κοστίζει η ξενάγηση;** ['pɔsɔ kɔ'stizi i ksɛ'najisi]

Sehenswürdigkeiten – Museen

Öffnungszeiten, Führungen, Eintrittskarten

Welche Sehenswürdigkeiten gibt es hier?	**Ποια αξιοθέατα υπάρχουν εδώ;** ['pia aksiɔ'θɛata i'parxun ɛ'ðɔ]

Auf dem Land gibt es für viele Kirchen und andere Sehenswürdigkeiten meist eine in der Nähe wohnende Familie oder Person, die die Schlüssel aufbewahrt. Sie können sich jederzeit an sie wenden.

Sie müssen unbedingt ... besichtigen / besuchen.	**Πρέπει οπωσδήποτε να δείτε/επισκεφθείτε ...** ['prɛpi ɔpɔs'ðipɔtɛ na 'ðitɛ/ɛpiskɛf'θitɛ]
Wann ist das Museum geöffnet?	**Πότε είναι ανοιχτό το μουσείο;** ['pɔtɛ 'inɛ ani'xtɔ tɔ mu'siɔ]

Viele Museen sind montags geschlossen. Zudem ist es ratsam sich zu erkundigen, ob die Museumsbeamten nicht gerade mal wieder streiken.

Wann beginnt die Führung?	**Πότε αρχίζει η ξενάγηση;** ['pɔtɛ ar'çizi i ksɛ'najisi]
Gibt es auch eine Führung in Deutsch?	**Υπάρχει και ξενάγηση στα γερμανικά;** [i'parçi kɛ ksɛ'najisi sta jɛrmani'ka]
Darf man hier fotografieren?	**Επιτρέπεται εδώ η φωτογράφηση;** [ɛpi'trɛpɛtɛ ɛ'ðɔ i fɔtɔ'ɣrafisi]

Insbesondere in Kirchen und Klöstern sollte man sich angemessen kleiden und verhalten, wobei die Sitten je nach Ort und Anlass schwanken.

Zwei Eintrittskarten, bitte.	**Δυο εισιτήρια, παρακαλώ.** ['ðiɔ isi'tiria paraka'lɔ]
Zwei Erwachsene und ein Kind.	**Δυο για ενήλικους και ένα παιδικό.** ['ðiɔ ja ɛ'nilikus kɛ 'ɛna pɛði'kɔ]
Gibt es Ermäßigungen für ...	**Υπάρχει έκπτωση για ...** [i'parçi 'ɛkptɔsi ja]
Kinder?	**παιδιά;** [pɛ'ðja]
Studenten?	**φοιτητές;** [fiti'tɛs]
Senioren?	**συνταξιούχους;** [sinda'ksjuxus]
Gruppen?	**γκρουπ;** [grup]
Gibt es einen Katalog zur Ausstellung?	**Υπάρχει κατάλογος της έκθεσης;** [i'parci ka'talɔɣɔs tis 'ɛkθɛsis]

Was? Wann? Wo?

Ist das ...?	**Είναι ...;** ['inɛ]
Wann wurde dieses Gebäude erbaut/restauriert?	**Πότε χτίστηκε/αναπαλαιώθηκε το κτίριο αυτό;** ['pɔtɛ 'xtistikɛ/anapalɛ'ɔθikɛ tɔ 'ktiriɔ a'ftɔ]
Aus welcher Epoche stammt dieses Bauwerk?	**Σε ποια εποχή χτίστηκε αυτό;** [sɛ pia ɛpɔ'ci 'xtistikɛ af'tɔ]
Von wem ist dieses Bild?	**Από ποιον είναι αυτός ο πίνακας;** [a'pɔ piɔn 'inɛ af'tɔs ɔ 'pinakas]
Haben Sie das Bild als Poster/Postkarte/Dia?	**Έχετε τον πίνακα ... σαν αφίσα/καρτ ποστάλ/σλάιντς;** ['ɛxɛtɛ tɔn 'pinaka ... san a'fisa/kart pɔ'stal/'slaids]

Allgemeines

Besichtigung	**η επίσκεψη** [i ε'piskεpsi]
Denkmalschutz	**η προστασία διατηρητέων μνημείων** [i prɔsta'sia ðiatiri'tεɔn mni'miɔn]
Fremdenführer/-in	**ο/η ξεναγός** [ɔ/i ksεna'ɣɔs]
Führung	**η ξενάγηση** [i ksε'najisi]
Funde	**τα ευρήματα** [ta εv'rimata]
Fußgängerzone	**ο πεζόδρομος** [ɔ pε'zɔðrɔmɔs]
Gasse	**το σοκάκι** [tɔ sɔ'kaki]
Geburtsstadt	**η γενέτειρα** [i jε'nεtira]
Geschichte	**η ιστορία** [i istɔ'ria]
Haus	**η οικία/το σπίτι** [i i'kia/tɔ 'spiti]
Kaiser/-in	**ο αυτοκράτορας/η αυτοκράτειρα** [ɔ aftɔ'kratɔras/i aftɔ'kratira]
König/-in	**ο βασιλιάς/η βασίλισσα** [ɔ vasil'jas/i va'silisa]
Kunst	**η τέχνη** [i 'tεçni]
Markt	**η αγορά** [i aɣɔ'ra]
Museum	**το μουσείο** [tɔ mu'siɔ]
Park	**το πάρκο** [tɔ 'parkɔ]
rekonstruieren	**ανακαινίζω** [anakε'nizɔ]
Religion	**η θρησκεία** [i θris'kia]
restaurieren	**αναπαλαιώνω** [anapalε'ɔnɔ]
Sehenswürdigkeiten	**τα αξιοθέατα** [ta aksiɔ'θεata]

Parthenon, auf der Akropolis, Athen

Stadtrundfahrt	**η ξενάγηση στην πόλη με πούλμαν** [i ksε'najisi stin 'pɔli mε 'pulman]
Stadtteil	**η συνοικία** [i sini'kia]

Stadtzentrum	**το κέντρο της πόλης** [tɔ 'kɛndrɔ tis 'pɔlis]
Straße	**η οδός** [i ɔ'ðɔs] **ο δρόμος** [ɔ 'ðrɔmɔs]
Überreste	**τα λείψανα** [ta 'lipsana]
Volkskundemuseum	**το λαογραφικό μουσείο** [tɔ laɔɣrafi'kɔ mu'siɔ]
Vorort	**το προάστιο** [tɔ prɔ'astiɔ]
Wachablösung	**η αλλαγή φρουράς** [i ala'ji fru'ras]
Wahrzeichen	**το έμβλημα** [tɔ 'ɛmvlima]

Architektur

Abtei	**το ηγουμενείο** [tɔ iɣumɛ'niɔ]
Altar	**ο βωμός** [ɔ vɔ'mɔs]
Altstadt	**η παλιά πόλη** [i pal'ja 'pɔli]
Amphitheater	**το αμφιθέατρο** [tɔ amfi'θɛatrɔ]
Archäologie	**η αρχαιολογία** [i arçɛɔlɔ'jia]
Architekt	**ο αρχιτέκτονας** [ɔ arçi'tɛktɔnas]
Architektur	**η αρχιτεκτονική** [i arçitɛktɔni'ki]
Arena	**η αρένα** [i a'rɛna]
Ausgrabungen	**οι ανασκαφές *f*** [i anaska'fɛs]
Bauwerk	**το οικοδόμημα** [tɔ ikɔ'ðɔmima]
Bogen	**η αψίδα** [i a'psiða]
Brücke	**η γέφυρα** [i 'jɛfira]
Brunnen	**το πηγάδι** [tɔ pi'ɣaði]
Burg	**το κάστρο** [tɔ 'kastrɔ]
Dach	**η σκεπή** [i skɛ'pi]
Decke	**η οροφή** [i ɔrɔ'fi]
Denkmal	**το μνημείο** [tɔ mni'miɔ]
Dom	**η μητρόπολη** [i mi'trɔpɔli]
Fassade	**η πρόσοψη** [i 'prɔsɔpsi]
Fenster	**το παράθυρο** [tɔ pa'raθirɔ]
Festung	**το φρούριο/το κάστρο** [tɔ 'fruriɔ/tɔ 'kastrɔ]
Flügel	**η πτέρυγα** [i 'ptɛriɣa]
Friedhof	**το νεκροταφείο** [tɔ nɛkrɔta'fiɔ]
Gebäude	**το κτίριο** [tɔ 'ktiriɔ]
Gedenkstätte	**το μνημείο** [tɔ mni'miɔ]
Gewölbe	**ο θόλος** [ɔ 'θɔlɔs]
Giebel	**το αέτωμα** [tɔ a'ɛtɔma]
Grab	**ο τάφος** [ɔ 'tafɔs]
Grabmal	**το επιτάφιο μνημείο** [tɔ ɛpi'tafiɔ mni'miɔ]
Innenhof	**το αίθριο** [tɔ 'ɛθriɔ]
Inschrift	**η επιγραφή** [i ɛpiɣra'fi]
Kanzel	**ο άμβωνας** [ɔ 'amvɔnas]
Kapelle	**το παρεκκλήσι** [tɔ parɛ'klisi]
Katakomben	**οι κατακόμβες *f*** [i kata'kɔmves]

Kathedrale	**η μητρόπολη** [i mi'trɔpɔli]
Kirche	**η εκκλησία** [i' ɛkli'sia]
Kirchturm	**το καμπαναριό** [tɔ kambanar'jɔ]
Kloster	**το μοναστήρι** [tɔ mɔna'stiri]

Meteora-Klöster

Kreuzgang	**το περιστύλιο** [tɔ pɛri'stiliɔ]
Kuppel	**ο τρούλος** [ɔ 'trulɔs]
Markthalle	**η στοά αγοράς** [i stɔ'a aɣɔ'ras]
Mauer	**το τείχος** [tɔ 'tixɔs]
Mausoleum	**το μαυσωλείο** [tɔ mafsɔ'liɔ]
Obelisk	**ο οβελίσκος** [ɔ ɔvɛ'liskɔs]
Oper	**η όπερα** [i 'ɔpɛra]
Palast	**το παλάτι** [tɔ pa'lati]
	τα ανάκτορα [ta a'naktɔra]
Platz	**η πλατεία** [i pla'tia]
Portal	**η πύλη** [i 'pili]
Rathaus	**το δημαρχείο** [tɔ ðimar'çiɔ]
Ruine	**το ερείπιο** [tɔ ɛ'ripiɔ]
Sarkophag	**η σαρκοφάγος** [i sarkɔ'faɣɔs]
Säule	**η κολόνα** [i kɔ'lɔna]
	η στήλη [i 'stili]
Schatzkammer	**το θησαυροφυλάκιο** [tɔ θisavrɔfi'lakiɔ]
Schloss	**τα ανάκτορα** [ta a'naktɔra]
	το παλάτι [tɔ pa'lati]
Stadtmauern	**τα τείχη της πόλης** [ta 'tiçi tis 'pɔlis]
Tempel	**ο ναός** [ɔ na'ɔs]
Theater	**το θέατρο** [tɔ 'θɛatrɔ]
Tor	**η πύλη** [i 'pili]

Triumphbogen	**η αψίδα θριάμβου** [i a'psiða θri'amvu]
Turm	**ο πύργος** [ɔ 'pirɣɔs]
Universität	**το πανεπιστήμιο** [tɔ panɛpi'stimiɔ]
Wallfahrtskirche	**η εκκλησία προσκυνήματος** [i ɛkli'sia prɔski'nimatɔs]
wieder aufbauen	**ανοικοδομώ** [anikɔðɔ'mɔ]

Bildende Künste

Akt	**το γυμνό** [tɔ jim'nɔ]
Aquarell	**η υδατογραφία** [i iðatɔɣra'fia]
Ausstellung	**η έκθεση** [i 'ɛkθɛsi]
Bild	**ο πίνακας** [ɔ 'pinakas]
Bildhauer	**ο γλύπτης** [ɔ 'ɣliptis]
Bronze	**ο ορείχαλκος** [ɔ ɔ'rixalkɔs]
Exponat	**το έκθεμα** [tɔ 'ɛkθɛma]
Fotografie	**η φωτογραφία** [i fɔtɔɣra'fia]
Galerie	**η γκαλερί** [i galɛ'ri]
Gemälde	**ο πίνακας** [ɔ 'pinakas]
Gemäldegalerie	**η πινακοθήκη** [i pinakɔ'θiki]
Glasmalerei	**η υαλογραφία** [i ialɔɣra'fia]
Goldschmiedekunst	**η χρυσοχοΐα** [i xrisɔxɔ'ia]
Grafik	**η χαρακτική** [i xarakti'ki]
Holzschnitt	**η ξυλογραφία** [i ksilɔɣra'fia]
Keramik	**η κεραμική** [i kɛrami'ki]
Kopie	**το αντίγραφο** [tɔ an'diɣrafɔ]
Kreuz	**ο σταυρός** [ɔ sta'vrɔs]
Kruzifix	**ο εσταυρωμένος** [ɔ ɛstavrɔ'mɛnɔs]
Lithographie	**η λιθογραφία** [i liθɔɣra'fia]
Maler/in	**ο/η ζωγράφος** [ɔ/i zɔ'ɣrafɔs],
Malerei	**η ζωγραφική** [i zɔɣrafi'ki]
Modell	**το μοντέλο** [tɔ mɔ'dɛlɔ]
Mosaik	**το μωσαϊκό** [tɔ mɔsai'kɔ]
Original	**το πρωτότυπο** [tɔ prɔ'tɔtipɔ]
Plakat	**η αφίσα** [i a'fisa]
Plastik	**το γλυπτό** [tɔ ɣlip'tɔ]
Porträt	**η προσωπογραφία** [i prɔsɔpɔɣra'fia]
Porzellan	**η πορσελάνη** [i pɔrsɛ'lani]
Radierung	**η χαλκογραφία/η χαρακτική** [i xalkɔɣra'fia/i xarakti'ki]
Schnitzerei	**η ξυλογλυπτική** [i ksilɔɣlipti'ki]
Siebdruck	**η μεταξοτυπία** [i mɛtaksɔti'pia]
Skulptur	**το γλυπτό** [tɔ ɣlip'tɔ]
Statue	**το άγαλμα** [tɔ 'aɣalma]
Stillleben	**η νεκρή φύση** [i nɛ'kri 'fisi]
Terrakotta	**η τερακότα** [i tɛra'kɔta]
Töpferei	**η αγγειοπλαστική** [i aŋgiɔplasti'ki]
Torso	**ο κορμός** [ɔ kɔr'mɔs]
Vase	**το βάζο** [tɔ 'vazɔ]
Zeichnung	**το σχέδιο** [tɔ 'sçɛðiɔ]

Stilrichtungen und Epochen

antik	**αρχαίος** [ar'çεɔs]
Antike	**η αρχαιότητα** [i arçε'ɔtita]
Aufklärung	**ο διαφωτισμός** [ɔ ðiafɔtiz'mɔs]
Barock	**το μπαρόκ** [tɔ ba'rɔk]
Bayernherrschaft	**η Βαυαροκρατία** [i vavarɔkra'tia]
Blütezeit	**η περίοδος ακμής** [i pε'riɔðɔs ak'mis]
Bronzezeit	**η εποχή του χαλκού** [i εpɔ'çi tu xal'ku]
byzantinisch	**βυζαντινός** [vizandi'nɔs]
Byzanz	**το Βυζάντιο** [tɔ vi'zandiɔ]
Christentum	**ο χριστιανισμός** [ɔ xristianiz'mɔs]
Dynastie	**η δυναστεία** [i ðina'stia]
Epoche	**η εποχή** [i εpɔ'çi]
Expressionismus	**ο εξπρεσιονισμός** [ɔ εksprεsiɔniz'mɔs]
Gotik	**ο γοτθικός ρυθμός** [ɔ ɣɔtθi'kɔs riθ'mɔs]
Griechentum	**ο ελληνισμός/η ρωμιοσύνη** [ɔ εliniz'mɔs/i rɔmiɔ'sini]
heidnisch	**ειδωλολατρικός** [iðɔlɔlatri'kɔs]
Hellenismus	**η ελληνιστική περίοδος** [i εlinisti'ki pεr'iɔðɔs]
Impressionismus	**ο ιμπρεσιονισμός** [ɔ imbrεsiɔniz'mɔs]
Jahrhundert	**ο αιώνας** [ɔ ε'ɔnas]
Jungsteinzeit	**η νεολιθική εποχή** [i εɔliti'ki εpɔ'çi]
Klassizismus	**ο (νεο)κλασικισμός** [ɔ (nεɔ)klasikiz'mɔs]
klassizistisch	**νεοκλασικός** [nεɔklasi'kɔs]
Kubismus	**ο κυβισμός** [ɔ kiviz'mɔs]
minoische Kultur	**η μινωική περίοδος** [i minɔi'ki pε'riɔðɔs]
Mittelalter	**ο μεσαίωνας** [ɔ mε'sεɔnas]
modern	**σύγχρονος** ['siŋxrɔnɔs]
Orthodoxie	**η ορθοδοξία** [i ɔrθɔðɔ'ksia]
Osmanisches Reich	**η Οθωμανική Αυτοκρατορία** [i ɔθɔmani'ki aftɔkratɔ'ria]
Reformation	**η Μεταρρύθμιση** [i mεta'riθmisi]
Renaissance	**η Αναγέννηση** [i an'jεnisi]
Rokoko	**το ροκοκό** [tɔ rɔkɔ'kɔ]
Römisches Reich	**η Ρωμαϊκή Αυτοκρατορία** [i rɔmai'ki aftɔkratɔ'ria]
Romantik	**ο ρομαντισμός** [ɔ rɔmantiz'mɔs]
Steinzeit	**η λίθινη εποχή** [i 'liθini εpɔ'çi]
Stil	**ο ρυθμός** [ɔ riθ'mɔs]
Surrealismus	**ο σουρεαλισμός** [ɔ surεaliz'mɔs]
Türkenherrschaft	**η τουρκοκρατία** [i turkɔkra'tia]
vorgeschichtlich	**προϊστορικός** [prɔistɔri'kɔs]

Ausflüge

Wo ist die Abfahrt?	**Πού είναι η αναχώρηση;** [pu 'ine i ana'xɔrisi]
Wann treffen wir uns?	**Πότε θα συναντηθούμε;** ['pɔtε θa sinandi'θumε]
Kommen wir am/an ... vorbei?	**Θα περάσουμε από ...;** [θa pεr'asumε a'pɔ]
Besichtigen wir auch ...?	**Θα επισκεφτούμε και ...;** [θa εpiskεf'tumε kε]
Wann fahren wir zurück?	**Πότε θα επιστρέψουμε;** ['pɔtε θa εpi'strεpsumε]

Die Paleistra, Olympia

Ausflug	**η εκδρομή** [i εkðrɔ'mi]
Aussichtspunkt	**το ξάγναντο** [tɔ 'ksaɣnandɔ]
Bergdorf	**το ορεινό χωριό** [tɔ ɔri'nɔ xɔr'jɔ]
Botanischer Garten	**ο βοτανικός κήπος** [ɔ vɔtani'kɔs 'kipɔs]
Fischerhafen	**το ψαρολίμανο** [to psarɔ'limanɔ]
Fischerort	**ο ψαροχώρι** [ɔ psarɔ'xɔri]
Freilichtmuseum	**το υπαίθριο μουσείο** [tɔ i'pεθriɔ mu'siɔ]
Freizeit	**ο ελεύθερος χρόνος** [ɔ ε'lεfθεrɔs 'xrɔnɔs]
Gebirge	**η οροσειρά** [i ɔrɔsi'ra]
Grotte	**η σπηλιά** [i spil'ja]
Heilquelle	**η ιαματική πηγή** [i iamati'ki pi'ji]
Hinterland	**η ενδοχώρα** [i εnðɔ'xɔra]
Höhle	**η σπηλιά** [i spil'ja]
Inselrundfahrt	**ο γύρος του νησιού** [ɔ 'jirɔs tu nis'ju]

Kloster	**το μοναστήρι** [tɔ mɔna'stiri]
Landschaft	**το τοπίο** [tɔ tɔ'piɔ]
Leuchtturm	**ο φάρος** [ɔ 'farɔs]
Lava	**η λάβα** [i 'lava]
Markt	**η αγορά** [i aɣɔ'ra]
Museumsdorf	**το χωριό μουσείο** [tɔ xɔr'jɔ mu'siɔ]
Nationalpark	**το εθνικό πάρκο** [tɔ εθni'kɔ 'parkɔ]
Naturschutzgebiet	**η προστατευόμενη περιοχή** [i prɔstatεvɔ'mεni pεriɔ'çi]
Pass	**η διάβαση** [i 'ðjavasi]
Rundfahrt	**η περιοδεία** [i pεriɔ'ðia]
	ο γύρος [ɔ 'jirɔs]
Schlucht	**η χαράδρα** [i xa'raðra]
See, der ~	**η λίμνη** [i 'limni]
See, die ~	**η θάλασσα** [i 'θalasa]
Tagesausflug	**η ημερήσια εκδρομή** [i imε'risia εkðrɔ'mi]
Tal	**η κοιλάδα** [i ki'laða]
Tropfsteinhöhle	**η σπηλιά σταλακτιτών** [i spil'ja stalakti'tɔn]
Umgebung	**τα περίχωρα** [ta pε'rixɔra]
Vogelschutzgebiet	**η περιοχή προστασίας πτηνών** [i pεriɔ'çi prɔsta'sias pti'nɔn]
Vulkan	**το ηφαίστειο** [tɔ i'fεstiɔ]
Wald	**το δάσος** [tɔ 'ðasɔs]
Waldbrand	**η πυρκαγιά δασών** [i pirka'ja ða'sɔn]
Wallfahrtsort	**ο τόπος προσκυνήματος** [ɔ 'tɔpɔs prɔski'nimatɔs]
Wasserfall	**ο καταρράκτης** [ɔ kata'raktis]
Windmühle	**ο ανεμόμυλος** [ɔ anε'mɔmilɔs]
Zoo	**ο ζωολογικός κήπος** [ɔ zɔɔlɔji'kɔs 'kipɔs]

**Bade-, Aktiv-
und Kreativurlaub**

Hab Acht!
Griechenland verfügt nur über wenige bewachte Strände. Was in Griechenland als "Strand" (παραλία) bezeichnet wird, ist oft keine hundert Meter lang und vielfach steinig. Wer Sandstrände sucht, sollte ausdrücklich danach fragen (αμμουδιά).
Die natürlichen Feinde des Badeurlaubers sind weniger Seeigel, Skorpione und Feuerquallen, als vielmehr Sonne und Meerwasser. Schützen Sie sich also durch Sonnenschutzmittel, halten Sie sich möglichst im Schatten auf, und duschen Sie nach dem Baden immer mit klarem Wasser.

Badeurlaub

Gibt es hier in der Nähe ...	**Υπάρχει εδώ κοντά ...** [i'parçi ɛ'ðɔ kɔn'da]
einen Strand?	**μια παραλία;** [mia para'lia]
einen Sandstrand?	**μια αμμουδιά;** [mia amu'ðja]
einen Strand mit Rettungsschwimmern?	**μια παραλία με ναυαγοσώστες;** [mia para'lia mɛ navaɣɔ'sɔstɛs]
Wo sind ...	**Πού είναι ...** [pu 'inɛ]
die Duschen?	**τα ντους;** [ta dus]
die Umkleidekabinen für Damen/Herren?	**οι καμπίνες γυναικών/ανδρών;** [i ka'binɛs jinɛ'kɔn/an'ðrɔn]

Μόνο για κολυμβητές!
Nur für Schwimmer!

Απαγορεύονται οι βουτιές!
Hineinspringen verboten!

Απαγορεύεται το κολύμπι!
Baden verboten!

Ist der Strand ...	**Είναι η παραλία ...** ['inɛ i para'lia]
sandig?	**αμμώδης;** [a'mɔðis]
steinig?	**πετρώδης;** [pɛ'trɔðis]
felsig?	**βραχώδης;** [vra'xɔðis]
Gibt es hier Seeigel/ Quallen?	**Υπάρχουν εδώ αχινοί/μέδουσες;** [i'parxun ɛ'ðɔ açi'ni/'mɛðusɛs]
Gibt es hier starke Strömungen?	**Υπάρχουν εδώ ισχυρά ρεύματα;** ['i'parxun ɛ'ðɔ isçi'ra 'rɛvmata]
Ist es für Kinder gefährlich?	**Είναι επικίνδυνο για παιδιά;** ['inɛ ɛpi'kinðinɔ ja pɛ'ðja]

Ich möchte ... mieten.	**Θέλω να νοικιάσω ...** ['θεlɔ na ni'kjasɔ]
einen Liegestuhl	**μια ξαπλώστρα.** [mia ksa'plɔstra]
einen Sonnenschirm	**μια ομπρέλα ηλίου.** [mia ɔm'brεla i'liu]
ein Boot	**μια βάρκα.** [mia 'varka]
ein Paar Wasserski	**ένα ζευγάρι θαλάσσια σκι.** ['εna zεv'ɣari θa'lasia ski]
Was kostet das pro Stunde/Tag?	**Πόσο κάνει την ώρα/ημέρα;** ['pɔsɔ ka'ni tin 'ɔra/i'mεra]

Bademeister *(am Strand)*	**ο επόπτης παραλίας** [ɔ ε'pɔptis para'lias]
baden	**κάνω μπάνιο** ['kanɔ 'baniɔ]
FKK-Strand	**η παραλία γυμνιστών** [i para'lia jimni'stɔn]
Hilfe!	**Βοήθεια!** [vɔ'iθia]
Kinderbecken	**η παιδική πισίνα** [i pεði'ki pi'sina]
Luftmatratze	**το θαλάσσιο/φουσκωτό στρώμα** [tɔ θa'lasiɔ/fuskɔ'tɔ 'strɔma]
Nichtschwimmer *(Schild)*	**Μη κολυμβητές** [mi kɔlimvi'tεs]
Rettungsschwimmer	**ο ναυαγοσώστης** [ɔ navaɣɔ'sɔstis]
schwimmen	**κολυμπώ** [kɔlim'bɔ]
Schwimmer *(Schild)*	**Κολυμβητές** [kɔlimvi'tεs]
Schwimmflossen	**τα βατραχοπέδιλα** [ta vatraxɔ'pεðila]
Schwimmflügel	**τα (σωσίβια) μπρατσάκια** [ta (sɔ'sivia) bra'tsakia]
Strandmatte	**η ψάθα** [i 'psaθa]
Wasserski	**το θαλάσσιο σκι** [tɔ θa'lasiɔ ski]
Wasserski fahren	**κάνω θαλάσσιο σκι** ['kanɔ θa'lasiɔ ski]

Aktivurlaub und Sport

Da die Hitze im Sommer viele Aktivitäten nicht zulässt, hier ein Tipp: Fahren Sie doch einmal im Winter! Das ist viel abenteuerlicher und aufregender, und baden können Sie bei gutem Wetter trotzdem. Die Wassertemperaturen des Mittelmeers liegen im Winter nicht unter denen von Nord- und Ostsee im Sommer. Zudem gibt es eine Menge gemütlicher heißer Quellen direkt am Meer.

Welche Sportmöglichkeiten gibt es hier?	**Ποιες δυνατότητες αθλητισμού υπάρχουν εδώ;** ['piεs ðina'tɔtitεs aθlitiz'mu i'parxun ε'ðɔ]
Gibt es hier ...	**Υπάρχει εδώ ...** [i'parçi ε'ðɔ]
einen Golfplatz?	**ένα γήπεδο του γκολφ;** ['εna 'jipεðɔ tu gɔlf]

einen Tennisplatz?	**ένα γήπεδο του τένις;** ['εna 'jipεðɔ tu 'tεnis]
Wo kann man hier ...	**Πού μπορεί κανείς εδώ** ['pu bɔ'ri ka'nis ε'ðɔ]
angeln?	**να ψαρέψει;** [na psa'rεpsi]
gut wandern?	**να κάνει ωραίες βόλτες;** [na kani ɔ'rεεs 'vɔltεs]
Wo kann ich ... ausleihen?	**Πού μπορώ να δανειστώ ...;** [pu bɔ'rɔ na ðani'stɔ]
Ich möchte einen ...-Kurs für Anfänger/Fortgeschrittene machen.	**Θέλω να κάνω ένα τμήμα ... για αρχαρίους/προχωρημένους.** ['θεlɔ na 'kanɔ 'εna 'tmima ... ja arxa'rius/prɔxɔri'mεnus]

Wassersport — Θαλασσινό σπορ

Bootsführerschein	**η άδεια οδήγησης σκάφους** [i 'aðia ɔ'ðijisis 'skafus]
Kanu	**το κανό** [tɔ ka'nɔ]
Motorboot	**η βενζινάκατος** [i vεnzi'nakatɔs]
Paddelboot	**το κανό με δίπλατο κουπί** [tɔ ka'nɔ mε 'ðiplatɔ ku'pi]
paddeln	**κωπηλατώ (με δίπλατο κουπί)** [kɔpila'tɔ (mε 'ðiplatɔ ku'pi)]
Ruder	**το κουπί** [tɔ ku'pi]
Ruderboot	**το κωπηλατικό σκάφος** [tɔ kɔpilati'kɔ 'skafɔs]
rudern	**κωπηλατώ** [kɔpila'tɔ]
Schlauchboot	**η λαστιχένια βάρκα** [i lasti'çεnia 'varka]
Segelboot	**το ιστιοφόρο** [tɔ istiɔ'fɔrɔ]
segeln	**κάνω ιστιοπλοΐα** ['kanɔ istiɔplɔ'ia]
Segeltörn	**η κούρσα ιστιοπλοΐας** ['kursa istiɔplɔ'ias]
Surfbrett	**η ιστιοσανίδα** [i istiɔsa'niða]
surfen	**κάνω σέρφινγκ** ['kanɔ 'sεrfiŋg]
Windsurfen	**το γουίντ-σέρφινγκ** [tɔ ɣuind 'sεrfiŋg]
Windverhältnisse	**οι άνεμοι** [i 'anεmi]

Tauchen — Η κατάδυση

Gerätetauchen	**η κατάδυση με καταδυτικές συσκευές** [i ka'taðisi mε kataðiti'kεs siskε'vεs]
Harpune *(Abschußgerät)*	**το ψαροτούφεκο** [tɔ psarɔ'tufεkɔ]
Sauerstoffgerät	**η συσκευή παροχής οξυγόνου** [i siskε'vi parɔ'çis ɔksi'ɣɔnu]
Schnorchel	**ο αναπνευστήρας** [ɔ anapnεf'stiras]
schnorcheln	**βουτώ με αναπνευστήρα** [vu'tɔ mε anapnεf'stira]

tauchen	**βουτώ** [vu'tɔ]
Taucheranzug	**η στολή καταδύσεων** [i stɔ'li kata'ðisɛɔn]
Taucherausrüstung	**ο εξοπλισμός καταδύσεων** [ɔ ɛksɔpliz'mɔs kata'ðisɛɔn]
Taucherbrille	**η μάσκα (καταδύσεων)** [i 'maska (kata'ðisɛɔn)]
Taucherflossen	**τα βατραχοπέδηλα** [ta vatraxɔ'pɛðila]

Fischen — Το ψάρεμα

Angel	**το καλάμι** [tɔ ka'lami]
Angelhaken	**το αγκίστρι** [tɔ a'ŋgistri]
angeln	**ψαρεύω (με καλάμι)** [psa'rɛvɔ (mɛ ka'lami)]
Angelschein	**η άδεια ψαρέματος** [i 'aðia psa'rɛmatɔs]
Angelschnur	**η πετονιά** [i pɛtɔn'ja]
Hochseeangeln	**το ψάρεμα (της ανοιχτής θάλασσας) με συρτή** [tɔ 'psarɛma (tis aniç'tis 'θalasas) mɛ sir'ti]
Köder	**το δόλωμα** [tɔ 'ðɔlɔma]
Schonzeit	**η εποχή απαγόρευσης ψαρέματος** [i ɛpɔ'çi apa'ɣɔrɛvsis psa'rɛmatɔs]

Ballspiele — Παιχνίδια με μπάλα

Ball	**η μπάλα** [i 'bala]
Basketball	**το μπάσκετ** [tɔ 'baskɛt]
Beach-Volleyball	**το μπιτς-βόλεϊ** [tɔ bits 'vɔlɛi]
Fußball	**το ποδόσφαιρο** [tɔ pɔ'ðɔsfɛrɔ]
Fußballplatz	**το γήπεδο (ποδοσφαίρου)** [tɔ 'jipɛðɔ (pɔðɔs'fɛru)]
Fußballspiel	**ο ποδοσφαιρικός αγώνας** [ɔ pɔðɔsfɛri'kɔs a'ɣɔnas]
Halbzeit	**το ημίχρονο** [tɔ i'mixrɔnɔ]
Handball	**το χάντμπολ** [tɔ 'xandbɔl]
Mannschaft	**η ομάδα** [i ɔ'maða]
Netz	**το δίχτυ** [tɔ 'ðixti]
Tor	**το γκολ** [tɔ gɔl]
Torwart	**ο τερματοφύλακας** [ɔ tɛrmatɔ'filakas]
Volleyball	**το βόλεϊ** [tɔ 'vɔlɛi]

Tennis und Badminton — Τένις και μπάντμιντον

Badminton	**το μπάντμιντον** [tɔ 'badmindɔn]
Doppel	**το διπλό** [tɔ ði'plɔ]
Einzel	**το απλό** [tɔ a'plɔ]
Federball *(Ball)*	**η μπάλα του μπάντμιντον** [i 'bala tu 'badmindɔn]
Schläger	**η ρακέτα** [i ra'kɛta]

Tennis	**το τένις** [tɔ 'tɛnis]
Tennisschläger	**η ρακέτα του τέννις** [i ra'kɛta tu 'tɛnis]
Tischtennis	**το πινγκ-πονγκ** [tɔ piŋg 'pɔŋg]

Fitness- und Krafttraining — Γυμναστική και προπόνηση δύναμης

Fitnesscenter	**το γυμναστήριο** [tɔ jimnas'tiriɔ]
Gymnastik	**η γυμναστική** [i jimnasti'ki]
joggen	**κάνω τζόκινγκ** ['kanɔ 'tzɔkiŋg]
Jogging	**το τζόκινγκ** [tɔ 'tzɔkiŋg]
Konditionstraining	**η προπόνηση αντοχής** [i prɔ'pɔnisi andɔ'çis]
Stretching	**το στρέτσινγκ** [tɔ 'strɛtsiŋg]
Wirbelsäulengymnastik	**η γυμναστική για τη σπονδυλική στήλη** [i jimnasti'ki ja ti spɔnðili'ki 'stili]

Wellness — Υγεία και χαλάρωση

Massage	**το μασάζ** [tɔ ma'saz]
Sauna	**η σάουνα** [i 'sauna]
Solarium	**το σολάριουμ** [tɔ sɔ'larium]
Whirlpool	**το τζακούζι** [tɔ dza'kuzi]

Rad fahren — Κάνω ποδήλατο

Fahrrad	**το ποδήλατο** [tɔ pɔ'ðilatɔ]
Fahrradhelm	**το κράνος ποδηλάτου** [tɔ 'kranɔs pɔði'latu]
Flickzeug	**υλικά για μπάλωμα σαμπρέλας** [ili'ka ja 'balɔma sam'brɛlas]
Luftpumpe	**η τρόμπα** [i 'trɔmba]
Radtour	**η εκδρομή με ποδήλατο** [i ɛkðrɔ'mi mɛ pɔ'ðilatɔ]
Schlauch *(Reifen)*	**η σαμπρέλα** [i sam'brɛla]

Wandern und Bergsteigen — Οδοιπορία και ορειβασία

Ich möchte eine Bergtour machen.	**Θέλω να κάνω μια εκδρομή στα βουνά.** ['θɛlɔ na 'kanɔ mia ɛkðrɔ'mi sta vu'na]
Können Sie mir eine interessante Route auf der Karte zeigen?	**Μπορείτε να μου δείξετε στο χάρτη μια ενδιαφέρουσα διαδρομή;** [bɔ'ritɛ na mu 'ðiksɛtɛ stɔ 'xarti mia ɛnðia'fɛrusa ðiaðrɔ'mi]

Tipps für Wanderer
Wer längere Strecken wandert, sollte stets eine Karte, eine Flasche Wasser und eine volle griechische Telefonkarte (mit der Nummer des Hotels, eines Taxifahrers o. ä.) dabeihaben.
Wer außerhalb der Sommersaison unterwegs ist, sollte unbedingt auch einen Kompass mitnehmen, weil man nicht selten von einem derart dichten Nebel überrascht werden kann, dass man seine ausgestreckte Hand nicht mehr sieht.
Tragen Sie auch im Sommer beim Wandern festes Schuhwerk (Schlangengefahr). Wenn Sie zwischendurch an unbekannten Stränden ins Wasser springen, sollten Sie danach vor dem Anziehen Ihre Schuhe auf Skorpione untersuchen.
Werfen Sie bitte nichts in abgedeckte Brunnen oder Quellen, und decken Sie sie nach der Wasserentnahme wieder ab. Trinkwasser kann folgendermaßen gekennzeichet sein: "ΠΟΣΙΜΟ ΝΕΡΟ" oder "ΤΟ ΝΕΡΟ ΠΙΝΕΤΑΙ". Ersteres ist nicht zu verwechseln mit "ΜΗ ΠΟΣΙΜΟ ΝΕΡΟ" und letzteres nicht mit "ΤΟ ΝΕΡΟ ΔΕΝ ΠΙΝΕΤΑΙ", das eben kein Trinkwasser ist.
In der Nähe schäferloser Schaf- und Ziegenherden sollten Sie Vorsicht walten lassen: Die kleinen, aber überaus giftigen griechischen Schäferhunde verstehen absolut keinen Spaß. Sollte einer auftauchen, rennen Sie nicht weg, sondern umgehen Sie die Herde weiträumig oder kehren Sie im Zweifelsfalle um.
Wenn Sie planen, mit einem Bus zurückzufahren, sollten Sie sich vor dem Aufbruch erkundigen, ob er auch tatsächlich fährt – am besten beim Busfahrer, damit er weiß, dass Sie da draußen sind und seine Pläne nicht plötzlich ändert.
Beachten Sie, dass es in Griechenland schneller dunkelt als in Mitteleuropa; selbst eine kleine Taschenlampe ist besser als gar keine.

Bergsteigen	**η ορειβασία** [i ɔriva'sia]
Route	**η διαδρομή** [i ðiaðrɔ'mi]
Schutzhütte	**το καταφύγιο** [tɔ kata'fijiɔ]
Sicherungsseil	**το σχοινί ασφαλείας** [tɔ sçi'ni asfa'lias]
Tagestour	**η ημερήσια εκδρομή** [i imɛ'risia ɛkðrɔ'mi]
Trekking	**το τρέκινγκ** [tɔ 'trɛkiŋg]
Wanderkarte	**ο οδοιπορικός χάρτης** [ɔ ɔðipɔri'kɔs 'xartis]
wandern	**κάνω πεζοπορία** ['kanɔ pɛzɔpɔ'ria]
Wanderweg	**το μονοπάτι πεζοπορίας** [tɔ mɔnɔ'pati pɛzɔpɔ'rias]

Reiten — Ιππεύω

Ausritt	**η ιππασία** [i ipa'sia]
Pferd	**το άλογο** [tɔ 'alɔγɔ]
reiten	**ιππεύω** [i'pɛvɔ]

Golf — Το γκολφ

18-Loch-Platz	**το γήπεδο με δέκα οχτώ τρύπες** [tɔ 'jipɛðɔ mɛ 'ðɛka ɔx'tɔ 'tripɛs]
Abschlag	**το κεφάλι** [tɔ kɛ'fali]
Golf	**το γκολφ** [tɔ gɔlf]
Golfschläger	**το μπαστούνι του γκολφ** [tɔ ba'stuni tu gɔlf]
Greenfee	**η τιμή για ένα παιχνίδι** [i ti'mi ja 'ɛna pɛç'niði]
Parcours	**η διαδρομή** [i ðiaðrɔ'mi]

Drachen-, Gleitschirm- und Segelfliegen — Πτήση με αετό, αιωρόπτερο και αερόπτερο

Drachenfliegen	**πτήση με αετό** ['ptisi mɛ aɛ'tɔ]
Fallschirmspringen	**η πτώση με αλεξίπτωτο** [i 'ptɔsi mɛ alɛ'ksiptɔtɔ]
Gleitschirm	**το αιωρόπτερο** [tɔ ɛɔ'rɔptɛrɔ]
Lenkdrachen	**ο αετός** [ɔ aɛ'tɔs]
Paragliding	**η αιωροπορία** [i ɛɔrɔpɔ'ria]
Schleppschirm *(am Strand)*	**το ιστιόπτερο ρυμούλησης** [tɔ isti'ɔpterɔ ri'mulkisis]
Segelfliegen	**η πτήση με ανεμόπτερο** [i 'ptisi mɛ anɛ'mɔptɛrɔ]
Startplatz	**ο διάδρομος απογείωσης** [ɔ 'ðjaðrɔmɔs apɔ'jiɔsis]
Thermik	**το ανοδικό ρεύμα αέρα** [tɔ anɔði'kɔ 'rɛvma a'ɛra]

Sonstige Sportarten — Λοιπά αθλήματα

Bungeejumping	**το μπάντζι** [tɔ 'bandzi]
Inlineskating	**το σκέιτινγκ** [tɔ 'skɛitiŋg]
Kegeln	**το μπόουλινγκ** [tɔ 'bɔuliŋg]
Leichtathletik	**ο αθλητισμός στίβου** [ɔ aθlitiz'mɔs 'stivu]
Minigolf	**το μίνιγκολφ** [tɔ 'minigɔlf]
Motorsport	**τα μηχανοκίνητα αθλήματα** [ta mixanɔ'kinita aθ'limata]
Rollschuh fahren	**κάνω τροχοπέδιλα** ['kanɔ trɔxɔ'pɛðila]

Sportveranstaltungen besuchen

Welche Sportveranstaltungen gibt es hier?	**Ποιες αθλητικές εκδηλώσεις γίνονται εδώ;** ['piɛs aθliti'kɛs ɛkði'lɔsis 'jinɔntɛ ɛ'ðɔ]

Ich möchte mir das Fußballspiel ansehen.	**Θα ήθελα να δω τον ποδοσφαιρικό αγώνα.** [θa 'iθεla na ðɔ tɔn pɔðɔsfεri'kɔ a'ɣɔna]
Wann/Wo findet es statt?	**Πότε/Πού θα γίνει;** ['pɔtε/'pu θa 'jini]
Was kostet der Eintritt?	**Πόσο κάνει το εισιτήριο;** ['pɔsɔ 'kani tɔ isi'tiriɔ]
Wie steht's?	**Πώς είναι το σκορ;** [pɔs 'inε tɔ skɔr]
2 zu 1.	**Δυο ένα.** [ðiɔ 'εna]
eins-eins.	**Ένα ένα.** ['εna 'εna]
Foul	**το φάουλ** [tɔ 'faul]
Schöner Schuss!	**Ωραίο σουτ!** [ɔ'rεɔ sut]
Tor!	**Γκολ!** [gɔl]

Abseits	**το οφσάιντ** [tɔ ɔf'said]
Anstoß	**το εναρκτήριο λάκτισμα** [tɔ εnark'tiriɔ 'laktisma]
Eintrittskarte	**το εισιτήριο** [tɔ isi'tiriɔ]
Elfmeter	**το πέναλτι** [tɔ 'pεnalti]
Flanke	**η σέντρα** [i 'sεndra]
Freistoß	**το ελεύθερο κτύπημα** [tɔ ε'lεfθεrɔ 'ktipima]
gewinnen	**κερδίζω** [kεr'ðizɔ]
Kasse	**το ταμείο** [tɔ ta'miɔ]
Meisterschaft	**το πρωτάθλημα** [tɔ prɔ'taθlima]
Niederlage	**η ήττα** [i 'ita]
Pass	**η πάσα** [i 'pasa]
Programm	**το πρόγραμμα** [tɔ 'prɔɣrama]
Radrennen	**η ποδηλατοδρομία** [i pɔðilatɔðrɔ'mia]
Rennen *(das Laufen)*	**το τρέξιμο** [tɔ 'trεksimɔ]
Rennen *(Auto-, Pferde-)*	**η κούρσα** [i 'kursa]
Schiedsrichter	**ο διαιτητής** [ɔ ðiεti'tis]
Sieg	**η νίκη** [i 'niki]
Spiel	**το παιχνίδι** [tɔ pεç'niði]
Sportler/in	**ο αθλητής/η αθλήτρια** [ɔ aθli'tis/i aθ'litria]
Sportplatz	**το γήπεδο** [tɔ 'jipεðɔ]
Stadion	**το στάδιο** [tɔ 'staðiɔ]
Strafraum	**η μικρή περιοχή** [i mi'kri pεriɔ'çi]
Unentschieden	**η ισοπαλία** [i isɔpa'lia]
verlieren	**χάνω** ['xanɔ]
Wettkampf	**ο αγώνας** [ɔ a'ɣɔnas]

Kreativurlaub

Ich interessiere mich für ...	**Ενδιαφέρομαι για ...** [ɛnðia'fɛrɔmɛ ja]
einen Töpferkurs.	**μαθήματα κεραμικής.** [ma'θimata kɛrami'kis]
einen Griechisch-Sprachkurs.	**ένα τμήμα ελληνικών.** ['ɛna 'tmima ɛlini'kɔn]
für Anfänger	**για αρχαρίους** [ja arxa'rius]
für Fortgeschrittene	**για προχωρημένους** [ja prɔxɔri'mɛnus]
Wie viel Stunden pro Tag wird gearbeitet?	**Πόσες ώρες είναι την ημέρα;** ['pɔsɛs 'ɔrɛs 'inɛ tin i'mɛra]
Ist die Teilnehmerzahl begrenzt?	**Είναι περιορισμένος ο αριθμός συμμετοχής;** ['inɛ pɛriɔriz'mɛnɔs ɔ ariθ'mɔs simɛtɔ'çis]
Sind Vorkenntnisse erforderlich?	**Απαιτούνται γνώσεις για το τμήμα;** [apɛ'tuntɛ 'ɣnɔsis ja tɔ 'tmima]
Bis wann muss man sich anmelden?	**Μέχρι πότε πρέπει κανείς να γραφτεί;** ['mɛxri 'pɔtɛ 'prɛpi ka'nis na graf'ti]
Was ist mitzubringen?	**Τι πρέπει να έχουμε μαζί μας για το μάθημα;** [ti 'prɛpi na 'ɛxumɛ ma'zi mas ja tɔ 'maθima]

Aktzeichnen	**η ζωγραφική γυμνού** [i zɔɣrafi'ki jim'nu]
Aquarellmalen	**η υδατογραφία** [i iðatɔɣra'fia]
Brotbacken	**η αρτοποιία** [i artɔpi'ia]
Fotografieren	**η φωτογράφιση** [i fɔtɔ'ɣrafisi]
Holzwerkstatt	**το ξυλουργείο** [tɔ ksilur'jiɔ]
Kochen	**η μαγειρική** [i majiri'ki]
Kurs	**το τμήμα** [tɔ 'tmima]
Malen	**η ζωγραφική** [i zɔɣrafi'ki]
Ölmalerei	**η ελαιογραφία** [i ɛlɛɔɣra'fia]
Schauspielworkshop	**το εργαστήριο ηθοποιίας** [tɔ ɛrɣas'tiriɔ iθɔpi'ias]
Seidenmalerei	**η ζωγραφική σε μετάξι** [i zɔɣrafi'ki sɛ mɛ'taksi]
Seminar	**το σεμινάριο** [tɔ sɛmi'nariɔ]
Tanztheater	**το χοροθέατρο** [tɔ xɔrɔ'θɛatrɔ]
Theatergruppe	**η θεατρική ομάδα** [i θɛatri'ki ɔ'maða]
Trommeln	**το μάθημα κρουστών** [tɔ 'maθima krus'tɔn]
Workshop	**το εργαστήριο** [tɔ ɛrgas'tiriɔ]
Yoga	**η γιόγκα** [i 'jɔga]

Unterhaltung

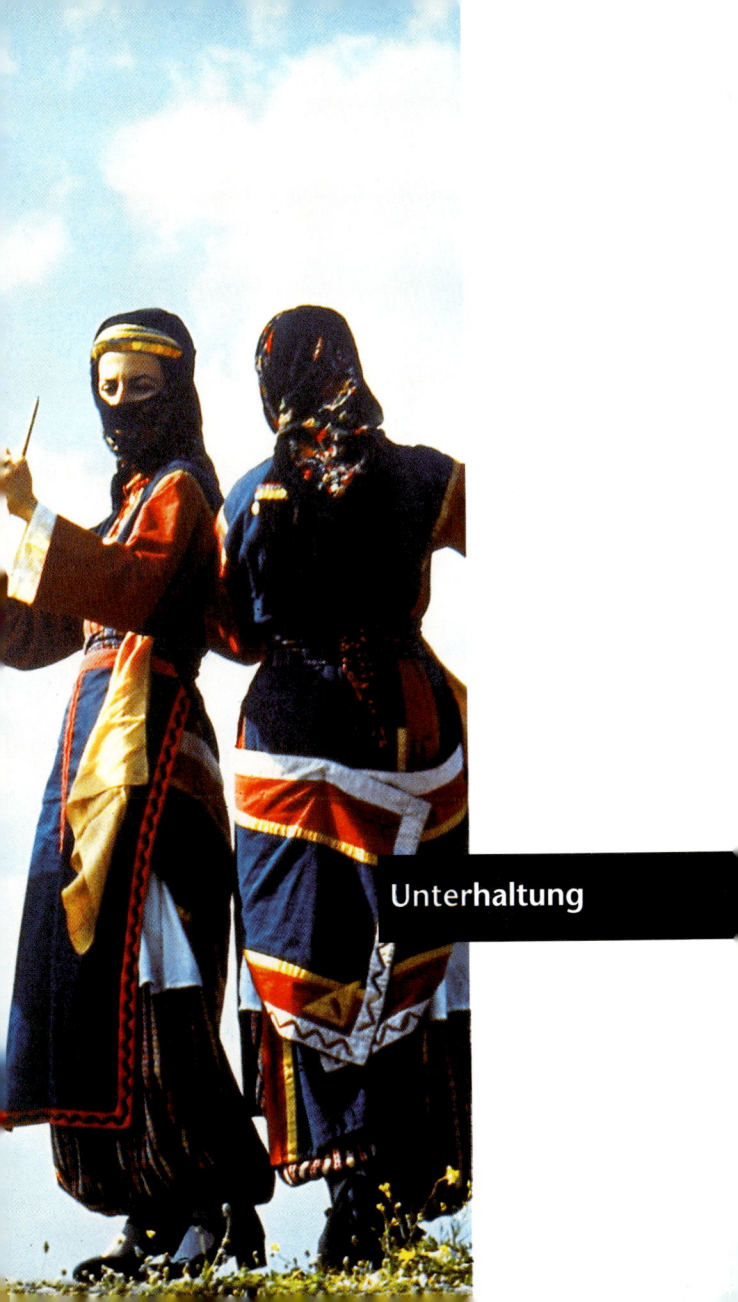

Vom Volkstanz bis zur Schnulze
Griechische Musik und griechischer Tanz reichen vom schwermütigen Rembetiko über dramatische Matrosentänze (ζεϊμπέκικα), fröhlich-melancholische Insellieder (νησιώτικα) und balkanische Dudelsackmusik aus Nordgriechenland bis hin zu kitschig-lustigen Schlagern in einem "κέντρο" und "τσιφτετέλι".
Die richtigen Rembetiko-Kneipen in Athen und Thessaloniki machen erst zum Winteranfang auf. Authentische Volksmusik und Volkstanz live lassen sich in Athen beim Volkskunstensemble "Δόρα Στράτου" erleben.

Theater – Konzert – Kino

Was wird heute Abend im Theater gespielt?	**Τι παίζεται απόψε στο θέατρο;** [ti 'pɛzɛtɛ a'pɔpsɛ stɔ 'θɛatrɔ]
Was läuft morgen Abend im Kino?	**Τι παίζεται αύριο το βράδυ στον κινηματογράφο;** [ti 'pɛzɛtɛ 'avriɔ tɔ 'vraði stɔn kinimatɔ'ɣrafɔ]
Werden im Dom Konzerte veranstaltet?	**Διοργανώνονται συναυλίες στη μητρόπολη;** [ðiɔrɣa'nɔnɔntɛ sinav'liɛs sti mi'trɔpɔli]
Können Sie mir ein gutes Theaterstück empfehlen?	**Μπορείτε να μου συστήσετε ένα καλό θεατρικό έργο;** [bɔ'ritɛ na mu si'stisɛtɛ 'ɛna ka'lɔ θɛatri'kɔ 'ɛrɣɔ]
Wann beginnt die Vorstellung?	**Πότε αρχίζει η παράσταση;** ['pɔtɛ ar'çizi i pa'rastasi]
Wo bekommt man Karten?	**Πού πωλούνται τα εισιτήρια;** ['pu pɔ'lundɛ ta isi'tiria]
Bitte zwei Karten für heute Abend.	**Παρακαλώ, δυο εισιτήρια για σήμερα το βράδυ.** [paraka'lɔ 'ðiɔ isi'tiria ja 'simɛra tɔ 'vraði]
Bitte zwei Plätze zu ... Drachmen.	**Παρακαλώ, δυο θέσεις των ... δραχμών.** [paraka'lɔ 'ðiɔ 'θɛsis tɔn ... ðrax'mɔn]
Kann ich bitte ein Programm haben?	**Παρακαλώ, μπορώ να έχω ένα πρόγραμμα;** [paraka'lɔ bɔ'rɔ na 'ɛxɔ 'ɛna 'prɔɣrama]

Eintrittskarte	**το εισιτήριο** [tɔ isi'tiriɔ]
Festival	**το φεστιβάλ** [tɔ fɛsti'val]
Garderobe	**η γκαρνταρόμπα** [i garda'rɔba]
Kasse	**το ταμείο** [tɔ ta'miɔ]

Pause	**το διάλειμμα** [tɔ 'ðjalima]
Programmheft	**το έντυπο πρόγραμμα** [tɔ 'εndipɔ 'prɔγrama]
Vorstellung	**η παράσταση** [i pa'rastasi]
Vorverkauf	**η προπώληση** [i prɔ'pɔlisi]

Theater

Akt	**η πράξη** [i 'praksi]
Aufführung	**η παράσταση** [i pa'rastasi]
Ballett	**το μπαλέτο** [tɔ ba'lεtɔ]
Drama	**το δράμα** [tɔ 'ðrama]
Freilichttheater	**το ανοιχτό θέατρο** [tɔ aniç'tɔ 'θεatrɔ]
Inszenierung	**η σκηνοθεσία** [i skinɔθε'sia]
Kabarett/Kleinkunstbühne	**το καμπαρέ** [tɔ kaba'rε]
Komödie	**η κωμωδία** [i kɔmɔ'ðia]
Loge	**το θεωρείο** [tɔ θεɔ'riɔ]
Oper	**η όπερα** [i 'ɔpεra]
Operette	**η οπερέτα** [i ɔpε'rεta]
Parkett	**η πλατεία θεάτρου** [i pla'tia θε'atru]
Premiere	**η πρεμιέρα** [i prεm'jεra]
1./2. Rang	**ο πρώτος/δεύτερος εξώστης** [ɔ 'prɔtɔs/'ðεftεrɔs ε'ksɔstis]
Schauspiel	**το θεατρικό έργο** [tɔ θεatri'kɔ 'εrγɔ]
Schauspieler/in	**ο/η ηθοποιός** [ɔ/i iθɔ'pjɔs]
Spielplan	**το θεατρικό ρεπερτόριο** [tɔ θεatri'kɔ rεpεr'tɔriɔ]
Tänzer/in	**ο χορευτής/η χορεύτρια** [ɔ xɔrεf'tis/i xɔrεftria]
Theaterstück	**το θεατρικό έργο** [tɔ θεatri'kɔ 'εrγɔ]
Tragödie	**η τραγωδία** [i traγɔ'ðia]
Varieté	**το βαριετέ** [tɔ variε'tε]
Volksstück	**το λαϊκό θεατρικό έργο** [tɔ lai'kɔ θεatri'kɔ 'εrγɔ]

Konzert

Blues	**το μπλουζ** [tɔ bluz]
Busuki	**το μπουζούκι** [tɔ buzuki]
Chor	**η χορωδία** [i xɔrɔ'ðia]
Dirigent/in	**ο διευθυντής/η διευθύντρια** [ɔ ðiεfθin'dis/i ðiεf'θindria]
Jazz	**η τζαζ** [i tzaz]
Klassik	**η κλασική μουσική** [i klasi'ki musi'ki]
Komponist/in	**ο συνθέτης/η συνθέτρια** [ɔ sin'θεtis/i sin'θεtria]
Konzert	**η συναυλία** [i sinav'lia]
Kammerkonzert	**η συναυλία δωματίου** [i sinav'lia ðɔma'tiu]

Kirchenkonzert	**η εκκλησιαστική συναυλία** [i ɛklisiasti'ki sinav'lia]
Sinfoniekonzert	**η συμφωνική συναυλία** [i simfɔni'ki sinav'lia]
Musical	**το μιούζικαλ** [tɔ 'mjuzikal]
Orchester	**η ορχήστρα** [i ɔr'çistra]
Pop	**η ποπ** [i pɔp]
Rap	**η ραπ** [i rap]
Rave	**η/το ρέιβ** [i/tɔ rɛiv]
Raver	**ο/η ρέιβερ** [ɔ/i 'rɛivɛr]

Wer auch in Griechenland ohne Rave nicht auskommt, sollte nach
Lesbos schauen: Zwischen Molyvos und Petra ragt dort einem vom
Himmel herabgestürzten Schiffsbug gleich ein gigantischer Tech-
no-Tempel aus dem Felsen.

Rave-Party	**το ρέιβ-πάρτι** [tɔ 'rɛiv 'parti]
Rave-Club	**το ρεϊβάδικο** [tɔ rɛi'vaðikɔ]
Reggae	**η ρέγκε** [i 'rɛgɛ]
Re(m)betiko	**το ρεμπέτικο** [tɔ rɛ'bɛtikɔ]
Re(m)betiko-Kneipe	**το ρεμπετάδικο** [tɔ rɛbɛ'taðikɔ]
Rock	**το/η ροκ** [tɔ/i rɔk]
Rockkonzert	**η συναυλία ροκ** [i sinav'lia rɔk]
Sänger/in	**ο τραγουδιστής/η τραγουδίστρια** [ɔ traɣuðis'tis/i traɣu'ðistria]
Schlager, die *(griechische)*	**τα λαϊκά (τραγούδια)** [ta lai'ka (tra'ɣuðia)]
Schlagermusik *(griechische)*	**η λαϊκή μουσική** [i lai'ki musi'ki]
Solist/in	**ο/η σολίστ** [ɔ/i sɔ'list]
Soul	**η σόουλ** [i sɔul]
Techno	**η τέκνο** [i 'tɛknɔ]
Volksmusik	**η δημοτική μουσική** [i ðimɔti'ki musi'ki]

Kino

Film	**η ταινία** [i tɛ'nia]
Actionfilm	**η ταινία δράσης** [i tɛ'nia 'ðrasis]
Dokumentarfilm	**το ντοκιμαντέρ** [tɔ dɔkiman'dɛr]
Klassiker	**η κλασική ταινία** [i klasi'ki tɛ'nia]
Kurzfilm	**η ταινία μικρού μήκους** [i tɛ'nia mi'kru 'mikus]
Schwarzweißfilm	**η ασπρόμαυρη ταινία** [i as'prɔmavri tɛ'nia]
Sciencefictionfilm	**η ταινία επιστημονικής φαντασίας** [i tɛ'nia ɛpistimɔni'kis fanta'sias]
Thriller	**το θρίλερ** [tɔ 'θrilɛr]
Western	**το γουέστερν** [tɔ 'ɣuɛstɛrn]
Zeichentrickfilm	**η ταινία κινουμένων σχεδίων** [i tɛ'nia kinu'mɛnɔn sçɛ'ðiɔn]

Filmschauspieler/in — **ο/η ηθοποιός κινηματογράφου** [ɔ/i iθɔ'pjɔs kinimatɔ'ɣrafu]
  Hauptrolle — **ο πρώτος ρόλος** [ɔ 'prɔtɔs 'rɔlɔs]
Kino — **ο κινηματογράφος** [ɔ kinimatɔ'ɣrafɔs]
το σινεμά [tɔ sinɛ'ma]
  Freilichtkino — **ο θερινός κινηματογράφος** [ɔ θɛri'nɔs kinimatɔ'ɣrafɔs]
  Programmkino — **η κινηματογραφική λέσχη** [i kinimatɔɣrafi'ki 'lɛsçi]
Originalfassung — **το πρωτότυπο** [tɔ prɔ'tɔtipɔ]
Regie — **η σκηνοθεσία** [i skinɔθɛ'sia]
Spezialeffekte — **τα ειδικά εφέ** [ta iði'ka ɛ'fɛ]
Untertitel, die — **οι υπότιτλοι** [i i'pɔtitli]

Nachtleben

Was kann man hier abends unternehmen? — **Τι μπορεί κανείς να κάνει εδώ το βράδυ;** [ti bɔ'ri ka'nis na 'kani ɛ'ðɔ tɔ 'vraði]

Gibt es hier eine gemütliche Kneipe? — **Υπάρχει εδώ ένα ωραίο μαγαζί;** [i'parçi ɛ'ðɔ 'ɛna ɔ'rɛɔ maɣa'zi]

Wo kann man hier tanzen gehen? — **Πού μπορεί να πάει κανείς εδώ για χορό;** [pu bɔ'ri na 'pai ka'nis ɛ'ðɔ ja xɔ'rɔ]

Wollen wir (noch einmal) tanzen? — **Θέλεις να χορέψουμε (ακόμη μια φορά);** ['θɛlis na xɔ'rɛpsumɛ (a'kɔmi mia fɔ'ra)]

Abendgarderobe — **το βραδινό ένδυμα** [tɔ vraði'nɔ 'ɛnðima]
ausgehen — **βγαίνω έξω** ['vjɛnɔ 'ɛksɔ]
Band — **το συγκρότημα** [tɔ siŋ'grɔtima]
Bar — **το μπαρ** [tɔ bar]
Disko — **η ντισκοτέκ** [i diskɔ'tɛk]
Folklore — **το φολκλόρ** [tɔ fɔlk'lɔr]
Folkloreabend — **η φολκλορική βραδιά** [i fɔlklɔri'ki vra'ðja]
Glücksspiel — **το τυχερό παιχνίδι** [tɔ tiçɛ'rɔ pɛç'niði]
Kneipe — **το μαγαζί** [tɔ maɣa'zi]
Livemusik — **η ζωντανή μουσική** [i zɔnda'ni musi'ki]
Nachtklub — **το νυχτερινό κέντρο** [tɔ nixtɛri'nɔ 'kɛndrɔ]
Show — **το σόου** [tɔ 'sɔu]
Spielkasino — **το καζίνο** [tɔ ka'zinɔ]
tanzen — **χορεύω** [xɔ'rɛvɔ]
Tanzkapelle — **η ορχήστρα χορευτικής μουσικής** [i ɔr'çistra xɔrɛfti'kis musi'kis]

Feste und Veranstaltungen

In Patras wird alljährlich ein ziemlich verrückter Karneval mit seltsamen Masken zelebriert – allerdings zu gepfefferten Preisen in den Bars.
Kommunenhafter geht es beim großen Volksfest im August auf Ikaria zu: Im Stil einer großen Hippiegemeinde treffen sich alternativ gesinnte griechische Jugendliche, um gemeinsam unterm Sternenzelt zu essen, trinken, musizieren und zu tanzen.
Im Streudorf Ράχες auf derselben Insel steht die Zeit auf dem Kopf: Um acht Uhr abends kann man frühstücken, zwischen zehn und Mitternacht herrscht Hochbetrieb auf dem Markt, Läden, Postamt und Apotheke sind geöffnet. Erst gegen drei oder vier Uhr früh wird der Abend eingeläutet und man trifft sich in der Kneipe – ein idealer Ort also für Morgenmuffel und Nachtschwärmer.

Wann findet das ...-Festival statt?	**Πότε θα γίνει το φεστιβάλ ...;** ['pɔtɛ θa 'jini tɔ fɛsti'val]
Vom ... bis ...	**Από τις ... μέχρι τις ...** [a'pɔ tis ... 'mɛxri tis]
Jedes Jahr im August.	**Κάθε χρόνο τον Άυγουστο.** ['kaθɛ 'xrɔnɔ tɔn 'avɣustɔ]
Alle 2 Jahre.	**Κάθε δυο χρόνια.** ['kaθɛ ðiɔ 'xrɔnia]
Was ist das genau?	**Τι ακριβώς είναι αυτό;** [ti akri'vɔs 'inɛ af'tɔ]
Kann da jeder mitmachen?	**Μπορεί ο καθένας να συμμετάσχει;** [bɔ'ri ɔ ka'θɛnas na simɛ'tasçi]

Einkaufen

Spaß beim Handeln
Geld tauscht man besser erst nach der Ankunft. Wer in abgelegene Gegenden fährt, sollte sich nicht auf Kreditkarten verlassen, sondern besser vorher Geld tauschen. Handeln lohnt sich fast immer, aber dennoch zieht man oft den Kürzeren. Besonders viel Spaß macht der Handel auf den in fast allen größeren Ortschaften stattfindenden Wochenmärkten, die hier "Volksmarkt" (λαϊκή αγορά) genannt werden. Ein Einkaufsbummel in der Athener Πλάκα lohnt sich immer, aber richtig Spaß macht es am Sonntagvormittag, wenn dort Markttag ist (U-Bahnstation Μοναστηράκι).

Fragen

Ich suche ...

Werden Sie schon bedient?	**Εξυπηρετείστε;** [εksipirε'tistε]
Danke, ich sehe mich nur um.	**Ευχαριστώ, κοιτάζω μόνο.** [εfxari'stɔ ki'tazɔ 'mɔnɔ]
Ich möchte ...	**Θα ήθελα ...** [θa 'iθεla]
Haben Sie ...?	**Έχετε ...;** ['εçεtε]
Darf es sonst noch etwas sein?	**Θέλετε τίποτε άλλο;** ['θεlεtε 'tipɔtε 'alɔ]

Handeln und kaufen

Wie viel kostet das?	**Πόσο κάνει;** ['pɔsɔ 'kani]
Das ist zu teuer!	**Πολύ ακριβό!** [pɔ'li akri'vɔ]
Ich zahle höchstens ...	**Θα έδινα το πολύ ...** [θa 'εðina tɔ pɔ'li]
Nein, zu diesem Preis kann ich es Ihnen nicht geben.	**Όχι δεν μπορώ να σας το αφήσω σε τόσο χαμηλή τιμή.** ['ɔçi ðεm bɔ'rɔ na sas tɔ a'fisɔ sε 'tɔsɔ xami'li ti'mi]
Hm, und für ...?	**Μάλιστα, και για ...** ['malista kε ja ...]
Einverstanden.	**Έγινε.** ['εjinε]
Gut, ich nehme es.	**Εντάξει θα το πάρω.** [εn'daksi θa tɔ 'parɔ]

Geschäfte

Wo finde ich ...?	**Πού θα βρω ...;** ['pu θa vrɔ]
Öffnungszeiten	**Ώρες λειτουργίας** ['ɔrεs litur'jias]

Antiquitätengeschäft	**το κατάστημα με αντίκες** [tɔ ka'tastima mɛ an'dikɛs]
Apotheke	**το φαρμακείο** [tɔ farma'kiɔ]
Bäckerei	**το αρτοπωλείο** [tɔ artɔpɔ'liɔ]
Blumengeschäft	**το ανθοπωλείο** [tɔ anθɔpɔ'liɔ]
Boutique	**η μπουτίκ** [i bu'tik]
Buchhandlung	**το βιβλιοπωλείο** [tɔ vivliɔpɔ'liɔ]
Drogerie	**το κατάστημα καλλυντικών και οικιακών ειδών** [tɔ ka'tastima kalindi'kɔn kɛ ikia'kɔn i'ðɔn]
Elektrohandlung	**το κατάστημα ηλεκτρικών ειδών** [tɔ ka'tastima ilɛktri'kɔn i'ðɔn]
Feinkostgeschäft	**το κατάστημα εκλεκτών τροφίμων** [tɔ ka'tastima ɛklɛk'tɔn trɔ'fimɔn]
Fischgeschäft	**το ιχθυοπωλείο** [tɔ içθiɔpɔ'liɔ]
Flohmarkt	**το παζάρι (μεταχειρισμένων ειδών)** [tɔ ba'zari (mɛtaçiriz'mɛnɔn i'ðɔn)]
Fotoartikel	**τα φωτογραφικά είδη** [ta fɔtɔɣrafi'ka 'iði]
Friseur	**το κομμωτήριο** [tɔ kɔmɔ'tiriɔ]
Juwelier	**ο χρυσοχόος** [ɔ xrisɔ'xɔɔs]
Kaufhaus	**το πολυκατάστημα** [tɔ pɔlika'tastima]
Kiosk	**το περίπτερο** [tɔ pɛ'riptɛrɔ]
Konditorei	**το ζαχαροπλαστείο** [tɔ zaxarɔpla'stiɔ]
Kunsthändler	**ο έμπορος καλλιτεχνικών έργων** [ɔ 'ɛmbɔrɔs kalitɛxni'kɔn 'ɛrɣɔn]
Lebensmittelgeschäft	**το κατάστημα τροφίμων** [tɔ ka'tastima trɔ'fimɔn]
Lederwarengeschäft	**το κατάστημα δερμάτινων ειδών** [tɔ ka'tastima ðɛr'matinɔn i'ðɔn]
Markt	**η αγορά** [i aɣɔ'ra]
Metzgerei	**το κρεοπωλείο** [tɔ krɛɔpɔ'liɔ]
Milchgeschäft	**το γαλακτοπωλείο** [tɔ ɣalaktɔpɔ'liɔ]
Musikinstrumenteladen	**το κατάστημα μουσικών οργάνων** [tɔ ka'tastima musi'kɔn ɔr'ɣanɔn]
Obst- und Gemüsehandlung	**το οπωροπωλείο** [tɔ ɔpɔrɔpɔ'liɔ]
Optiker	**ο οπτικός** [ɔ ɔpti'kɔs]
Parfümerie	**το αρωματοπωλείο** [tɔ arɔmatɔpɔ'liɔ]
Reinigung, chemische	**το καθαριστήριο** [tɔ kaθari'stiriɔ]
Reisebüro	**το γραφείο ταξιδιών** [tɔ ɣra'fiɔ taksi'ðjɔn]
Schallplattengeschäft	**το δισκοπωλείο** [tɔ ðiskɔpɔ'liɔ]
Schneiderei	**το ραφείο** [tɔ ra'fiɔ]
Schreibwarengeschäft	**το χαρτοπωλείο** [tɔ xartɔpɔ'liɔ]
Schuhgeschäft	**το υποδηματοπωλείο** [tɔ ipɔðimatɔpɔ'liɔ]
Schuhmacher	**ο υποδηματοποιός** [ɔ ipɔðimatɔ'pjɔs]
Souvenirladen	**το κατάστημα σουβενίρ** [tɔ ka'tastima suvɛ'nir]
Spielwarengeschäft	**το κατάστημα παιχνιδιών** [tɔ ka'tastima pɛxni'ðjɔn]

Spirituosengeschäft	η κάβα [i 'kava]
Sportartikel	τα αθλητικά είδη [ta aθliti'ka 'iði]
Supermarkt	το σούπερ-μάρκετ [tɔ 'supɛr 'markɛt]
Süßwarengeschäft	το πατισερί [tɔ patisɛ'ri]
Tabakladen	το καπνοπωλείο [tɔ kapnɔpɔ'liɔ]
Trödler	ο παλαιοπώλης [ɔ palɛɔ'pɔlis]
Uhrmacher	ο ωρολογοποιός [ɔ ɔrɔlɔɣɔ'pjɔs]
Wäscherei/Waschsalon	το πλυντήριο [tɔ plin'diriɔ]
Weinhandlung	το οινοπωλείο [tɔ inɔpɔ'liɔ]
Zeitungshändler	ο εφημεριδοπώλης [ɔ ɛfimɛriðɔ'pɔlis]

Bücher, Zeitschriften und Schreibwaren

Ich hätte gern ...	**Θα ήθελα ...** [θa 'iθɛla]
eine deutsche Zeitung.	**μια γερμανική εφημερίδα.** [mia jɛrmani'ki ɛfimɛ'riða]
diese Zeitschrift.	**αυτό το περιοδικό.** [af'tɔ tɔ pɛriɔði'kɔ]
einen Reiseführer.	**έναν οδηγό ταξιδιών.** ['ɛnan ɔði'ɣɔ taksi'ðjɔn]
eine Wanderkarte dieser Gegend.	**έναν χάρτη αυτής της περιοχής.** ['ɛnan 'xarti af'tis tis pɛriɔ'çis]

Bücher, Zeitschriften und Zeitungen

Kochbuch	ο οδηγός μαγειρικής [ɔ ɔði'ɣɔs majiri'kis]
Kriminalroman	το αστυνομικό μυθιστόρημα [tɔ astinɔmi'kɔ miθi'stɔrima]
Landkarte	ο χάρτης [ɔ 'xartis]
Reiseführer	ο οδηγός ταξιδιών [ɔ ɔði'ɣɔs taksi'ðjɔn]
Roman	το μυθιστόρημα [tɔ miθi'stɔrima]
Stadtplan	ο χάρτης της πόλης [ɔ 'xartis tis 'pɔlis]
Straßenkarte	ο οδικός χάρτης [ɔ ɔði'kɔs 'xartis]
Taschenbuch	το βιβλίο τσέπης [tɔ vi'vliɔ 'tsɛpis]
Zeitschrift	το περιοδικό [tɔ pɛriɔði'kɔ]
Zeitung	η εφημερίδα [i ɛfimɛ'riða]

Schreibwaren

Ansichtskarte	η καρτ ποστάλ [i kart pɔs'tal]
Block	το μπλοκ [tɔ blɔk]
Briefpapier	το χαρτί αλληλογραφίας [tɔ xar'ti alilɔɣra'fias]
Briefumschlag	ο φάκελος [ɔ 'fakɛlɔs]
Farbstift	το χρωματιστό μολύβι [tɔ xrɔmati'stɔ mɔ'livi]
Kugelschreiber	το στυλό διαρκείας [tɔ sti'lɔ diar'kias]
Papier	το χαρτί [tɔ xar'ti]

Drogerieartikel

Bürste	**η βούρτσα** [i 'vurtsa]
Creme	**η κρέμα** [i 'krɛma]
Damenbinden	**οι σερβιέτες *f*** [i sɛr'vjɛtɛs]
Deo(dorant)	**το αποσμητικό** [tɔ apɔzmiti'kɔ]
Duschbad	**ο αφρός ντους** [ɔ a'frɔs dus]
Haarfestiger	**η λάκα μαλλιών** [i 'laka mal'jɔn]
Haarklammer	**το τσιμπιδάκι μαλλιών** [ta tsimbi'ðaki mal'jɔn]
Haarwaschmittel	**το σαμπουάν** [tɔ sambu'an]
Kamm	**η χτένα** [i 'xtɛna]
Lichtschutzfaktor	**ο δείκτης προστασίας** [ɔ 'ðiktis prɔsta'sias]
Lippenstift	**το κραγιόν** [tɔ kra'jɔn]
Nagellack	**το βερνίκι νυχιών** [tɔ vɛr'niki ni'çjɔn]
Nagellackentferner	**το ασετόν** [tɔ asɛ'tɔn]
Nagelschere	**το ψαλίδι νυχιών** [tɔ psa'liði ni'çjɔn]
Papiertaschentücher	**οι χαρτοπετσέτες *f*** [i xartɔpɛ'tsɛtɛs]
Parfüm	**το άρωμα** [tɔ 'arɔma]
Pflaster	**το χάνζαπλαστ** [tɔ 'xanzaplast]
Präservativ	**το προφυλακτικό** [tɔ prɔfilakti'kɔ]
Puder	**η πούδρα** [i 'puðra]
Rasierapparat *(mechanisch)*	**η ξυριστική μηχανή** [i ksiristi'ki mixa'ni]
Rasierklinge	**το ξυραφάκι** [tɔ ksira'faki]
Rasierpinsel	**το πινέλο ξυρίσματος** [tɔ pi'nɛlɔ ksi'rizmatɔs]
Rasierschaum	**ο αφρός ξυρίσματος** [ɔ a'frɔs ksi'rizmatɔs]
Rasierwasser	**η κολώνια ξυρίσματος** [i kɔ'lɔnia ksi'rizmatɔs]
Seife	**το σαπούνι** [tɔ sa'puni]

Sonnencreme	**η αντηλιακή κρέμα** [i andilia'ki 'krεma]
Sonnenöl	**το αντηλιακό λάδι** [tɔ andilia'kɔ 'laði]
Spiegel	**ο καθρέφτης** [ɔ kaθ'rεftis]
Spülmittel	**το απορρυπαντικό πιάτων** [tɔ apɔripandi'kɔ 'pjatɔn]
Spültuch	**η πετσέτα πιάτων** [i pε'tsεta 'pjatɔn]
Tampons	**τα ταμπόν** [ta tam'bɔn]
Toilettenpapier	**το χαρτί υγείας** [tɔ xar'ti i'jias]
Waschlappen	**το σφουγγάρι** [tɔ sfuŋ'gari]
Waschmittel	**το απορρυπαντικό** [tɔ apɔripandi'kɔ]
Watte	**το βαμβάκι** [tɔ vam'vaki]
Wattestäbchen	**οι μπατονέτες *f*** [i batɔ'nεtεs]
Wimperntusche	**η μάσκαρα** [i 'maskara]
Zahnbürste	**η οδοντόβουρτσα** [i ɔðɔn'dɔvurtsa]
Zahnpasta	**η οδοντόπαστα** [i ɔðɔn'dɔpasta]

Elektroartikel

➢ auch Fotoartikel, unten, und Schallplatten und CDs, S. 128

Adapter	**ο αντάπτορας** [ɔ a'daptɔras]
Batterie	**η μπαταρία** [i bata'ria]
Fön	**το πιστολάκι** [tɔ pistɔ'laki]
Glühbirne	**ο λαμπτήρας** [ɔ lamb'tiras]
Ladegerät	**ο φορτιστής** [ɔ fɔrtis'tis]
Wecker	**το ξυπνητήρι** [tɔ ksipni'tiri]

Fotoartikel

➢ auch Fotografieren, S. 146

Ich möchte ...	**Θα ήθελα ...** [θa 'iθεla]
einen Film für diesen Fotoapparat.	**ένα φιλμ για αυτή τη φωτογραφική μηχανή.** ['εna film ja af'ti ti fɔtɔɣrafi'ki mixa'ni]
einen Farbfilm (für Dias)	**ένα έγχρωμο φιλμ (για σλάιτς).** ['εna 'εŋxrɔmɔ film (ja slaits)]
Das ist kaputt. Können Sie es bitte reparieren?	**Είναι χαλασμένο. Μπορείτε, παρακαλώ, να το επισκευάσετε;** ['inε xala'zmεnɔ bɔ'ritε paraka'lɔ na tɔ εpiskε'vasεtε]

Auslöser	**το κουμπί** [tɔ kum'bi]
Belichtungsmesser	**το φωτόμετρο** [tɔ fɔ'tɔmεtrɔ]
Blitzgerät	**το φλας** [tɔ flas]
Camcorder	**η βιντεοκάμερα** [i vidεɔ'kamεra]
Digitalkamera	**η ψηφιακή φωτογραφική μηχανή** [i psifia'ki fɔtɔɣrafi'ki mixa'ni]
Filmempfindlichkeit	**η ευαισθησία του φιλμ** [i εvεsθi'sia tu film]

Linse/Objektiv	**ο φακός** [ɔ fa'kɔs]
Schwarzweiß-Film	**το ασπρόμαυρο φιλμ** [tɔ a'sprɔmavrɔ film]
Selbstauslöser	**ο διακόπτης αυτόματης λήψης** [ɔ ðia'kɔptis af'tɔmatis 'lipsis]
Stativ	**το τρίποδο** [tɔ 'tripɔðɔ]
Teleobjektiv	**ο τηλεφακός** [ɔ tilɛfa'kɔs]
Videofilm	**η βιντεοταινία** [i vidɛɔtɛ'nia]
Videokamera	**η βιντεοκάμερα** [i 'vindɛɔ'kamɛra]
Videokassette	**η βιντεοκασέτα** [i 'vindɛɔka'sɛta]
Videorekorder	**το βίντεο** [tɔ 'vindɛɔ]

Frisör

Waschen und fönen, bitte.	**Λούσιμο και στέγνωμα, παρακαλώ.** ['lusimɔ kɛ 'stɛɣnɔma paraka'lɔ]
Schneiden mit/ohne Waschen, bitte.	**Κούρεμα με/χωρίς λούσιμο, παρακαλώ.** ['kurɛma mɛ/xɔ'ris 'lusimɔ paraka'lɔ]
Ich möchte ...	**Θα ήθελα ...** [θa 'iθɛla]
Nur die Spitzen.	**Μόνο τις άκρες.** ['mɔnɔ tis 'akrɛs]
Nicht zu kurz/Ganz kurz/Etwas kürzer, bitte.	**Όχι πολύ κοντά/Πολύ κοντά/Λίγο πιο κοντά, παρακαλώ.** ['ɔçi pɔ'li kɔn'da/pɔ'li kɔn'da/'liɣɔ piɔ kɔnda paraka'lɔ]
Rasieren, bitte.	**Ξύρισμα, παρακαλώ.** ['ksirizma paraka'lɔ]
Vielen Dank. So ist es gut.	**Ευχαριστώ πολύ. Έτσι είναι ωραία.** [ɛfxari'stɔ pɔ'li. 'ɛtsi 'inɛ ɔ'rɛa]

Bart	**τα γένια** [ta 'jɛnia]
blond	**ξανθός** [ksan'θɔs]
Dauerwelle	**η/ο περμανάντ** [tɔ pɛrma'nand]
färben	**βάφω** ['vafɔ]
fönen	**στεγνώνω τα μαλλιά** [stɛ'ɣnɔnɔ ta mal'ja]
frisieren	**χτενίζω** [xtɛ'nizɔ]
Frisur	**το χτένισμα** [tɔ 'xtɛnizma]
Haar	**τα μαλλιά** [ta mal'ja]
Haarschnitt	**το κούρεμα** [tɔ 'kurɛma]
kämmen	**χτενίζω** [xtɛ'nizɔ]
legen	**τυλίγω** [ti'liɣɔ]
Locken	**οι μπούκλες** ***f*** [i 'bukles]
Perücke	**η περούκα** [i pɛ'ruka]
Pony	**αφέλειες** ***f*** [a'fɛliɛs]
Scheitel	**η χωρίστρα** [i xɔ'ristra]

Schnurrbart	**το μουστάκι** [tɔ mu'staki]
Shampoo	**το σαμπουάν** [tɔ sambu'an]
Strähnchen	**οι ανταύγειες** ***f*** [i an'tavjiεs]
Stufenschnitt	**το κούρεμα ντεγκραντέ** [tɔ 'kurεma dεgra'dε]
tönen	**δίνω απόχρωση σε** ['ðinɔ a'pɔxrɔsi]

Haushaltswaren

Abfallbeutel	**η σακούλα απορριμμάτων** [i sa'kula apɔri'matɔn]
Alufolie	**το αλουμινόχαρτο** [tɔ alumi'nɔxartɔ]
Brennspiritus	**το οινόπνευμα** [tɔ i'nɔpnεvma]
Dosenöffner	**το ανοιχτήρι κονσέρβας** [tɔ anix'tiri kɔn'sεrvas]
Flaschenöffner	**το ανοιχτήρι μπουκαλιών** [tɔ anix'tiri bukal'jɔn]
Frischhaltefolie	**το σελοφάν** [tɔ sεlɔ'fan]
Glas	**το ποτήρι** [tɔ pɔ'tiri]
Grill	**η ψησταριά** [i psistar'ja]
Grillkohle	**τα κάρβουνα ψησταριάς** [ta 'karvuna psistar'jas]
Kerze	**το κερί** [tɔ kε'ri]
Korkenzieher	**το ανοιχτήρι** [tɔ ani'xtiri]
Kühlelement	**η παγοκύστη** [i paγɔ'kisti]
Kühltasche	**το φορητό ψυγείο** [tɔ fɔri'tɔ psi'γiɔ]
Papierservietten	**οι χαρτοπετσέτες** [i xartɔpε'tsεtεs]
Petroleum	**το πετρέλαιο** [tɔ pε'trεlεɔ]
Plastikbeutel	**η πλαστική σακούλα** [i plasti'ki sa'kula]
Taschenmesser	**ο σουγιάς** [ɔ su'jas]
Thermosflasche	**το θερμός** [tɔ θεr'mɔs]
Wäscheklammer	**το μανταλάκια** [tɔ manda'laki]
Wäscheleine	**το σκοινί μπουγάδας** [tɔ ski'ni bu'γaðas]

Lebensmittel

Was darf es sein?	**Τι θα θέλατε;** [ti θa 'θεlatε]
Geben Sie mir bitte ...	**Δώστε μου, παρακαλώ ...** ['ðɔstε mu paraka'lɔ]
ein Kilo ...	**ένα κιλό ...** ['εna ki'lɔ]
10 Scheiben ...	**δέκα φέτες ...** ['ðεka 'fεtεs]
ein Stück von ...	**ένα κομμάτι από ...** ['εna kɔ'mati a'pɔ]
ein Packung ...	**ένα πακέτο ...** ['εna pa'kεtɔ]
ein Pfund/100 Gramm ...	**μισό κιλό/εκατό γραμμάρια ...** [mi'sɔ ki'lɔ/εka'tɔ γra'maria]
ein Glas ...	**ένα βαζάκι ...** ['εna va'zaki]
eine Dose ...	**ένα κουτί ...** ['εna ku'ti]

eine Flasche ...	**ένα μπουκάλι ...** ['ɛna bu'kali]
eine Einkaufstüte.	**μια σακούλα.** [mia sa'kula]
Darf es auch etwas mehr sein?	**Πειράζει που είναι λίγο παραπάνω;** [pi'razi pu 'inɛ 'liɣɔ para'panɔ]
Dürfte ich vielleicht etwas hiervon probieren?	**Μπορώ να δοκιμάσω λίγο από αυτό;** [bɔ'rɔ na ðɔki'masɔ 'liɣɔ a'pɔ af'tɔ]
Danke, das ist alles.	**Αυτά, ευχαριστώ.** [af'ta ɛfxari'stɔ]

Obst / Φρούτα

frisch	**φρέσκος** ['frɛskɔs]
gespritzt	**ραντισμένος** [randiz'mɛnɔs]
Ananas	**ο ανανάς** [ɔ ana'nas]
Apfel	**το μήλο** [tɔ 'milɔ]
Apfelsine	**το πορτοκάλι** [tɔ pɔrtɔ'kali]
Aprikose	**το βερίκοκο** [ta vɛ'rikɔkɔ]
Banane	**η μπανάνα** [i ba'nana]
Birne	**το αχλάδι** [tɔ a'xlaði]
Brombeere	**το μαύρο βατόμουρο** [tɔ 'mavrɔ va'tɔmurɔ]
Dattel	**ο χουρμάς** [ɔ xur'mas]
Erdbeere	**η φράουλα** [i 'fraula]
Feige	**το σύκο** [tɔ 'sikɔ]
Honigmelone	**το πεπόνι** [tɔ pɛ'pɔni]
Kirsche *(Süß~)*	**το κεράσι** [tɔ kɛ'rasi]
Kirsche *(Sauer~)*	**το βύσσινο** [tɔ 'visinɔ]
Mandarine	**το μανταρίνι** [tɔ manda'rini]
Maulbeere	**το μούρο** [tɔ 'murɔ]

Obst	**τα φρούτα** [ta 'fruta]
Pampelmuse	**η φράπα** [i 'frapa]
Pfirsich	**το ροδάκινο** [tɔ rɔ'ðakinɔ]
Pflaume	**το δαμάσκηνο** [tɔ ða'maskinɔ]
Wassermelone	**το καρπούζι** [tɔ kar'puzi]
Weintrauben	**τα σταφύλια** [ta sta'filia]
Zitrone	**το λεμόνι** [tɔ lɛ'mɔni]

Gemüse

Λαχανικά

Artischocke	**η αγκινάρα** [i aŋgi'nara]
Auberginen	**η μελιτζάνα** [i mɛli'dzana]
Blumenkohl	**το κουνουπίδι** [tɔ kunu'piði]
Bohnen	**τα φασόλια** [ta fa'sɔlia]
grüne Bohnen	**τα φρέσκα φασολάκια** [ta 'frɛska fasɔ'lakia]
weiße Bohnen	**τα (άσπρα) φασόλια** [ta ('aspra) fa'sɔlia]
Erbsen	**ο αρακάς** [ɔ ara'kas]
	τα μπιζέλια [ta bi'zelia]
Gemüse	**τα λαχανικά** [ta laxani'ka]
Gurke	**το αγγούρι** [tɔ aŋ'guri]
Karotte	**το καρότο** [tɔ ka'rɔtɔ]
Kartoffel	**η πατάτα** [i pa'tata]
Kichererbsen	**τα ρεβίθια** [ta rɛ'viθia]
Knoblauch	**το σκόρδο** [tɔ 'skɔrðɔ]
Kohl	**το λάχανο** [tɔ 'laxanɔ]
Kürbis	**το κολοκύθι** [tɔ kɔlɔ'kiθi]
Lauch	**το πράσο** [tɔ 'prasɔ]
Linsen	**οι φακές** *f* [i fa'kɛs]
Mais	**το καλαμπόκι** [tɔ kalam'bɔki]
Oliven	**οι ελιές** *f* [i ɛl'jɛs]
Paprikaschote	**η πιπεριά** [i pipɛr'ja]
Petersilie	**ο μαϊντανός** [ɔ maida'nɔs]
Salat, grüner *(Römersalat)*	**το μαρούλι** [tɔ ma'ruli]
Sellerie	**το σέλινο** [tɔ 'sɛlinɔ]
Spinat	**το σπανάκι** [tɔ spa'naki]
Tomate	**η ντομάτα** [i dɔ'mata]
Zwiebel	**το κρεμμύδι** [tɔ krɛ'miði]

Backwaren, Süßwaren ...

Είδη αρτοποιίας και ζαχαροπλαστικής

Bonbon	**η καραμέλα** [i kara'mɛla]
Brot	**το ψωμί** [tɔ psɔ'mi]
Schwarzbrot	**το μαύρο ψωμί** [tɔ 'mavrɔ psɔ'mi]
Weißbrot	**το άσπρο ψωμί** [tɔ 'asprɔ psɔ'mi]
Brötchen	**το ψωμάκι** [tɔ psɔ'maki]
Eis *(Speise~)*	**το παγωτό** [tɔ paɣɔ'tɔ]
Gebäck	**τα βουτήματα** [ta vu'timata]

Kekse	**τα μπισκότα** [ta bis'kɔta]
Kuchen	**το κέικ** [tɔ kɛik]
Marmelade	**η μαρμελάδα** [i marmɛ'laða]
Müsli	**το μούσλι** [tɔ 'musli]
Schokolade	**η σοκολάτα** [i sɔkɔ'lata]
Schokoriegel	**η γκοφρέτα (με σοκολάτα)** [i gɔ'frɛta (mɛ sɔkɔ'lata)]
Süßigkeiten	**τα γλυκά** [ta ɣli'ka]
Toast	**το τοστ** [tɔ tɔst]

Eier und Milchprodukte — Γαλακτοκομικά προϊόντα

Butter	**το βούτυρο** [tɔ 'vutirɔ]
Buttermilch	**το ξινόγαλο** [tɔ ksi'nɔɣalɔ]
Ei	**το αβγό** [tɔ a'vɣɔ]
Joghurt	**το γιαούρτι** [tɔ ja'urti]
Käse	**το τυρί** [tɔ ti'ri]
Schafskäse	**η φέτα** [i 'fɛta]
Ziegenkäse	**το κατσικίσιο τυρί** [tɔ katsi'kisiɔ ti'ri]
Milch	**το γάλα** [tɔ 'ɣala]
fettarme Milch	**το άπαχο γάλα** [tɔ 'apaxɔ 'ɣala]
H-Milch	**το ομοιογενοποιημένο γάλα** [tɔ ɔmiɔɣɛnɔpii'mɛnɔ 'ɣala]
Schlagsahne	**η κρέμα σαντιγί** [i 'krɛma santi'ɣi]
saure Sahne	**το σάουρ κρημ** [tɔ 'saur krim]

Fleisch und Wurstwaren — Κρέας και αλλαντικά

Fleisch	**το κρέας** [tɔ 'krɛas]
Hackfleisch	**ο κιμάς** [ɔ ki'mas]
Hähnchen	**το κοτόπουλο** [tɔ kɔ'tɔpulɔ]
Hammelfleisch	**το αρνίσιο κρέας** [tɔ ar'nisiɔ 'krɛas]
Kalbfleisch	**το μοσχαρίσιο κρέας** [tɔ mɔsxa'risiɔ 'krɛas]
Kaninchen	**το κουνέλι** [tɔ ku'nɛli]
Kotelett	**η μπριζόλα** [i bri'zɔla]
Lammfleisch	**το αρνίσιο κρέας** [tɔ ar'nisiɔ 'krɛas]
Leberpastete/Leberwurst	**το πατέ συκωτιού** [tɔ pa'tɛ sikɔ'tju]
Rindfleisch	**το βοδινό κρέας** [tɔ vɔði'nɔ 'krɛas]
Salami	**το σαλάμι** [tɔ sa'lami]
Schinken	**το ζαμπόν** [tɔ zam'bɔn]
gekochter Schinken	**το βραστό ζαμπόν** [tɔ vra'stɔ zam'bɔn]
geräucherter Schinken	**το καπνιστό ζαμπόν** [tɔ kapni'stɔ zam'bɔn]
Schweinefleisch	**το χοιρινό κρέας** [tɔ çiri'nɔ 'krɛas]
Wurst/Würstchen	**το λουκάνικο** [tɔ lu'kanikɔ]

Fisch und Meeresfrüchte

Ψάρι και θαλασσινά

Austern — **τα στρείδια** [ta 'striðia]
Barsch — **η πέρκα** [i 'pɛrka]
Fisch — **το ψάρι** [tɔ 'psari]
Garnelen — **οι γαρίδες** [i ɣa'riðɛs]
Gründlinge — **οι γόπες** *f* [i 'ɣɔpɛs]
Hering — **η ρέγγα** [i 'rɛŋga]
Hummer — **ο αστακός** [ɔ asta'kɔs]
Krabben — **τα καβούρια** [ta ka'vuria]
Makrele — **ο κολιός** [ɔ kɔ'ljɔs]
Meerbarben — **τα μπαρμπούνια** [ta bar'bunia]
Miesmuscheln, Muscheln — **τα μύδια** [ta 'miðia]
Schwertfisch — **ο ξιφίας** [ɔ ksi'fias]
Seeigel, die — **οι αχινοί** [i açi'ni]
Seezunge — **η γλώσσα** [i 'ɣlɔsa]
Stockfisch — **ο μπακαλιάρος** [ɔ bakal'jarɔs]
Thunfisch — **ο τόνος** [ɔ 'tɔnɔs]
Tintenfisch (Kalmare) — **τα καλαμάρια** [ta kala'maria]
Tintenfisch (Oktopus) — **το χταπόδι** [tɔ xta'pɔði]
Tintenfisch (Sepien) — **ο σουπιές** [ɔ su'pjɛs]

Gewürze

Καρυκεύματα

Basilikum — **ο βασιλικός** [ɔ vasili'kɔs]
Kräuter — **τα βότανα** [ta 'vɔtana]
Kümmel — **το κύμινο** [tɔ 'kiminɔ]
Lorbeer — **η δάφνη** [i 'ðafni]
Muskatnuss — **το μοσχοκάρυδο** [tɔ mɔsxɔ'kariðɔ]
Nelken — **τα γαρύφαλα** [ta ɣa'rifala]
Oregano — **η ρίγανη** [i 'riɣani]
Paprika — **η πάπρικα** [i 'paprika]
Pfeffer — **το πιπέρι** [tɔ pi'pɛri]
Petersilie — **ο μαϊντανός** [ɔ maida'nɔs]
Safran — **η ζαφορά** [i zafɔ'ra]
Thymian — **το θυμάρι** [tɔ θi'mari]
Zimt — **η κανέλα** [i ka'nɛla]

Dies und Das

Διάφορα

Essig — **το ξίδι** [tɔ 'ksiði]
Haselnüsse — **τα φουντούκια** [ta fun'dukia]
Honig — **το μέλι** [tɔ 'mɛli]
Kakao — **το κακάο** [tɔ ka'kaɔ]
Konserve — **η κονσέρβα** [i kɔn'sɛrva]
Mandeln — **τα αμύγδαλα** [ta a'miɣðala]
Margarine — **η μαργαρίνη** [i marɣa'rini]
Majonäse — **η μαγιονέζα** [i majɔ'nɛza]
Mehl — **το αλεύρι** [tɔ a'lɛvri]

Nudeln	τα μακαρόνια [ta maka'rɔnia]
Spaghetti	τα σπαγκέτι [ta spa'gɛti]
Öl	το λάδι [tɔ 'laði]
Olivenöl	το ελαιόλαδο [tɔ ɛlɛ'ɔlaðɔ]
Pistazien	τα φυστίκια [ta fi'stikia]
Reis	το ρύζι [tɔ 'rizi]
Salz	το αλάτι [tɔ a'lati]
Senf	η μουστάρδα [i mu'starða]
Suppe	η σούπα [i 'supa]
Walnüsse	τα καρύδια [ta ka'riðia]
Zucker	η ζάχαρη [i 'zaxari]

Getränke   Ποτά

Bier	η μπύρα [i 'bira]
alkoholfreies Bier	η μπύρα χωρίς αλκοόλ [i 'bira xɔ'ris alkɔ'ɔl]
Champagner	η σαμπάνια [i sam'banja]
Kaffee	ο καφές [ɔ ka'fɛs]
Limonade	το αναψυκτικό [tɔ anapsikti'kɔ]
Mineralwasser	το μεταλλικό νερό [tɔ mɛtali'kɔ nɛ'rɔ]
Orangensaft	ο χυμός πορτοκαλιού [ɔ çi'mɔs pɔrtɔkal'ju]
Tee	το τσάι [tɔ 'tsai]
Teebeutel	το φακελάκι τσάι [tɔ fakɛ'laki tsai]
Wein	το κρασί [tɔ kra'si]
Retsina	η ρετσίνα [i rɛ'tsina]
Rosé(wein)	το ροζέ [tɔ rɔ'zɛ]
Rotwein	το κόκκινο κρασί [tɔ 'kɔkinɔ kra'si]
Weißwein	το άσπρο κρασί [tɔ 'asprɔ kra'si]

Mode ➤ auch Farben, S. 22

Kleidung

Können Sie mir ... zeigen?	**Μπορείτε να μου δείξετε ...;** [bɔ'ritɛ na mu 'ðiksɛtɛ ...]
Kann ich es anprobieren?	**Μπορώ να το δοκιμάσω;** [bɔ'rɔ na tɔ ðɔki'masɔ]
Welche Größe haben Sie?	**Ποιο μέγεθος έχετε;** ['piɔ 'mɛjɛθɔs 'ɛçɛtɛ]
Das ist mir zu ...	**Αυτό μου είναι πολύ ...** [a'ftɔ mu 'inɛ pɔ'li]
eng/weit.	**στενό/φαρδύ.** [stɛ'nɔ/far'ði]
kurz/lang.	**κοντό/μακρύ.** [kɔn'dɔ/ma'kri]

klein/groß.	**μικρό/μεγάλο.** [mi'krɔ/mɛ'ɣalɔ]
Das passt gut. Das nehme ich.	**Αυτό μου έρχεται καλά. Θα το πάρω.** [a'ftɔ mu 'ɛrçɛtɛ ka'la. θa tɔ 'parɔ]
Das ist nicht ganz, was ich möchte.	**Δεν είναι ακριβώς αυτό που θέλω.** [ðɛn 'inɛ akri'vɔs af'tɔ pu 'θɛlɔ]
Anorak	**το άνορακ** [tɔ 'anɔrak]
Anzug	**το κουστούμι** [tɔ ku'stumi]
Ärmel	**το μανίκι** [tɔ ma'niki]
Badeanzug	**το ολόσωμο μαγιό** [tɔ ɔ'lɔsɔmɔ ma'jɔ]
Badehose	**το μαγιό** [tɔ ma'jɔ]
Badekappe	**το σκουφάκι για μπάνιο** [tɔ sku'faki ja 'baniɔ]
Bademantel	**το μπουρνούζι** [tɔ bur'nuzi]
Baumwolle	**το βαμβάκι** [tɔ vam'vaki]
Bikini	**το μπικίνι** [tɔ bi'kini]
Blazer	**το μπλέιζερ** [tɔ 'blɛizɛr]
Bluse	**η μπλούζα** [i 'bluza]
Body	**το κορμάκι** [tɔ kɔr'maki]
Büstenhalter	**το σουτιέν** [tɔ su'tjɛn]
Hemd	**το πουκάμισο** [tɔ pu'kamisɔ]
Hose	**το παντελόνι** [tɔ pandɛ'lɔni]
Hut	**το καπέλο** [tɔ ka'pɛlɔ]
Jacke	**το σακάκι** [tɔ sa'kaki] **το μπουφάν** [tɔ bu'fan]
Jeans	**το τζιν** [tɔ dzin]
Jogginganzug	**η φόρμα τζόγκινγκ** [i 'fɔrma 'dzɔgiŋg]
Jogginghose	**το παντελόνι τζόγκινγκ** [tɔ pandɛ'lɔni 'dzɔgiŋg]
Kleid	**το φόρεμα** [tɔ 'fɔrɛma] **το φουστάνι** [tɔ fu'stani]
Kostüm	**το ταγιέρ** [tɔ ta'jɛr]
Krawatte	**η γραβάτα** [i ɣra'vata]
Leinen	**το λινό** [tɔ li'nɔ]
Mantel	**το παλτό** [tɔ pal'tɔ]
Mütze	**το σκουφί** [tɔ sku'fi]
Pullover	**το πουλόβερ** [tɔ pu'lɔvɛr]
Regenmantel	**το αδιάβροχο** [tɔ a'ðjavrɔxɔ]
Rock	**η φούστα** [i 'fusta]
Schal	**το κασκόλ** [tɔ kas'kɔl]
Schirm	**η ομπρέλα** [i ɔm'brɛla]
Seide	**το μετάξι** [tɔ mɛ'taksi]
Shorts	**το σορτς** [tɔ sɔrts]
Slip	**το σλιπ** [tɔ slip]
Socken	**οι κάλτσες** *f* [i 'kaltses]
Strickjacke	**η (πλεκτή) ζακέτα** [i (plɛk'ti) za'kɛta]
Strümpfe	**οι κάλτσες** [i 'kaltsɛs]

Strumpfhose	**το καλτσόν** [tɔ kal'tsɔn]
T-Shirt	**το μακό μπλουζάκι** [tɔ ma'kɔ blu'zaki]
Unterhemd	**η φανέλα** [i fanɛ'la]
Unterhose	**το σώβρακο** [tɔ 'sɔvrakɔ]
Unterwäsche	**τα εσώρουχα** [ta ɛ'sɔruxa]
Weste	**το γιλέκο** [tɔ ji'lɛkɔ]
Wolle	**το μαλλί** [tɔ ma'li]

Reinigung

Ich möchte diese Sachen reinigen/waschen lassen.	**Θέλω να παραδώσω αυτά για καθάρισμα/πλύσιμο.** ['θɛlɔ na para'ðɔsɔ af'ta ja ka'θarizma/'plisimɔ]
Wann sind sie fertig?	**Πότε θά είναι έτοιμα;** ['pɔtɛ θa 'inɛ 'ɛtima]
bügeln	**σιδερώνω** [siðɛ'rɔnɔ]
chemische Reinigung *(Verfahren)*	**το στεγνό καθάρισμα** [tɔ stɛ'ɣnɔ ka'θarizma]

Optiker

Würden Sie mir bitte diese Brille/das Gestell reparieren?	**Θα μπορούσατε να μου επισκευάσετε τα γυαλιά αυτά/το σκελετό;** [θa bɔ'rusatɛ na mu ɛpiskɛ'vasɛtɛ ta jal'ja a'fta/tɔ skɛlɛ'tɔ]
Ich bin kurzsichtig/weitsichtig.	**Έχω μυωπία/πρεσβυωπία.** ['ɛxɔ miɔ'pia/prɛzviɔ'pia]
Wie ist Ihre Sehstärke?	**Πώς είναι ο βαθμός της όρασής σας;** [pɔs 'inɛ ɔ vaθ'mɔs tis 'ɔra'sis sas]
rechts ..., links …	**δεξιά ..., αριστερά ...** [ðɛ'ksja ..., aristɛ'ra ...]
Wann kann ich die Brille abholen?	**Πότε μπορώ να πάρω τα γυαλιά;** ['pɔtɛ bɔ'rɔ na 'parɔ ta jal'ja]
Ich brauche ...	**Χρειάζομαι ...** [xri'azɔmɛ]
Aufbewahrungslösung	**το υγρό διατήρησης** [tɔ i'ɣrɔ ðia'tirisis]
Reinigungslösung	**το υγρό καθαρισμού** [tɔ i'ɣrɔ kaθa'rismu]
für harte/weiche Kontaktlinsen.	**για σκληρούς/μαλακούς φακούς επαφής.** [ja skli'rus/mala'kus fa'kus ɛpa'fis]

Ich suche ...	**Ψάχνω ...** ['psaxnɔ]
eine Sonnenbrille.	**γυαλιά ηλίου.** [jal'ja i'liu]
ein Fernglas.	**κιάλια.** ['kjalia]

Schallplatten und CDs

➢ auch Elektroartikel, S. 118, und Konzert, S. 109

Haben Sie CDs / Kassetten von ...?	**'Εχετε CD / κασέτες από ...;** ['εçεtε si di/ka'sεtεs a'pɔ]
Ich hätte gern eine CD mit typisch griechischer Musik.	**Θα ήθελα ένα CD με τυπική ελληνική μουσική.** [θa 'iθεla mia si di mε tipi'ki εlini'ki musi'ki]
Kann ich hier mal kurz reinhören?	**Μπορώ να το ακούσω λιγάκι;** [bɔ'rɔ na tɔ a'kusɔ li'ɣaki]

CD	**το CD** [tɔ si di]
CD-Spieler	**το CD (πλέιερ)** [tɔ si di ('plεiεr)]
tragbarer CD-Spieler	**το φορητό CD (πλέιερ)** [tɔ fɔri'tɔ si di ('plεiεr)]
Kassette	**η κασέτα** [ι ka'sεta]
Kassettenrekorder	**το κασετόφωνο** [tɔ kasε'tɔfɔnɔ]
Kopfhörer, die	**τα ακουστικά** [ta akusti'ka]
Lautsprecher	**το ηχείο** [tɔ i'çiɔ]
Schallplatte	**ο δίσκος** [ɔ 'ðiskɔs]
Walkman®	**το γουόκμαν** [tɔ ɣu'ɔkman]

Schuhe und Lederwaren

Ich möchte ein Paar Wanderschuhe	**Θέλω ένα ζευγάρι παπούτσια για περίπατο.** ['θεlɔ 'εna zε'vɣari pa'putsia jia pε'ripatɔ]
Ich möchte ein Paar Sport-/Herren-/Kinderschuhe	**Θέλω ένα ζευγάρι αθλητικά/ανδρικά/παιδικά παπούτσια.** ['θεlɔ 'εna zε'vɣari aθliti'ka/anðri'ka/pεði'ka pa'putsia]
Ich habe Schuhgröße ...	**Έχω μέγεθος υποδημάτων ...** ['εxɔ 'mεjεθɔs ipɔði'matɔn]
Sie drücken mich.	**Με πιέζουν.** [mε 'pjεzun]
Sie sind zu weit.	**Είναι πολύ φαρδιά.** ['inε pɔ'li far'ðja]

Badeschuhe	**οι παντόφλες για το μπάνιο** [i pan'dɔflɛs ja tɔ 'baniɔ]
Gummistiefel	**οι γαλότσες** *f* [i ɣa'lɔtsɛs]
Gürtel	**η ζώνη** [i 'zɔni]
Handtasche	**η τσάντα** [i 'tsanda]
Koffer	**η βαλίτσα** [i va'litsa]
Lederjacke	**το δερμάτινο σακάκι/μπουφάν** [tɔ ðɛr'matinɔ sa'kaki/bu'fan]
Ledermantel	**το δερμάτινο παλτό** [tɔ ðɛr'matinɔ pal'tɔ]
Reisetasche	**το σακβουαγιάζ** [tɔ sakvua'jaz]
Rucksack	**το σακίδιο πλάτης** [tɔ sa'kiðiɔ 'platis]
Sandalen	**τα σανδάλια** [ta san'ðalia]
Schnürsenkel, die	**τα κορδόνια** [ta kɔr'ðɔnia]
Schuh	**το παπούτσι** [tɔ pa'putsi]
Schuhbürste	**η βούρτσα παπουτσιών** [i 'vurtsa papu'tsjɔn]
Schuhcreme	**το βερνίκι παπουτσιών** [tɔ vɛr'niki papu'tsjɔn]
Sohle	**η σόλα** [i 'sɔla]
Stiefel	**η μπότα** [i 'bɔta]
Tasche	**η τσάντα** [i 'tsanda]
Turnschuhe	**τα παπούτσια γυμναστικής** [ta pa'putsia ɣimnasti'kis]
Umhängetasche	**η τσάντα ώμου** ['tsanda 'ɔmu]

Souvenirs

Ich möchte …	**Θα ήθελα …** [θa 'iθɛla]
ein hübsches Andenken/ Geschenk.	**ένα ωραίο ενθύμιο/δώρο.** ['ɛna ɔ'rɛɔ ɛn'θimiɔ/'ðɔrɔ]
etwas Typisches aus dieser Gegend.	**ένα χαρακτηριστικό προϊόν αυτής της περιοχής.** ['ɛna xaraktiristi'kɔ prɔ'jɔn af'tis tis pɛriɔ'çis]
Wie viel wollen Sie ausgeben?	**Πόσα θέλετε να διαθέσετε;** ['pɔsa 'θɛlɛtɛ na ðia'θɛsɛtɛ]
Ich möchte etwas nicht zu Teures.	**Θέλω κάτι όχι πολύ ακριβό.** ['θɛlɔ 'kati 'ɔçi pɔ'li akri'vɔ]
Das ist aber hübsch!	**Τι χαριτωμένο που είναι αυτό!** [ti xaritɔ'mɛnɔ pu 'inɛ af'tɔ]
Danke schön, aber ich habe nichts Passendes gefunden.	**Ευχαριστώ πολύ, αλλά δε βρήκα τίποτα από αυτά που ήθελα.** [ɛfxari'stɔ pɔ'li a'la ðɛ 'vrika 'tipɔta apɔ af'ta pu 'iθɛla]

echt	**γνήσιος** ['ɣnisiɔs]
Folkloreladen	**το κατάστημα με παραδοσιακά είδη** [tɔ ka'tastima mɛ paraðɔsia'ka 'iði]
handgemacht	**χειροποίητος** [çirɔ'piitɔs]
Keramik	**η κεραμική** [i kɛrami'ki]
Mitbringsel	**το ενθύμιο** [tɔ ɛn'θimiɔ]
regionale Produkte	**τα ντόπια προϊόντα** [ta 'dɔpia prɔ'jɔnda]
Schmuck	**τα κοσμήματα** [ta kɔz'mimata]
Schnitzerei *(Gegenstand)*	**το ξυλόγλυπτο** [tɔ ksi'lɔɣliptɔ]
Töpferwaren	**τα κεραμικά** [ta kɛrami'ka]

Tabakwaren

Ein Päckchen/Eine Stange ... mit/ohne Filter, bitte.	**Ένα πακέτο/μια κούτα τσιγάρα ... με/χωρίς φίλτρο.** ['ɛna pa'kɛtɔ/mia 'kuta tsi'ɣara ... mɛ/xɔ'ris 'filtrɔ]
Zehn Zigarren/Zigarillos, bitte.	**Δέκα πούρα/πουράκια, παρακαλώ.** ['ðɛka 'pura/pu'rakia paraka'lɔ]
Ein Päckchen/Eine Dose Zigaretten-/Pfeifentabak, bitte.	**Ένα πακέτο/Ένα κουτί καπνό για τσιγάρα/για πίπα, παρακαλώ.** ['ɛna pa'kɛtɔ/'ɛna ku'ti kap'nɔ ja tsi'ɣara/ja 'pipa paraka'lɔ]
Eine Schachtel Streichhölzer/Ein Feuerzeug, bitte.	**Ένα κουτί σπίρτα/Έναν αναπτήρα, παρακαλώ.** ['ɛna ku'ti 'spirta/'ɛnan anap'tira, paraka'lɔ]

Zigarette	**το τσιγάρο** [tɔ tsi'ɣarɔ]
Zigarillo	**το πουράκι** [tɔ pu'raki]
Zigarre	**το πούρο** [tɔ 'purɔ]

Uhren und Schmuck

Anhänger	**το πανταντίφ** [tɔ panda'dif]
Armband	**το βραχιόλι** [tɔ vra'çjɔli]
Armbanduhr	**το ρολόι χεριού** [tɔ rɔ'lɔi çɛr'ju]
Brosche	**η καρφίτσα** [i kar'fitsa]
Gold	**το χρυσό** [tɔ xri'sɔ]
Kette	**η αλυσίδα** [i ali'siða]
Kristall	**το κρύσταλλο** [tɔ 'kristalɔ]
Modeschmuck	**το φο-μπιζού** [tɔ fɔ bi'zu]
Ohrringe	**τα σκουλαρίκια** [ta skula'rikia]
Perle	**το μαργαριτάρι** [tɔ marɣari'tari]
Ring	**το δαχτυλίδι** [tɔ ðaxti'liði]
Schmuck	**τα κοσμήματα** [ta kɔz'mimata]
Silber	**το ασήμι** [tɔ a'simi]

Gesundheit

Auf Nummer sicher gehen
Besondere Impfungen sind für Griechenland nicht erforderlich. Es genügt ein Tetanusschutz. Normalerweise werden kleinere Behandlungen einschließlich der Medikamente vom Patienten bezahlt und ihm im Heimatland von seiner Versicherung rückerstattet.
Eine kleine Reiseapotheke ist nie verkehrt, doch sind viele Medikamente in Griechenland weitaus billiger als in den deutschsprachigen Ländern. In Ihrer Apotheke sollten Sie folgendes nicht vergessen: Sonnenschutz, Lippenschutz, ein Medikament gegen Herpes, Mückenschutz, Schmerzmittel, Magen-Darm-Mittel. Leitungswasser ist nicht immer Trinkwasser – Fragen Sie vorher!
Auf einigen kleinen Inseln oder in abgelegenen Gegenden gibt es entweder keine Ärzte oder allenfalls Praktikanten, die wenig Erfahrung sammeln konnten, ganz auf sich allein gestellt sind und nur über eine bescheidene Ausrüstung verfügen. Zahnärzte gibt es dort schon gar nicht. Schiffe fahren bei Sturm manchmal tagelang nicht, und *Rettungshubschrauber fliegen in Griechenland niemals nachts.* Im Zweifelsfall sollten Sie deshalb schwer zugängliche Gegenden und Inseln besser meiden.

In der Apotheke

Wo ist die nächste Apotheke (mit Nachtdienst)?	**Πού είναι το επόμενο φαρμακείο (που διανυκτερεύει);** [pu 'inɛ tɔ ɛ'pɔmɛnɔ farma'kiɔ (pu ðianiktɛ'rɛvi)]
Geben Sie mir bitte etwas gegen Kopfschmerzen.	**Δώστε μου, παρακαλώ, κάτι για το πονοκέφαλο.** ['ðɔstɛ mu paraka'lɔ 'kati ja tɔ pɔnɔ'kɛfalɔ]
Dieses Mittel ist verschreibungspflichtig.	**Αυτό το φάρμακο χορηγείται μόνο με συνταγή γιατρού.** [af'tɔ tɔ 'farmakɔ xɔri'jitɛ 'mɔnɔ mɛ sinta'ji ja'tru]

➢ **auch Arztbesuch, S. 133**

Abführmittel	**το καθαρτικό** [tɔ kaθarti'kɔ]
Antibabypille	**το αντισυλληπτικό χάπι** [tɔ andisilipti'kɔ 'xapi]
Antibiotikum	**το αντιβιοτικό** [tɔ andiviɔti'kɔ]
Aspirin	**η ασπιρίνη** [i aspi'rini]
Augentropfen	**οι σταγόνες για τα ματιά** [i sta'ɣɔnɛs ja ta 'matia]
Beruhigungsmittel	**το ηρεμιστικό** [tɔ irɛmisti'kɔ]

Brandsalbe	**η αλοιφή εγκαύματος** [i ali'fi εŋ'gavmatɔs]
Desinfektionsmittel	**το απολυμαντικό** [tɔ apɔlimandi'kɔ]
Elastikbinde	**ο ελαστικός επίδεσμος** [ɔ εlasti'kɔs ε'piðεzmɔs]
Fieberthermometer	**το θερμόμετρο** [tɔ θεr'mɔmεtrɔ]
Halstabletten	**τα χάπια για το λαιμό** [ta 'xapia ja tɔ lε'mɔ]
Hustensaft	**το σιρόπι για το βήχα** [tɔ si'rɔpi ja tɔ 'vixa]
Insektenmittel	**το εντομοκτόνο** [tɔ εndɔmɔ'ktɔnɔ]
Insulin	**η ινσουλίνη** [i insu'lini]
Jod(tinktur)	**το βάμμα ιωδίου** [tɔ 'vama iɔ'ðiu]
Kamillentee	**το τσάι χαμομήλι** [tɔ tsai xamɔ'mili]
Kondom	**το προφυλακτικό** [tɔ prɔfilakti'kɔ]
Kopfschmerztabletten	**τα χάπια κατά του πονοκεφάλου** [ta 'xapia ka'ta tu pɔnɔkε'falu]
Magentropfen	**οι σταγόνες για το στομάχι** [i sta'ɣɔnεs ja tɔ stɔ'maçi]
Medikament	**το φάρμακο** [tɔ 'farmakɔ]
Mullbinde	**η γάζα** [i 'ɣaza]
Pflaster	**το χάνζαπλαστ** [tɔ 'xanzaplast]
Puder	**η πούδρα** [i 'puðra]
Rezept	**η συνταγή** [i sinda'ji]
Salbe	**η αλοιφή** [i ali'fi]
Schlaftabletten	**τα υπνωτικά χάπια** [ta ipnɔti'ka 'xapia]
Schmerztabletten	**τα παυσίπονα** [ta paf'sipɔna]
Sonnenbrand	**το ηλιακό έγκαυμα** [tɔ ilia'kɔ 'εŋgavma]
Tablette	**το χάπι** [tɔ 'xapi] **το δισκίο** [tɔ ðis'kiɔ]
Traubenzucker	**η γλυκόζη** [i ɣli'kɔzi]
Tropfen	**οι σταγόνες** ***f*** [i sta'ɣɔnεs]
Watte	**το βαμβάκι** [tɔ vam'vaki]
Zäpfchen	**το υπόθετο** [tɔ i'pɔθεtɔ]

Arztbesuch

➢ auch Reisen mit Kindern, S. 58

Können Sie mir einen guten ... empfehlen?	**Μπορείτε να μου συστήσετε έναν καλό ...;** [bɔ'ritε na mu si'stisεtε 'εnaŋ ga'lɔ]
Arzt	**γιατρό** [ja'trɔ]
Frauenarzt	**γυναικολόγο** [jinεkɔ'lɔɣɔ]
Hals-Nasen-Ohren-Arzt	**ωτορινολαρυγγολόγο** [ɔtɔrinɔlariŋgɔ'lɔɣɔ]
Hautarzt	**δερματολόγο** [ðεrmatɔ'lɔɣɔ]

Kinderarzt	**παιδίατρο** [pɛˈðiatrɔ]
Urologen	**ουρολόγο** [urɔˈlɔɣɔ]
Zahnarzt	**οδοντίατρο** [ɔðɔnˈdiatrɔ]
Wo ist seine Praxis?	**Πού είναι το ιατρείο του;**
	[ˈpu ˈinɛ tɔ jaˈtriɔ tu]

Φύλλο οδηγιών για τον χρήστη	Beipackzettel
Σύσταση	Zusammensetzung
Θεραπευτικές ενδείξεις	Anwendungsgebiete
Αντενδείξεις	Gegenanzeigen
Παρενέργειες	Nebenwirkungen
Ανεπιθύμητες ενέργειες	
Αλληλεπιδράσεις	Wechselwirkungen
Δοσολογία	Dosierung
Τρόπος χορήγησης	Verabreichung
να λαμβάνονται ... μια φορά /	1 x / 3 x täglich ... einnehmen
τρεις φορές την ημέρα	
να χάπι/δισκίο	Tablette
είκοσι σταγόνες	1 Tropfen
μια κουταλιά	1 Löffel
πριν από το φαγητό	vor dem Essen
μεταξύ των γευμάτων	zwischen den Mahlzeiten
μετά το φαγητό	nach dem Essen
με άδειο στομάχι/νηστικός	auf nüchternen Magen
να λαμβάνονται αμάσητα	unzerkaut mit etwas Flüssigkeit
με λίγο υγρό	einnehmen
να διαλύονται σε λίγο νερό	in etwas Wasser auflösen
να αφήνονται να διαλύονται	im Mund zergehen lassen
μέσα στο στόμα	
επάλειψη με μικρή ποσότητα	dünn auf die Haut auftragen
	und einreiben
τα βρέφη	Säuglinge
τα μικρά παιδιά (μέχρι ... χρονών)	Kleinkinder (bis zu ... Jahren)
τα παιδιά του δημοτικού	Schulkinder
οι νέοι	Jugendliche
οι ενήλικοι	Erwachsene

Beschwerden

Was für Beschwerden haben Sie?	**Τι προβλήματα έχετε;** [ti prɔ'vlimata 'ɛçɛtɛ]
Ich habe Fieber.	**Έχω πυρετό.** ['ɛxɔ pirɛ'tɔ]
Mir ist oft schlecht/schwindelig.	**Αισθάνομαι συχνά άσχημα/ζαλισμένος.** [ɛ'sθanɔmɛ si'xna 'asçima/zaliz'mɛnɔs]
Ich bin ohnmächtig geworden.	**Λιποθύμησα.** [lipɔ'θimisa]
Ich bin stark erkältet.	**Είμαι βαριά κρυολογημένος.** ['imɛ var'ja kriɔlɔji'mɛnɔs]
Ich habe Kopfschmerzen/Halsschmerzen.	**Έχω πονοκέφαλο/πονόλαιμο** ['ɛxɔ pɔnɔ'kɛfalɔ/pɔ'nɔlɛmɔ]
Ich habe Husten.	**Έχω βήχα.** ['ɛxɔ 'vixa]
Ich bin gestochen/gebissen worden.	**Κάτι με τσίμπησε.** ['kati mɛ 'tsimbisɛ]
Ich habe mir den Magen verdorben.	**Χάλασα το στομάχι μου.** ['xalasa tɔ stɔ'maçi mu]
Ich habe Durchfall/Verstopfung.	**Έχω διάρροια/δυσκοιλιότητα.** ['ɛxɔ 'ðjaria/ðiskil'jɔtita]
Ich vertrage das Essen/die Hitze nicht.	**Δεν αντέχω το φαγητό/τη ζέστη.** [ðɛn an'dɛxɔ tɔ faji'tɔ/ti 'zɛsti]
Ich habe mich verletzt.	**Τραυματίστηκα.** [travma'tistika]
Ich bin gestürzt.	**Έπεσα.** ['ɛpɛsa]
Können Sie mir bitte etwas gegen ... geben/verschreiben?	**Μπορείτε να μου δώσετε/γράψετε κάτι για ...;** [bɔ'ritɛ na mu 'ðɔsɛtɛ/'ɣrapsɛtɛ 'kati ja ...]
Normalerweise nehme ich ...	**Κανονικά παίρνω ...** [kanɔni'ka 'pɛrnɔ]
Ich habe einen hohen/niedrigen Blutdruck.	**Έχω υψηλή/χαμηλή αρτηριακή πίεση.** ['ɛxɔ ipsi'li/xami'li artiria'ki 'piɛsi]
Ich bin Diabetiker.	**Είμαι διαβητικός.** ['imɛ ðiaviti'kɔs]
Ich bin schwanger.	**Είμαι έγκυος.** ['imɛ 'ɛŋgios]
Ich hatte vor kurzem ...	**Πρόσφατα είχα ...** ['prɔsfata 'ixa]

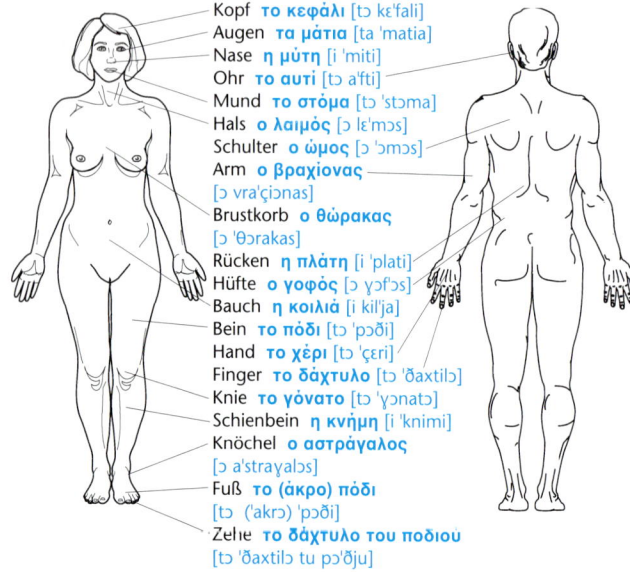

Kopf **το κεφάλι** [tɔ kɛˈfali]
Augen **τα μάτια** [ta ˈmatia]
Nase **η μύτη** [i ˈmiti]
Ohr **το αυτί** [tɔ aˈfti]
Mund **το στόμα** [tɔ ˈstɔma]
Hals **ο λαιμός** [ɔ lɛˈmɔs]
Schulter **ο ώμος** [ɔ ˈɔmɔs]
Arm **ο βραχίονας** [ɔ vraˈçiɔnas]
Brustkorb **ο θώρακας** [ɔ ˈθɔrakas]
Rücken **η πλάτη** [i ˈplati]
Hüfte **ο γοφός** [ɔ ɣɔfˈɔs]
Bauch **η κοιλιά** [i kilˈja]
Bein **το πόδι** [tɔ ˈpɔði]
Hand **το χέρι** [tɔ ˈçɛri]
Finger **το δάχτυλο** [tɔ ˈðaxtilɔ]
Knie **το γόνατο** [tɔ ˈɣɔnatɔ]
Schienbein **η κνήμη** [i ˈknimi]
Knöchel **ο αστράγαλος** [ɔ aˈstraɣalɔs]
Fuß **το (άκρο) πόδι** [tɔ (ˈakrɔ) ˈpɔði]
Zehe **το δάχτυλο του ποδιού** [tɔ ˈðaxtilɔ tu pɔˈðju]

Untersuchung

Wo tut es weh?	**Πού πονάτε;** [ˈpu pɔˈnatɛ]
Ich habe hier Schmerzen.	**Εδώ έχω πόνους.** [ɛˈðɔ ˈɛxɔ ˈpɔnus]
Bitte, machen Sie sich frei.	**Γδυθείτε, παρακαλώ.** [ɣðiˈθitɛ parakaˈlɔ]
Bitte tief einatmen. Atem anhalten.	**Πάρτε βαθιά αναπνοή. Κρατήστε την αναπνοή, παρακαλώ.** [ˈpartɛ vaˈθja anapnɔˈi kraˈtistɛ tin anapnɔˈi parakaˈlɔ]
Sie müssen geröntgt werden.	**Πρέπει να βγάλετε μια ακτινογραφία.** [ˈprɛpi na ˈvɣalɛtɛ mia aktinɔɣraˈfia]
Wir müssen eine Blut-/Urinprobe machen.	**Πρέπει να κάνετε μια εξέταση αίματος/ούρων.** [ˈprɛpi na ˈkanɛtɛ mia ɛˈksɛtasi ˈɛmatɔs/ˈurɔn]
Sie müssen operiert werden.	**Πρέπει να κάνετε μια εγχείρηση.** [ˈprɛpi na ˈkanɛtɛ mia ɛŋgˈçirisi]

Sie brauchen ein paar Tage Bettruhe.	**Πρέπει να μείνετε μερικές μέρες στο κρεβάτι.** ['prɛpi na 'minɛtɛ mɛri'kɛs 'mɛrɛs stɔ krɛ'vati]
Es ist nichts Ernstes.	**Δεν είναι τίποτε το σοβαρό.** [ðɛn 'inɛ 'tipɔtɛ tɔ sɔva'rɔ]
Ich bin gegen ... geimpft.	**Έχω κάνει εμβόλιο για ...** ['ɛxɔ 'kani ɛm'vɔliɔ ja]

Im Krankenhaus

Wie lange muss ich hier bleiben?	**Πόσο καιρό πρέπει να μείνω εδώ;** ['pɔsɔ kɛ'rɔ 'prɛpi na 'minɔ ɛ'ðɔ]
Ich kann nicht einschlafen. Geben Sie mir bitte eine Schlaftablette.	**Δεν μπορώ να κοιμηθώ. Δώστε μου παρακαλώ ένα υπνωτικό.** [ðɛn bɔ'rɔ na kimi'θɔ 'ðɔstɛ mu paraka'lɔ 'ɛna ipnɔti'kɔ]
Wann darf ich aufstehen?	**Πότε επιτρέπεται να σηκωθώ;** ['pɔtɛ ɛpi'trɛpɛtɛ na sikɔ'θɔ]

Abszess	**το απόστημα** [tɔ a'pɔstima]
Allergie	**η αλλεργία** [i alɛr'jia]
allergisch sein gegen ...	**είμαι αλλεργικός ...** [imɛ alɛrji'kɔs sɛ]
Angina	**η κυνάγχη** [i ki'naŋçi]
ansteckend	**μεταδοτικός** [mɛtaðɔti'kɔs]
Appetitlosigkeit	**η ανορεξία** [i anɔrɛ'ksia]
Asthma	**το άσθμα** [tɔ 'asθma]
Atembeschwerden	**η δύσπνοια** [i 'ðispnia]
Ausschlag	**το εξάνθημα** [tɔ ɛ'ksanθima]
Blähungen	**τα φουσκώματα** [ta fu'skɔmata]
Blinddarmentzündung	**η σκωληκοειδίτιδα** [i skɔlikɔi'ðitiða]
Blutung	**η αιμορραγία** [i ɛmɔrajia]
Blutvergiftung	**η σηψαιμία** [i sipsɛ'mia]
Brechreiz	**η τάση για εμετό** [i 'tasi ja ɛmɛ'tɔ]
Bronchitis	**η βρογχίτιδα** [i vrɔŋ'çitiða]
Diabetes	**ο διαβήτης** [ɔ ðia'vitis]
Durchfall	**η διάρροια** [i 'ðjaria]
Entzündung	**η φλεγμονή** [i flɛɣmɔ'ni]
Erkältung	**το κρυολόγημα** [tɔ kriɔ'lɔjima]
Fehlgeburt	**η αποβολή** [i apɔvɔ'li]
Fieber	**ο πυρετός** [ɔ pirɛ'tɔs]
gebrochen	**σπασμένος** [spaz'mɛnɔs]

Gehirnerschütterung	**η εγκεφαλική διάσειση** [i ɛŋgɛfali'ki 'ðjasisi]
Gehirnschlag	**το εγκεφαλικό** [tɔ ɛŋgɛfali'kɔ]
Gelbsucht	**ο ίκτερος** [ɔ 'iktɛrɔs]
Geschlechtskrankheit	**το αφροδίσιο νόσημα** [tɔ afrɔ'ðisiɔ 'nɔsima]
geschwollen	**πρησμένος** [priz'mɛnɔs]
Geschwulst *(Schwellung)*	**το εξόγκωμα** [tɔ ɛ'ksɔŋgɔma]
Geschwulst *(Tumor)*	**ο όγκος** [ɔ 'ɔŋgɔs]
Geschwür	**το έλκος** [tɔ 'ɛlkɔs]
Grippe	**η γρίπη** [i 'ɣripi]
Halsschmerzen	**ο πονόλαιμος** [ɔ pɔn'ɔlɛmɔs]
Hämorriden	**οι αιμορροΐδες** ***f*** [i ɛmɔrɔ'iðɛs]
heiser sein	**είμαι βραχνιασμένος** ['imɛ vraxniaz'mɛnɔs]
Herzanfall	**η καρδιακή προσβολή** [i karðia'ki prɔzvɔ'li]
Herzbeschwerden	**τα ενοχλήματα στην καρδιά** [ta ɛnɔx'limata stiŋ gar'ðja]
Herzfehler	**η καρδιακή ανωμαλία** [i karðia'ki anɔma'lia]
Herzinfarkt	**το έμφραγμα (του μυοκαρδίου)** [tɔ 'ɛmfraɣma (tu miɔkar'ðiu)]
Heuschnupfen	**η αλλεργική ρινίτιδα** [i alɛrji'ki ri'nitiða]
Hexenschuss	**η οσφυαλγία** [i ɔsfial'jia]
Infektion	**η μόλυνση** [i 'mɔlinsi]
Ischias	**η ισχιαλγία** [i isçial'jia]
Knochenbruch	**το κάταγμα** [tɔ 'kataɣma]
Kolik	**ο κωλικός** [ɔ kɔli'kɔs]
Kopfschmerzen	**ο πονοκέφαλος** [ɔ pɔnɔ'kɛfalɔs]
Krampf	**ο σπασμός** [ɔ spaz'mɔs]
Krankheit	**η αρρώστια** [i a'rɔstia] **η ασθένεια** [i as'θɛnia]
Krebs	**ο καρκίνος** [ɔ kar'kinɔs]
Kreislaufstörung	**η κυκλοφοριακή ανωμαλία** [i kiklɔfɔria'ki anɔma'lia]
Lähmung	**η παράλυση** [i pa'ralisi]
Lebensmittelvergiftung	**η τροφική δηλητηρίαση** [i trɔfi'ki ðiliti'riasi]
Leistenbruch	**η βουβωνοκήλη** [i vuvɔnɔ'kili]
Lungenentzündung	**η πνευμονία** [i pnɛvmɔ'nia]
Magenschmerzen	**ο στομαχόπονος** [ɔ stɔma'xɔpɔnɔs]
Mandelentzündung	**η αμυγδαλίτιδα** [i amiɣða'litiða]
Migräne	**η ημικρανία** [i imikra'nia]
Mittelohrentzündung	**η ωτίτιδα** [i ɔ'titiða]

Nasenbluten	**η αιμορραγία της μύτης** [i ɛmɔra'jia tis 'mitis]
Nierenentzündung	**η νεφρίτιδα** [i nɛ'fritiða]
Nierenstein	**η πέτρα στα νεφρά** [i 'pɛtra sta nɛ'fra]
Ohnmacht	**η λιποθυμία** [i lipɔθi'mia]
Prellung	**ο μώλωπας** [ɔ 'mɔlɔpas]
Quetschung	**η θλάση** [i 'θlasi]
Rheuma	**οι ρευματισμοί** [i rɛvmatiz'mi]
Rückenschmerzen	**οι πόνοι στην πλάτη** [i 'pɔni stim 'blati]
Schlaflosigkeit	**η αϋπνία** [i aip'nia]
Schlaganfall	**το εγκεφαλικό** [tɔ ɛŋgɛfali'kɔ]
Schmerzen	**οι πόνοι** [i 'pɔni]
Schnittwunde	**η πληγή (από κόψιμο)** [i pli'ji (a'pɔ 'kɔpsimɔ)]
Schnupfen	**το συνάχι** [tɔ si'naçi]
Schüttelfrost	**το ρίγος** [tɔ 'riɣɔs] **οι κρυάδες** ***f*** [i kri'jaðɛs]
Schwellung	**το πρήξιμο** [tɔ 'priksmɔ]
Schwindel	**η ζαλάδα** [i za'laða]
Sodbrennen	**η καούρα** [i ka'ura]
Sonnenbrand	**το ηλιακό έγκαυμα** [tɔ ilia'kɔ 'ɛŋgavma]
Sonnenstich	**η ηλίαση** [i i'liasi]
Tetanus	**ο τέτανος** [ɔ 'tɛtanɔs]
Übelkeit	**η αναγούλα** [i ana'ɣula]
Verbrennung	**το έγκαυμα** [tɔ 'ɛŋgavma]
Verdauungsstörung	**η δυσπεψία** [i ðispɛ'psia]
Vergiftung	**η δηλητηρίαση** [i ðiliti'riasi]
sich verletzen	**τραυματίζομαι** [travma'tizɔmɛ]
Verletzung	**ο τραυματισμός** [ɔ travmatiz'mɔs]
verstaucht	**στραμπουληγμένος** [strambuliɣ'mɛnɔs]
Verstopfung	**η δυσκοιλιότητα** [i ðiskil'jɔtita]
weh tun	**πονάω** [pɔ'naɔ]
Wunde	**η πληγή** [i pli'ji]
Zerrung	**το διάστρεμμα** [tɔ 'ðjastrɛma]

Körper – Arzt – Krankenhaus

atmen	**αναπνέω** [ana'pnɛɔ]
Bescheinigung	**το πιστοποιητικό** [tɔ pistɔpiiti'kɔ]
Besuchszeit	**οι ώρες επίσκεψης** [i 'ɔrɛs ɛ'piskɛpsis]
bewusstlos	**αναίσθητος** [a'nɛsθitɔs]
Blase *(Haut~)*	**η φουσκάλα** [i fus'kala]
Blase *(Harn~)*	**η ουροδόχος κύστη** [i uro'ðɔxɔs 'kisti]
Blinddarm	**η σκωληκοειδής απόφυση** [i skɔlikɔi'ðis a'pɔfisi]

Blut	**το αίμα** [tɔ 'ɛma]
Blutdruck (hoher/niedriger)	**η (υψηλή / χαμηλή) αρτηριακή πίεση** [i (ipsi'li / xami'li) artiria'ki 'piɛsi]
bluten	**αιμορραγώ** [ɛmɔra'ɣɔ]
Blutgruppe	**η ομάδα αίματος** [i ɔ'maða 'ɛmatɔs]
Bronchien	**οι βρόγχοι** [i 'vrɔŋci]
Bypass	**το μπάιπας** [tɔ 'baipas]
Chirurg/in	**ο/η χειρουργός** [ɔ/i çi'rurɣɔs]
Darm	**το έντερο** [tɔ 'ɛndɛrɔ]
desinfizieren *(Raum, Kleidung, Wunde)*	**απολυμαίνω** [apɔli'mɛnɔ]
desinfizieren *(Instrument)*	**αποστειρώνω** [apɔsti'rɔnɔ]
Diagnose	**η διάγνωση** [i 'ðjaɣnɔsi]
Diät	**η δίαιτα** [i 'ðiɛta]
Eiter	**το πύον** [tɔ 'piɔn]
erbrechen, sich	**κάνω εμετό** ['kanɔ ɛmɛ'tɔ]
Facharzt für ...	**ο ειδικευμένος γιατρός σε ...** [ɔ iðikɛv'mɛnos ja'trɔs sɛ]
Gallenblase	**η χοληδόχος κύστη** [i xɔli'ðɔxɔs 'kisti]
Gehirn	**ο εγκέφαλος** [o ɛŋ'gɛfalɔs]
Gehör	**η ακοή** [i akɔ'i]
Gelenk	**η άρθρωση** [i 'arθrɔsi]
Geschlechtsorgane	**τα γεννητικά όργανα** [ta jɛniti'ka 'ɔrgana]
Gesicht	**το πρόσωπο** [tɔ 'prɔsɔpɔ]
Haut	**το δέρμα** [tɔ 'ðɛrma]
Herz	**η καρδιά** [i kar'ðja]
Herzschrittmacher	**ο βηματοδότης** [ɔ vimatɔ'ðɔtis]
Husten	**ο βήχας** [ɔ 'vixas]
Impfpass	**το βιβλιάριο εμβολιασμού** [tɔ vivli'ariɔ ɛmvɔliaz'mu]
Impfung	**ο εμβολιασμός** [ɔ ɛmvɔliaz'mɔs]
Infusion	**η έγχυση** [i 'ɛŋçisi]
Knochen	**το κόκκαλο** [tɔ 'kɔkalɔ]
krank	**άρρωστος** ['arɔstɔs]
Krankenhaus	**το νοσοκομείο** [tɔ nɔsɔkɔ'miɔ]
Krankenkasse	**το ασφαλιστικό ταμείο υγείας** [tɔ asfalisti'kɔ ta'miɔ i'jias]
Krankenschein	**το πιστοποιητικό ασθένειας** [tɔ pistɔpiiti'kɔ as'θɛnias]
Krankenschwester	**η νοσοκόμα** [i nɔsɔ'kɔma]
Leber	**το ήπαρ** [tɔ 'ipar]
Lippe	**το χείλος** [tɔ çilɔs]
Lunge	**ο πνεύμονας** [ɔ 'pnɛvmɔnas]
Magen	**το στομάχι** [tɔ stɔ'maçi]
Mandeln	**οι αμυγδαλές** [i amiɣða'lɛs]

Menstruation	**η περίοδος** [i pɛ'riɔðɔs]
Muskel	**ο μυς** [ɔ mis]
nähen	**ράβω** ['ravɔ]
Narbe	**η ουλή** [i u'li]
Narkose	**η νάρκωση** [i 'narkɔsi]
Nerv	**το νεύρο** [tɔ 'nɛvrɔ]
nervös	**νευρικός** [nɛvri'kɔs]
Niere	**το νεφρό** [tɔ nɛ'frɔ]
Operation	**η εγχείρηση** [i ɛŋ'çirisi]
Puls	**ο σφυγμός** [ɔ sfiɣ'mɔs]
Rippe	**το πλευρό** [tɔ plɛ'vrɔ]
röntgen	**ακτινογραφώ** [aktinɔgra'fɔ]
Röntgenaufnahme	**η ακτινογραφία** [i aktinɔɣra'fia]
Schwangerschaft	**η εγκυμοσύνη** [i ɛŋgimɔ'sini]
schwitzen	**ιδρώνω** [i'ðrɔnɔ]
Speiseröhre	**ο οισοφάγος** [ɔ isɔ'faɣɔs]
Sprechstunde	**οι ώρες επίσκεψης** [i 'ɔrɛs ɛ'piskɛpsis]
Spritze *(Injektion)*	**η ένεση** [i 'ɛnɛsi]
Spritze *(Gerät)*	**η σύριγγα** [i 'siriŋga]
Station	**το τμήμα** [tɔ 'tmima]
Stich *(Insekten~)*	**το τσίμπημα** [tɔ 'tsimbima]
Stuhlgang	**η κένωση** [i 'kɛnɔsi]
Ultraschalluntersuchung	**το υπερηχογράφημα** [tɔ ipɛrixɔ'ɣrafima]
Unterleib	**το υπογάστριο** [tɔ ipɔ'ɣastriɔ]
Untersuchung	**η εξέταση** [i ɛ'ksɛtasi]
Urin	**τα ούρα** [ta 'ura]
Verband	**ο επίδεσμος** [ɔ ɛ'piðɛzmɔs]
verbinden	**επιδένω** [ɛpi'ðɛnɔ]
Verdauung	**η χώνευση** [i 'xɔnɛvsi]
verschreiben	**γράφω** ['ɣrafɔ]
Virus	**ο ιός** [ɔ i'ɔs]
Wadenbein	**η περόνη** [i pɛ'rɔni]
Wartezimmer	**η αίθουσα αναμονής** [i 'ɛθusa anamɔ'nis]
Wehen	**οι ωδίνες** *f* [i ɔ'ðinɛs]
Wirbelsäule	**η σπονδυλική στήλη** [i spɔnðili'ki 'stili]
Zunge	**η γλώσσα** [i 'ɣlɔsa]

Beim Zahnarzt

Ich habe (starke) Zahnschmerzen.
Έχω (δυνατό) πονόδοντο.
['εxɔ (ðina'tɔ) pɔ'nɔðɔndɔ]

Dieser Zahn (oben/unten/vorn/hinten) tut weh.
Αυτό το δόντι (πάνω/κάτω/μπροστά/πίσω) μου πονάει.
[a'ftɔ tɔ 'dɔndi ('panɔ/'katɔ/brɔ'sta/'pisɔ) mu pɔ'nai]

Ich habe eine Füllung verloren.
Έχασα το σφράγισμα του δοντιού.
['εxasa tɔ 'sfrajizma tu ðɔn'dju]

Mir ist ein Zahn abgebrochen.
Μου έσπασε ένα δόντι.
[mu 'εspasε 'εna 'ðɔndi]

Geben Sie mir bitte eine/keine Spritze.
Παρακαλώ, να μου κάνετε/να μη μου κάνετε ένεση. [paraka'lɔ na mu 'kanεtε/na mi mu 'kanεtε 'εnεsi]

Kiefer — **το σαγόνι** [tɔ sa'ɣɔni]
Krone — **η κορώνα** [i kɔ'rɔna]
Loch — **η τρύπα** [i 'tripa]
Plombe — **το σφράγισμα** [tɔ 'sfrajizma]
Prothese *(Zahn~)* — **η οδοντοστοιχία** [i ɔðɔndɔsti'çia]
Weisheitszahn — **ο φρονιμίτης** [ɔ frɔni'mitis]
Zahn — **το δόντι** [tɔ 'ðɔndi]
Zahnfleisch — **τα ούλα** [ta 'ula]
Zahnschmerzen — **ο πονόδοντος** [ɔ pɔ'nɔðɔndɔs]
ziehen — **βγάζω** ['vɣazɔ]

Wichtiges von A bis Z

Wichtige Telefonnummern

Auslandsvorwahl Griechenland:	0030
Inlandsvorwahl Athen:	01
Inlandsvorwahl Thessaloniki:	031

Vorwahlen aus Griechenland:
Deutschland:	0049
Österreich:	0043
Schweiz:	0041
Luxemburg:	00352

Die wichtigsten Notrufnummern:
Polizei:	100
Feuerwehr (Attika):	199
Rettungswagen (Athen):	166

Sonstige Notrufnummern:
Touristenpolizei in Athen:	171
Notarzt Athen:	178
Apothekennotdienst Athen:	107
Beratungsstelle bei Vergiftungen:	7 79 37 77

Pannenhilfsdienste:
ELPA:	104
EXPRESS SERVICE:	154
HELLAS SERVICE:	157
INTERAMERICAN:	168
S O S SERVICE:	193

Fremdenverkehrsämter in Griechenland:
Griechisches Fremdenverkehrsamt EOT
(Zentrale):	(01) 3 22 31 11
(Athen):	(01) 3 22 25 45
(Thessaloniki):	(031) 27 1888

Flughäfen:
Inlandsflüge Olympic Airways:	(01) 9 66 66 66
Internationaler Flughafen:	(01) 9 69 95 00

Botschaften (in Athen)
Deutschland:	(01) 3 96 41 11
Österreich:	(01) 8 21 10 36
Schweiz:	(01) 7 23 03 65
Luxemburg:	(01) 3 64 00 40

Konsulate (in Thessaloniki):
Deutschland:	(031) 23 63 15
Schweiz:	(031) 23 44 42

Bank

Wo ist hier bitte eine Bank/eine Wechselstube?	**Πού είναι εδώ παρακαλώ μια τράπεζα/ ένα γραφείο συναλλάγματος;** ['pu 'inɛ ɛ'ðɔ paraka'lɔ mia 'trapɛza/'ɛna ɣra'fiɔ sina'laɣmatɔs]
Ich möchte ... DM (Schilling, Schweizer Franken) in Drachmen wechseln.	**Θέλω να αλλάξω ... Γερμανικά Μάρκα (Σελίνια, Ελβετικά Φράγκα) σε Δραχμές.** ['θɛlɔ na a'laksɔ ... jɛrmani'ka 'marka (sɛ'linia, ɛlvɛti'ka 'fraŋga) sɛ ðrax'mɛs]
Ich möchte ... einlösen.	**Θέλω να εξαργυρώσω ...** ['θɛlɔ na ɛksarji'rɔsɔ]
diesen Euroscheck	**αυτή την ευρωεπιταγή.** [af'ti tin ɛvrɔɛpita'ji]
diesen Reisescheck	**αυτή την ταξιδιωτική επιταγή.** [af'ti tin taksiðiɔti'ki ɛpita'ji]
Auf welchen Betrag kann ich ihn maximal ausstellen?	**Ποιο είναι το ανώτερο ποσό που μπορώ να γράψω;** [piɔ 'inɛ tɔ a'nɔtɛrɔ pɔ'sɔ pu bɔ'rɔ na 'ɣrapsɔ]
Ihre Scheckkarte, bitte.	**Παρακαλώ, την κάρτα επιταγών.** [paraka'lɔ tin 'karta ɛpita'ɣɔn]
Darf ich bitte ... sehen?	**Μπορώ να δω, παρακαλώ, ...** [bɔ'rɔ na ðɔ paraka'lɔ]
Ihren Ausweis	**την ταυτότητά σας;** [tin taf'tɔti'ta sas]
Ihren Pass	**το διαβατήριό σας;** [tɔ ðiava'tir'jɔ sas]
Würden Sie bitte hier unterschreiben?	**Μπορείτε να υπογράψτε εδώ, παρακαλώ;** [bɔ'ritɛ na ipɔ'ɣrapstɛ ɛ'ðɔ paraka'lɔ]

auszahlen	**πληρώνω** [pli'rɔnɔ]
Bank	**η τράπεζα** [i 'trapɛza]
bar	**τοις μετρητοίς** [tis mɛtri'tis]
Bargeld	**μετρητά** [mɛtri'ta]
Bearbeitungsgebühr	**το διοικητικό τέλος** [tɔ ðiikiti'kɔ 'tɛlɔs]
Betrag	**το ποσό** [tɔ pɔ'sɔ]
Devisen	**το συνάλλαγμα** [tɔ si'nalaɣma]
D-Mark *(im Plural)*	**τα Γερμανικά Μάρκα** [ta jɛrmani'ka 'marka]
Euro	**το Ευρώ** [tɔ ɛ'vrɔ]
Euroscheck	**η ευρωεπιταγή** [i ɛvrɔɛpita'ji]
Eurochequekarte	**η τραπεζική κάρτα "Eurocheque"** [i trapɛzi'ki 'karta 'jurɔsɛk]
Geheimzahl	**ο απόρρητος προσωπικός αριθμός** [ɔ a'pɔritɔs prɔsɔpi'kɔs ariθ'mɔs]
Geld	**το χρήμα** [tɔ 'xrima]

Geldanweisung	**η χρηματική επιταγή** [i xrimati'ki εpita'γi]
Geldautomat	**το αυτόματο χρημάτων** [tɔ af'tɔmatɔ xri'matɔn]
Geldkarte	**η τραπεζική κάρτα** [i trapεzi'ki 'karta]
Geldschein	**το χαρτονόμισμα** [tɔ xartɔ'nɔmizma]
Geldwechsel	**η αλλαγή χρημάτων** [i ala'ji xri'matɔn]
Kleingeld	**τα ψιλά** [ta psi'la]
Konto	**ο (τραπεζικός) λογαριασμός** [ɔ (trapεzi'kɔs) lɔγariaz'mɔs]
Kreditkarte	**η πιστωτική κάρτα** [i pistɔti'ki 'karta]
Münze	**το κέρμα** [tɔ 'kεrma]
Quittung	**η απόδειξη** [i a'pɔðiksi]
Reisescheck	**η ταξιδιωτική επιταγή** [i taksiðiɔti'ki εpita'ji]
Scheck	**η επιταγή** [i εpita'ji]
einen ~ ausstellen	**εκδίδω επιταγή** [εk'ðiðɔ εpita'ji]
Scheckkarte	**η κάρτα επιταγών** [i 'karta εpita'γɔn]
Schilling	**το Σελίνι** [tɔ sε'lini]
Schweizer Franken	**το Ελεβτικό Φράγκο** [tɔ εlvεti'kɔ 'fraŋgɔ]
Überweisung	**το έμβασμα** [tɔ 'εmvasma]
telegrafische ~	**το έμβασμα τηλεγραφικής επιταγής** [tɔ 'εmvasma tilεγrafi'kis εpita'jis]
umtauschen	**αλλάζω** [a'lazɔ]
Währung	**το νόμισμα** [tɔ 'nɔmizma]
Wechselkurs	**η τιμή συναλλάγματος** [i ti'mi sina'laγmatɔs]
Wechselstube	**το γραφείο συναλλάγματος** [tɔ γra'fiɔ sina'laγmatɔs]
Zahlung	**η πληρωμή** [i plirɔ'mi]

Fotografieren ➢ auch Fotoartikel, S. 118

Wären Sie wohl so freundlich, ein Foto von uns zu machen?	**Θα μπορούσατε να μας βγάλετε μια φωτογραφία;** [θa bɔ'rusatε na mas 'vγalεtε mia fɔtɔγra'fia]
Sie müssen auf diesen Knopf drücken.	**Να πατήσετε αυτό το κουμπί.** [na ba'tisεtε af'tɔ tɔ kum'bi]
Die Entfernung / Blende stellt man so ein.	**Η απόσταση / Το διάφραγμα ρυθμίζεται έτσι.** [i a'pɔstasi / tɔ 'ðjafraγma riθ'mizεtε 'εtsi]
Dürfte ich Sie wohl fotografieren?	**Μπορώ να σας βγάλω μια φωτογραφία;** [bɔ'rɔ na sas 'vγalɔ mia fɔtɔγra'fia]
Das ist sehr freundlich.	**Είστε πολύ ευγενής.** ['istε pɔ'li εvγε'nis]
Schnappschuss	**το στιγμιότυπο** [tɔ stiγ'mjɔtipɔ]

Fundbüro ➤ auch Polizei, unten

Wo ist das Fundbüro, bitte?	**Πού είναι, παρακαλώ, το γραφείο απωλεσθέντων αντικειμένων;** ['pu 'inɛ paraka'lɔ tɔ ɣra'fiɔ apɔlɛs'θɛndɔn andiki'mɛnɔn]
Ich habe ... verloren.	**Έχω χάσει ...** ['ɛxɔ 'xasi]
Ich habe meine Handtasche im Zug vergessen.	**Έχω ξεχάσει τη τσάντα μου στό τρένο.** ['ɛxɔ ksɛ'xasi ti 'tsanda mu stɔ 'trɛnɔ]
Benachrichtigen Sie mich bitte, wenn sie abgegeben/gefunden werden sollte.	**Ειδοποιείστε με, παρακαλώ, όταν παραδοθεί/βρεθεί.** [iðɔpi'istɛ mɛ paraka'lɔ 'ɔtan paraðɔ'θi/vrɛ'θi]
Hier ist meine Hotelanschrift/Heimatadresse.	**Αυτή είναι η διεύθυνσή μου στο ξενοδοχείο/στην πατρίδα μου.** [a'fti 'inɛ i ði'ɛfθin'si mu stɔ ksɛnɔðɔ'çiɔ / stim ba'triða mu]

Polizei

Wo ist bitte das nächste Polizeirevier?	**Πού είναι το επόμενο αστυνομικό τμήμα, παρακαλώ;** ['pu 'inɛ tɔ ɛ'pɔmɛnɔ astinɔmi'kɔ 'tmima paraka'lɔ]
Ich möchte ... anzeigen.	**Θέλω να δηλώσω ...** ['θɛlɔ na ði'lɔsɔ]
einen Diebstahl	**μια κλοπή** [mia klɔ'pi]
einen Raubüberfall	**μια ληστεία** [mia li'stia]
einen Unfall	**ένα ατύχημα** ['ɛna a'tiçima]
einen Verlust	**μια απώλεια** [mia a'pɔlia]
Mir ist ... gestohlen worden.	**Μου έχουν κλέψει ...** [mu 'ɛxun 'klɛpsi]
die Handtasche	**την τσάντα.** [tin 'dzanda]
die Brieftasche	**το πορτοφόλι.** [tɔ pɔrtɔ'fɔli]
mein Fotoapparat	**τη φωτογραφική μηχανή.** [ti fɔtɔɣrafi'ki mixa'ni]
mein Auto/mein Fahrrad	**το αυτοκίνητό μου/το ποδήλατό μου.** [tɔ aftɔ'kini'tɔ mu/tɔ pɔ'ðila'tɔ mu]
Mein Auto ist aufgebrochen worden.	**Μου διέρρηξαν το αυτοκίνητο.** [mu ði'ɛriksan tɔ aftɔ'kinitɔ]
Aus meinem Auto ist ... gestohlen worden.	**Μου έκλεψαν από το αυτοκίνητο ...** [mu 'ɛklɛpsan a'pɔ tɔ aftɔ'kinitɔ ...]

147

Ich habe ... verloren.	**Έχω χάσει ...** ['ɛxɔ 'xasi]
Mein Sohn/Meine Tochter ist verschwunden.	**Ο γιος μου/Η κόρη μου εξαφανίστηκε.** [ɔ jɔz mu/i 'kɔri mu ɛksafa'nistikɛ]
Dieser Mann belästigt mich.	**Αυτός ο άνδρας με πειράζει.** [af'tɔs ɔ 'anðras mɛ pi'razi]
Können Sie mir bitte helfen?	**Μπορείτε να με βοηθήσετε, παρακαλώ;** [bɔ'ritɛ na mɛ vɔi'θisɛtɛ paraka'lɔ]
Wann genau ist das passiert?	**Πότε ακριβώς έγινε;** ['pɔtɛ akri'vɔs 'ɛγinɛ]
Ihren Namen und Ihre Anschrift, bitte.	**Το όνομά σας και τη διεύθυνσή σας, παρακαλώ.** [tɔ 'ɔnɔ'ma sas kɛ ti ði'ɛfθin'si sas paraka'lɔ]
Wenden Sie sich bitte an das deutsche/österreichische/Schweizer Konsulat.	**Απευθυνθείτε, παρακαλώ, στο γερμανικό/αυστριακό/ελβετικό προξενείο.** [apɛfθin'θitɛ paraka'lɔ stɔ γɛrmani'kɔ/afstria'kɔ/ɛlvɛti'kɔ prɔksɛ'niɔ]

anzeigen	**υποβάλλω μήνυση** [ipɔ'valɔ 'minisi]
aufbrechen	**παραβιάζω** [para'vjazɔ]
Autoradio	**το ράδιο αυτοκινήτου** [tɔ 'raðiɔ aftɔki'nitu]
belästigen	**ενοχλώ** [ɛnɔ'xlɔ]
Dieb	**ο κλέφτης** [ɔ 'klɛftis]
Diebstahl	**η κλοπή** [i klɔ'pi]
Gefängnis	**η φυλακή** [i fila'ki]
Geldbörse	**το πορτοφόλι** [tɔ pɔrtɔ'fɔli]
Gericht	**το δικαστήριο** [tɔ ðika'stiriɔ]
Kfz-Schein	**η άδεια κυκλοφορίας αυτοκινήτου** [i 'aðia kiklɔfɔ'rias aftɔki'nitu]
Kreditkarte	**η πιστωτική κάρτα** [i pistɔti'k i 'karta]
Papiere	**τα χαρτιά** [ta xar'tja]
Personalausweis	**η ταυτότητα** [i taf'tɔtita]
Polizei	**η αστυνομία** [i astinɔ'mia]
Polizist/in	**ο/η αστυνόμος** [ɔ/i asti'nɔmɔs]
Raubüberfall	**η ληστεία** [i li'stia]
Rauschgift	**το ναρκωτικό** [tɔ narkɔti'kɔ]
Rechtsanwalt	**ο δικηγόρος** [ɔ ðiki'γɔrɔs]
Reisepass	**το διαβατήριο** [tɔ ðiava'tiriɔ]
Richter/-in	**ο/η δικαστής** [ɔ/i ðika'stis]
Scheck	**η επιταγή** [i ɛpita'ji]
Scheckkarte	**η κάρτα επιταγών** [i 'karta ɛpita'γɔn]
Schlüssel	**το κλειδί** [tɔ kli'ði]
Schmuggel	**το λαθρεμπόριο** [tɔ laθrɛm'bɔriɔ]
Streifenwagen	**το περιπολικό** [tɔ pɛripɔli'kɔ]

Schuld	**η ενοχή** [i εnɔ'çi]
sexuelle Belästigung	**η σεξουαλική παρενόχληση** [i sεksuali'ki parε'nɔxlisi]
Taschendieb	**ο πορτοφολάς** [ɔ pɔrtɔfɔ'las]
Verbrechen	**το έγκλημα** [tɔ 'εŋglima]
Vergewaltigung	**ο βιασμός** [ɔ viaz'mɔs]
verhaften	**συλλαμβάνω** [silam'vanɔ]
verlieren	**χάνω** ['xanɔ]
zusammenschlagen	**δέρνω** ['ðεrnɔ]

Post

Wo ist …	**Πού είναι ...** ['pu 'inε]
das nächste Postamt?	**το επόμενο ταχυδρομείο;** [tɔ ε'pɔmεnɔ taçiðrɔ'miɔ]
der nächste Briefkasten?	**το επόμενο γραμματοκιβώτιο;** [tɔ ε'pɔmεnɔ ɣramatɔki'vɔtiɔ]
Was kostet ein Brief/eine Postkarte …	**Τι κοστίζει ένα γράμμα/μια κάρτα ...** [ti kɔ'stizi 'εna 'ɣrama/mia 'karta]
nach Deutschland?	**για τη Γερμανία;** [ja ti jεrma'nia]
nach Österreich?	**για την Αυστρία;** [ja tin af'stria]
in die Schweiz?	**για την Ελβετία;** [ja tin εlvε'tia]
Drei Briefmarken zu … Drachmen, bitte.	**Τρία γραμματόσημα των ... δραχμών, παρακαλώ.** ['tria ɣrama'tɔsima tɔn ... ðrax'mɔn paraka'lɔ]
Diesen Brief bitte per …	**Θέλω να στείλω αυτό το γράμμα ...** ['θεlɔ na 'stilɔ af'tɔ tɔ 'ɣrama]
Luftpost.	**αεροπορικώς.** [aεrɔpɔri'kɔs]
Express.	**κατεπείγον.** [katε'piɣɔn]
Wie lange braucht ein Brief nach Deutschland?	**Πόσο καιρό κάνει ένα γράμμα για τη Γερμανία;** ['pɔsɔ kε'rɔ 'kani 'εna 'ɣrama ja ti ɣεrma'nia]
Ich möchte Euro von meinem Postsparbuch abheben.	**Θέλω να βγάλω Ευρώ από το βιβλιάριο ταχυδρομικού ταμιευτηρίου.** ['θεlɔ na 'vɣalɔ ε'vrɔ a'pɔ tɔ vivli'ariɔ taçiðrɔmi'ku tamiεfti'riu]

➢ **auch Bank, S. 145**

Absender	**ο αποστολέας** [ɔ apɔstɔ'lεas]
Adresse	**η διεύθυνση** [i ði'εfθinsi]
ausfüllen	**συμπληρώνω** [simbli'rɔnɔ]
Brief	**το γράμμα** [tɔ ɣrama]

Briefkasten	**το γραμματοκιβώτιο** [tɔ ɣramatɔki'vɔtiɔ]
Briefmarke	**το γραμματόσημο** [tɔ ɣrama'tɔsimɔ]
Eilbrief	**το επείγον γράμμα** [tɔ ɛ'piɣɔn 'ɣrama]
Einschreibebrief	**το συστημένο γράμμα** [tɔ sisti'mɛnɔ 'ɣrama]
Empfänger	**ο παραλήπτης** [ɔ para'liptis]
Formular	**το έντυπο** [tɔ 'ɛndipɔ]
frankieren	**γραμματοσημαίνω** [ɣramatɔsi'mɛnɔ]
Gebühr	**τα τέλη** [ta 'tɛli]
Gewicht	**το βάρος** [tɔ 'varɔs]
Hauptpostamt	**το κεντρικό ταχυδρομείο** [tɔ kɛndri'kɔ taçiðrɔ'miɔ]
Leerung	**η συλλογή** [i silɔ'ji]
Luftpost, mit	**αεροπορικώς** [aerɔpɔri'kɔs]
Päckchen	**το μικροδέμα** [tɔ mikrɔ'ðɛma]
Paket	**το δέμα** [tɔ 'ðɛma]
Paketkarte	**το έντυπο δέματος** [tɔ 'ɛndipɔ 'ðɛmatɔs]
Porto	**τα ταχυδρομικά τέλη** [ta taçiðrɔmi'ka 'tɛli]
Postamt	**το ταχυδρομείο** [tɔ taçiðrɔ'miɔ]
Postanweisung	**η ταχυδρομική επιταγή** [i taçiðrɔmi'ki ɛpita'ɣi]
Postkarte	**η κάρτα** [i 'karta]
postlagernd	**ποστρεστάντ** [pɔstrɛ'stand]
Postleitzahl	**ο ταχυδρομικός κώδικας** [ɔ taçiðrɔmi'kɔs 'kɔðikas]
Postsparbuch	**το βιλιάριο ταχυδρομικού ταμιευτηρίου** [tɔ vivli'ariɔ taçiðrɔmi'ku tamiɛfti'riu]
Telefax	**το τέλεφαξ** [tɔ 'tɛlɛfaks]
Telegramm	**το τηλεγράφημα** [tɔ tilɛ'ɣrafima]
Wertangabe	**η δήλωση της αξίας** [i 'ðilɔsi tis a'ksias]
Zollerklärung	**η τελωνειακή δήλωση** [i tɛlɔnia'ki 'ðilɔsi]

Telefonieren

Wo ist die nächste Telefonzelle?	**Πού είναι ο επόμενος τηλεφωνικός θάλαμος;** [pu 'inɛ ɔ ɛ'pɔmɛnɔs tilɛfɔni'kɔs 'θalamɔs]
Ich möchte eine Telefonkarte.	**Θα ήθελα μια τηλεκάρτα.** [θa 'iθɛla mia tilɛ'karta]
Wie ist die Vorwahl von ...?	**Ποιος είναι ο κωδικός αριθμός από ...;** [piɔs 'inɛ ɔ kɔði'kɔs ariθ'mɔs a'pɔ]
Bitte ein Ferngespräch nach ...	**Παρακαλώ, μια συνδιάλεξη με ...** [paraka'lɔ mia sin'ðjalɛksi mɛ]

Ich möchte ein R-Gespräch anmelden.	**Θα ήθελα μια κλήση ανάστροφης χρέωσης.** [θa 'iθɛla mia 'klisi a'nastrɔfis 'xrɛɔsis]
Gehen Sie in Kabine Nr. ...	**Πηγαίνετε στο θάλαμο νούμερο ...** [pi'ɣɛnɛtɛ stɔ 'θalamɔ 'numɛrɔ]

Ein Telefongespräch

Hier spricht ...	**Εδώ είναι ο/η ...** [ɛ'ðɔ 'inɛ ɔ/i]
Hallo, mit wem spreche ich, bitte?	**Εμπρός, με ποιον μιλάω, παρακαλώ;** [ɛm'brɔz mɛ piɔn mi'laɔ paraka'lɔ]
Kann ich bitte Herrn/Frau/ Fräulein ... sprechen?	**Παρακαλώ, μπορώ να μιλήσω με τον κύριο/την κυρία/τη δεσποινίδα ...;** [paraka'lɔ bɔ'rɔ na mi'lisɔ mɛ tɔŋ 'giriɔ/tiŋ gi'ria/ti ðɛspi'niða]
Tut mir Leid, er/sie ist nicht da.	**Λυπάμαι, δεν είναι εδώ.** [li'pamɛ ðɛn 'inɛ ɛ'ðɔ]
Kann er/sie Sie zurückrufen?	**Μπορεί να σας πάρει αργότερα;** [bɔri na sas 'pari ar'ɣɔtɛra]
Möchten Sie eine Nachricht hinterlassen?	**Θέλετε να αφήστε μήνυμα;** ['θɛlɛtɛ na a'fistɛ 'minima]
Würden Sie ihm/ihr bitte sagen, ich hätte angerufen?	**Μπορείτε, παρακαλώ, να του/της πείτε ότι τηλεφώνησα;** [bɔ'ritɛ paraka'lɔ na tu/tis 'pitɛ 'ɔti tilɛ'fɔnisa]
Kein Anschluss unter dieser Nummer.	**Ο κωδικός που καλέσατε δεν υπάρχει.** [ɔ kɔði'kɔs pu ka'lɛsatɛ ðɛn i'parçi]

abnehmen	**σηκώνω το ακουστικό** [si'kɔnɔ tɔ akusti'kɔ]
Anruf	**το τηλεφώνημα** [tɔ tilɛ'fɔnima]
Anrufbeantworter	**ο αυτόματος τηλεφωνητής** [ɔ af'tɔmatɔs tilɛfɔni'tis]
anrufen	**τηλεφωνώ** [tilɛfɔ'nɔ]
	παίρνω τηλέφωνο ['pɛrnɔ ti'lɛfɔnɔ]
Auskunft	**πληροφορίες *f*** [plirɔfɔ'riɛs]
Auslandsgespräch	**η συνδιάλεξη εξωτερικού** [i sin'ðjalɛksi ɛksɔtɛri'ku]
besetzt	**κατειλημμένος** [katili'mɛnɔs]
Ferngespräch	**η υπεραστική συνδιάλεξη** [i ipɛrasti'ki sinði'alɛksi]
Gebühr	**τα τέλη** [ta 'tɛli]
Gespräch	**η συνδιάλεξη** [i sinði'alɛksi]
Handy	**το κινητό τηλέφωνο** [tɔ kini'tɔ ti'lɛfɔnɔ]
Hörer	**το ακουστικό** [tɔ akusti'kɔ]

Mobiltelefon	**το κινητό τηλέφωνο** [tɔ kini'tɔ ti'lɛfɔnɔ]
Münzfernsprecher	**ο κερματοδέκτης** [ɔ kɛrmatɔ'ðɛktis]
Ortsgespräch	**η αστική συνδιάλεξη** [i asti'ki sin'ðjalɛksi]
R-Gespräch	**η κλήση ανάστροφης χρέωσης** [i 'klisi a'nastrɔfis 'xrɛɔsis]
Telefon	**το τηλέφωνο** [tɔ ti'lɛfɔnɔ]
Telefonbuch	**ο τηλεφωνικός κατάλογος** [ɔ tilɛfɔni'kɔs ka'talɔɣɔs]
Telefonkarte	**η τηλεκάρτα** [i tilɛ'karta]
Telefonnummer	**ο αριθμός τηλεφώνου** [ɔ ariθ'mɔs tilɛ'fɔnu]
Telefonzelle	**ο τηλεφωνικός θάλαμος** [o tilɛfɔni'kɔs 'θalamɔs]
Verbindung	**η συνδεση** [i 'sinðɛsi]
Voranmeldung	**η αίτηση τηλεφωνικής συνδιάλεξης** [i 'ɛtisi tilɛfɔni'kis sin'ðjalɛksis]
Vorwahlnummer	**ο κωδικός αριθμός** [ɔ kɔði'kɔs ariθ'mɔs]
wählen	**καλώ** [ka'lɔ]

Toilette und Bad

Wo ist bitte die Toilette?	**Πού είναι η τουαλέτα, παρακαλώ;** [pu 'inɛ i tua'lɛta paraka'lɔ]
Dürfte ich wohl bei Ihnen die Toilette benutzen?	**Μπορώ να χρησιμοποιήσω την τουαλέτα σας;** [bɔ'rɔ na xrisimɔpi'isɔ tin dua'lɛta sas]
Würden Sie mir bitte den Schlüssel für die Toiletten geben?	**Να μου δώσετε το κλειδί για την τουαλέτα, παρακαλώ;** [na mu 'ðɔsɛtɛ tɔ kli'ði ja tin dua'lɛta paraka'lɔ]

Damen	**Γυναικών** [jinɛ'kɔn]
Damenbinden	**οι σερβιέτες** [i sɛr'vjɛtɛs]
Handtuch	**η πετσέτα** [i pɛ'tsɛta]
Handwaschbecken	**ο νιπτήρας** [ɔ nip'tiras]
Herren	**Ανδρών** [an'ðrɔn]
sauber	**καθαρός** [kaθa'rɔs]
schmutzig	**βρώμικος** ['vrɔmikɔs]
Seife	**το σαπούνι** [tɔ sa'puni]
Stehklosett	**η τούρκικη τουαλέτα** [i 'turkiki tua'lɛta]
Toilettenpapier	**το χαρτί υγείας** [tɔ xar'ti i'jias]
Wasserspülung	**το καζανάκι** [tɔ kaza'naki]

Kurzgrammatik

Der Artikel (Geschlechtswort)

Der bestimmte Artikel

	Singular			Plural		
	m	*f*	*n*	*m*	*f*	*n*
Nom.	ο	η	το	οι	οι	τα
Genitiv	του	της	του	των	των	των
Akkusativ	το(ν)	τη(ν)	το	τους	τις	τα

- Das Schluss-ν von τον/την wird weggelassen, wenn das darauf folgende Wort mit den Konsonanten β, γ, δ, ζ, θ, λ, μ, ν, ρ, φ, χ beginnt.

Die Präposition σε und die mit τ beginnenden Artikel werden zu einem Wort:

σε + το	→ στο	στο σπίτι	zu Hause
σε + την	→ στην	στην κουζίνα	in der Küche
σε + τον	→ στον	στον κήπο	im Garten

Der unbestimmte Artikel ένας (ein), μια (eine), ένα (ein)

	m	*f*	*n*
Nominativ	ένας	μια	ένα
Genitiv	ενός	μιας	ενός
Akkusativ	ένα(ν)	μια	ένα

Das Substantiv (Hauptwort)

Maskulinum (Männliches Geschlecht)

Substantive auf -ας

ο πατέρας der Vater   ο ψαράς der Fischer

	Singular	Plural	
		ohne Stammerweiterung	mit Stammerweiterung
Nominativ	ο πατέρας	οι πατέρες	οι ψαράδες
Genitiv	του πατέρα	των πατέρων	των ψαράδων
Akkusativ	τον πατέρα	τους πατέρες	τους ψαράδες

Substantive auf -ης

ο μαθητής der Schüler   ο μανάβης der Gemüsehändler

	Singular	Plural	
		ohne Stammerweiterung	mit Stammerweiterung
Nominativ	ο μαθητής	οι μαθητές	οι μανάβηδες
Genitiv	του μαθητή	των μαθητών	των μανάβηδων
Akkusativ	το μαθητή	τους μαθητές	τους μανάβηδες

• Zu den Substantiven mit Stammerweiterung gehören auch
  ο καφές (der Kaffee) und ο παππούς (der Großvater).

Substantive auf -ος

ο άνθρωπος   der Mensch

	Singular		Plural	
Nominativ	ο	άνθρωπος	οι	άνθρωποι
Genitiv	του	ανθρώπου	των	ανθρώπων
Akkusativ	τον	άνθρωπο	τους	ανθρώπους

Femininum (Weibliches Geschlecht)

Substantive auf -α

η κατοικία   die Wohnung

	Singular		Plural	
Nominativ	η	κατοικία	οι	κατοικίες
Genitiv	της	κατοικίας	των	κατοικιών
Akkusativ	την	κατοικία	τις	κατοικίες

Substantive auf -η

η γιορτή   der Feiertag

	Singular		Plural	
Nominativ	η	γιορτή	οι	γιορτές
Genitiv	της	γιορτής	των	γιορτών
Akkusativ	την	γιορτή	τις	γιορτές

Neutrum (Sächliches Geschlecht)

Substantive auf -ι

το σπίτι   das Haus

	Singular		Plural	
Nominativ	το	σπίτι	τα	σπίτια
Genitiv	του	σπιτιού	των	σπιτιών
Akkusativ	το	σπίτι	τα	σπίτια

Substantive auf -ο

το πλοίο   das Schiff

	Singular		Plural	
Nominativ	το	πλοίο	τα	πλοία
Genitiv	του	πλοίου	των	πλοίων
Akkusativ	το	πλοίο	τα	πλοία

Substantive auf -ος

το δάσος   der Wald

	Singular		Plural	
Nominativ	το	δάσος	τα	δάση
Genitiv	του	δάσους	των	δασών
Akkusativ	το	δάσος	τα	δάση

Substantive auf -μα

το όνομα   der Name

	Singular		Plural	
Nominativ	το	όνομα	τα	ονόματα
Genitiv	του	ονόματος	των	ονομάτων
Akkusativ	το	όνομα	τα	ονόματα

Vokativ

Der **Vokativ** ist die Anredeform. Er wird dann verwendet, wenn Personen mit ihrem Namen gerufen oder angesprochen werden. Männernamen auf -ος haben die Vokativendung -ε, wenn sie auf der drittletzten Silbe betont werden. Bei allen anderen Männernamen fällt nur das Schluss-ς weg.
Frauennamen werden nicht verändert.

Nominativ	Vokativ
ο Αλέξανδρ**ος** ο Γιώργ**ος** ο Κώστ**ας** ο Γιάνν**ης** η Μαρί**α**	Αλέξανδρ**ε** Γιώργ**ο** Κώστ**α** Γιάνν**η** Μαρί**α**

Die Anredeform „Herr" lautet κύριε, die Anredeform „Frau" κυρία.

Das Adjektiv (Eigenschaftswort)

Die Deklination

Adjektive auf -ος, -η/α, -ο

καλός – καλή – καλό gut

		m	*f*	*n*
Singular	Nom.	ο καλ**ός** μαθητής	η καλ**ή** μαθήτρια	το καλ**ό** παιδί
	Gen.	του καλ**ού** μαθητή	της καλ**ής** μαθήτριας	του καλ**ού** παιδιού
	Akk.	τον καλ**ό** μαθητή	την καλ**ή** μαθήτρια	το καλ**ό** παιδί
Plural	Nom.	οι καλ**οί** μαθητές	οι καλ**ές** μαθήτριες	τα καλ**ά** παιδιά
	Gen.	των καλ**ών** μαθητών	των καλ**ών** μαθητριών	των καλ**ών** παιδιών
	Akk.	τους καλ**ούς** μαθητές	τις καλ**ές** μαθήτριες	τα καλ**ά** παιδιά

Adjektive auf -υς, -ια, -υ

μακρύς – μακριά – μακρύ lang

	Singular			Plural		
	m	*f*	*n*	*m*	*f*	*n*
Nom.	μακρ**ύς**	μακρι**ά**	μακρ**ύ**	μακρι**οί**	μακρι**ές**	μακρι**ά**
Gen.	μακρι**ού**	μακρι**άς**	μακρι**ού**	μακρι**ών**	μακρι**ών**	μακρι**ών**
Akk.	μακρ**ύ**	μακρι**ά**	μακρ**ύ**	μακρι**ούς**	μακρι**ές**	μακρι**ά**

Die Steigerung

Es gibt zwei Möglichkeiten, das Adjektiv zu steigern:

- durch Anhängen der Steigerungsendung an den Stamm,

Grundform	Komparativ	Superlativ
ψηλ**ός** ωραί**ος** βαθ**ύς**	ψηλ**ότερος** ωραι**ότερος** βαθ**ύτερος**	**ο** ψηλ**ότερος** **ο** ωραι**ότερος** **ο** βαθ**ύτερος**

• durch Voransetzen von (ο, η, το) πιο vor die Grundform.

Grundform	Komparativ	Superlativ
ψηλός	πιο ψηλός	ο πιο ψηλός
ωραίος	πιο ωραίος	ο πιο ωραίος
πλούσιος	πιο πλούσιος	ο πιο πλούσιος

Unregelmäßige Steigerung

καλός	καλύτερος	άριστος	/ο καλύτερος
gut	besser	am besten	
κακός	χειρότερος	–	/ο χειρότερος
schlecht	schlechter	am schlechtesten	
πολύς	περισσότερος	–	/ο περισσότερος
viel	mehr	am meisten	
λίγος	λιγότερος	ελάχιστος	/ο λιγότερος
wenig	weniger	am wenigsten	
μεγάλος	μεγαλύτερος	μέγιστος	/ο μεγαλύτερος
groß	größer	am größten	
μικρός	μικρότερος	ελάχιστος	/ο μικρότερος
klein	kleiner	am kleinsten	

Das Adverb (Umstandswort)

Das Adverb wird gebildet, indem man an den Stamm des Adjektivs die Endung -α anhängt.

ψηλός ➜ ψηλά	ωραίος ➜ ωραία	βαθύς ➜ βαθιά

Das Verb (Zeitwort)

Im Griechischen werden die Verben im Gegensatz zum Deutschen in der Regel ohne Personalpronomen gebraucht.
Im Wörterbuch erscheinen sie in der 1. Person Singular.
Das Griechische kennt zwei Konjugationen.
Die **1. Konjugation** umfasst Verben auf -ω im Aktiv (Tatform) und auf -ομαι im Passiv (Leideform).
Die **2. Konjugation** umfasst die Verben mit betonter Endung. Sie gliedert sich in zwei Gruppen.

Es gibt Verben, die nur die Passivform haben (Deponenzien). Ihnen entsprechen im Deutschen
– aktive Verben: έρχομαι (kommen)
– reflexive Verben: θυμούμαι (sich erinnern)

Das Präsens (Gegenwart)

Die Hilfsverben **έχω** und **είμαι**

έχω	ich habe	είμαι	ich bin
έχεις	du hast	είσαι	du bist
έχει	er/sie/es hat	είναι	er/sie/es ist
έχουμε	wir haben	είμαστε	wir sind
έχετε	ihr habt/Sie haben	είσαστε	ihr seid/Sie sind
έχουν	sie haben	είναι	sie sind

Aktiv

1. Konjugation	2. Konjugation	
	1. Gruppe	2. Gruppe
πληρών**ω**	ρωτ**ώ**	κατοικ**ώ**
πληρών**εις**	ρωτ**άς**	κατοικ**είς**
πληρών**ει**	ρωτ**ά(ει)**	κατοικ**εί**
πληρών**ουμε**	ρωτ**ούμε**/ρωτ**άμε**	κατοικ**ούμε**
πληρών**ετε**	ρωτ**άτε**	κατοικ**είτε**
πληρών**ουν**	ρωτ**ούν**/ρωτ**άν(ε)**	κατοικ**ούν**
ich bezahle	ich frage	ich wohne

Passiv/Reflexiv

1. Konjugation	2. Konjugation	
	1. Gruppe	2. Gruppe
πληρών**ομαι**	ρωτι**έμαι**	θυμ**ούμαι/-άμαι**
πληρών**εσαι**	ρωτι**έσαι**	θυμ**άσαι**
πληρών**εται**	ρωτι**έται**	θυμ**άται**
πληρων**όμαστε**	ρωτι**όμαστε**	θυμ**ούμαστε**
πληρών**εστε**	ρωτι**έστε**	θυμ**άστε**
πληρών**ονται**	ρωτι**ούνται**	θυμ**ούνται**
ich werde bezahlt	ich werde gefragt	ich erinnere mich

Unregelmäßige Präsensformen

ακούω, ακούς, ακούει, ακούμε, ακούτε, ακούν(ε)	hören
λέω, λές, λέει, λέμε, λέτε, λέν(ε)	sagen
τρώ(γ)ω, τρώς, τρώει, τρώμε, τρώτε, τρών(ε)	essen

Vergangenheit: Der Paratatikos

Der Paratatikos ist eine Aspektform der Vergangenheit, die vor allem Dauer, Intensität oder auch das Beginnen einer Handlung ausdrückt. Da sein Gebrauch nur schwer nachvollziehbar ist, sollten Sie besser auf den anderen Vergangenheitsaspekt, den Aorist, zurückgreifen.

Aktiv

1. Konjugation		2. Konjugation	
		1. Gruppe	2. Gruppe
πλήρων**α**	έχαν**α**	ρωτ**ούσα**	κατοικ**ούσα**
πλήρων**ες**	έχαν**ες**	ρωτ**ούσες**	κατοικ**ούσες**
πλήρων**ε**	έχαν**ε**	ρωτ**ούσε**	κατοικ**ούσε**
πληρών**αμε**	χάν**αμε**	ρωτ**ούσαμε**	κατοικ**ούσαμε**
πληρών**ατε**	χάν**ατε**	ρωτ**ούσατε**	κατοικ**ούσατε**
πλήρων**αν**	έχαν**αν**	ρωτ**ούσαν**	κατοικ**ούσαν**
ich bezahlte	ich verlor	ich fragte	ich wohnte

- Zweisilbige Verben, die mit Konsonant beginnen, setzen im Paratatikos ein ε- voran. Dieses fällt gewöhnlich weg, wenn die entstehende Verbform mehr als drei Silben hat.

Passiv

πληρων**όμουν**	ρωτι**όμουν**	θυμ**όμουν**
πληρων**όσουν**	ρωτι**όσουν**	θυμ**όσουν**
πληρων**όταν**	ρωτι**όταν**	θυμ**όταν**
πληρων**όμαστε**	ρωτι**όμαστε**	θυμ**όμαστε**
πληρων**όσαστε**	ρωτι**όσαστε**	θυμ**όσαστε**
πληρών**ονταν**	ρωτι**όνταν**/ρωτ**ιούταν**	θυμ**όνταν**/θυμ**ούνταν**
ich wurde bezahlt	ich wurde gefragt	ich erinnerte mich

είχα und **ήμουν**

είχα	ich hatte	ήμουν	ich war
είχες	du hattest	ήσουν	du warst
είχε	er/sie/es hatte	ήταν	er/sie/es war
είχαμε	wir hatten	ήμαστε	wir waren
είχατε	ihr hattet/Sie hatten	ήσαστε	ihr wart/Sie waren
είχαν	sie hatten	ήταν	sie waren

Vergangenheit: Der Aorist

Durch den Aorist kommt eine Handlung zum Ausdruck, die als abgeschlossen und einmalig gilt. Dabei kann es sich auch um einen langen Zeitraum oder einen sich wiederholenden Vorgang handeln. Im Deutschen wird er in der Regel durch das Perfekt wiedergegeben.

Σου το **εξήγησα** πολλές φορές.	Ich habe es dir oft erklärt.
Δούλεψα τέσσερα χρόνια στο εξωτερικό.	Ich habe vier Jahre im Ausland gearbeitet.
Πότε μου το **είπες**;	Wann hast du es mir gesagt?

Aktiv		Passiv	
1. Konjugation	2. Konjugation	1. Konjugation	2. Konjugation
πλήρω**σα**	ρώτη**σα**	πληρώ**θηκα**	ρωτή**θηκα**
πλήρω**σες**	ρώτη**σες**	πληρώ**θηκες**	ρωτή**θηκες**
πλήρω**σε**	ρώτη**σε**	πληρώ**θηκε**	ρωτή**θηκε**
πληρώ**σαμε**	ρωτή**σαμε**	πληρω**θήκαμε**	ρωτη**θήκαμε**
πληρώ**σατε**	ρωτή**σατε**	πληρω**θήκατε**	ρωτη**θήκατε**
πλήρω**σαν**	ρώτη**σαν**	πληρώ**θηκαν**	ρωτή**θηκαν**
ich habe bezahlt	ich habe gefragt	ich bin bezahlt worden	ich bin gefragt worden

- Die Endungen des Aorist sind die gleichen wie die des Paratatikos Aktiv.
- Der Aorist erhält bei zweisilbigen Verben, die mit Konsonant beginnen, das Augment ε-. Dieses fällt gewöhnlich weg, wenn die entstehende Verbform mehr als drei Silben hat.
  Beispiele: Aoristformen von χάνω (verlieren): έχασα, έχασες, έχασε, χάσαμε χάσατε, έχασαν (ich habe/du hast/er hat verloren usw.).

Bildung des Aoriststamms

1. Konjugation

Präsens-stamm endet auf	Präsens	Aorist	
Vokal	ακού-ω ιδρύ-ω	άκου-σ-α ίδρυ-σ-α	hören gründen
	aber: **καί**-ω κλαί-ω	έκα-ψ-α έκλα-ψ-α	brennen weinen
π, β, φ, φτ, πτ, αύ, εύ	λείπ-ω κόβ-ω γράφ-ω πιστεύ-ω	έλει-ψ-α έκο-ψ-α έγρα-ψ-α πίστε-ψ-α	fehlen schneiden schreiben glauben
	aber: πέφτ-ω	έπε-σ-α	fallen

κ, γ, χ, χν	πλέκ-ω	έπλε-ξ-α	stricken
	ανοίγ-ω	άνοι-ξ-α	öffnen
	βρέχ-ω	έβρε-ξ-α	regnen
	σπρώχν-ω	έσπρω-ξ-α	schieben
τ, θ, σ, ζ	προσθέτ-ω	πρόσθε-σ-α	addieren
	αρέσ-ω	άρε-σ-α	gefallen
	διαβάζ-ω	διάβα-σ-α	lesen
	aber: βάζ-ω	έβα-λ-α	legen, stellen
ν	πιάν-ω	έπια-σ-α	fassen
	αφήν-ω	άφη-σ-α	lassen
	καταλαβαίν-ω	κατάλαβ-α	verstehen
ρ, λλ, ρν, λν	προσφέρ-ω	πρόσφερ-α	anbieten
	σφάλλ-ω	έσφαλλ-α	(sich) irren
	φέρν-ω	έφερ-α	bringen
	στέλν-ω	έστειλ-α	schicken
	παραγγέλν-ω	παράγγειλ-α	bestellen

2. Konjugation

Präsens endet auf -ώ	Aorist	
αγαπ-ώ	αγάπ-ησ-α	lieben
εξηγ-ώ	εξήγ-ησ-α	erklären
πηδ-ώ	πήδ-ησ-α	springen

Passiv und Partizip Perfekt

Aorist endet auf	Aktiv	Passiv	Partizip Perfekt endet auf
-σα	ανανέω-σα	ανανεώ-θηκα	-μένος
	αγάπη-σα	αγαπή-θηκα	-μένος
	έπι- α-σα	πιά-στηκα	-σμένος
	ξέχα-σα	ξεχά-στκκα	-σμένος
-ξα	έπλε-ξα	πλέ-χτηκα	-γμένος
	άνοι-ξα	ανοί-χτηκα	-γμένος
-ψα	έγρα-ψα	γρά-φτηκα	-μμένος
	κάλυ-ψα	καλύ-φτηκα	-μμένος
	aber: έκο-ψα	κό-πηκα	-μένος
	έκα-ψα	κά-ηκα	-μένος

Das Futur (Zukunft)

Das Futurum continuum (Dauer-Futur)

Es wird gebildet, indem man den Verbformen des Präsens die Partikel θα voranstellt.
Es bezeichnet die Fortdauer oder die Wiederholung einer Handlung in der Zukunft.

Από αύριο **θα σηκώνομαι** πολύ νωρίς.	Ab morgen werde ich sehr früh aufstehen.

Das Futurum exactum (Einmaliges Futur)

Es wird gebildet mit der Partikel θα und dem Aoriststamm + den Endungen des Präsens Aktiv der 1. Konjugation. Die Endungen des Passivs werden betont und stimmen mit denen des Aktivs bis auf die 2. Person Plural überein.

Aktiv		Passiv	
1. Konjugation	2. Konjugation	1. Konjugation	2. Konjugation
θα πληρώσ**ω** θα πληρώσ**εις** θα πληρώσ**ει** θα πληρώσ**ουμε** θα πληρώσ**ετε** θα πληρώσ**ουν**	θα ρωτήσ**ω** θα ρωτήσ**εις** θα ρωτήσ**ει** θα ρωτήσ**ουμε** θα ρωτήσ**ετε** θα ρωτήσ**ουν**	θα πληρωθ**ώ** θα πληρωθ**είς** θα πληρωθ**εί** θα πληρωθ**ούμε** θα πληρωθ**είτε** θα πληρωθ**ούν**	θα ρωτηθ**ώ** θα ρωτηθ**είς** θα ρωτηθ**εί** θα ρωτηθ**ούμε** θα ρωτηθ**είτε** θα ρωτηθ**ούν**
ich werde bezahlen	ich werde fragen	ich werde bezahlt werden	ich werde gefragt werden

Das Futurum exactum bezeichnet eine bestimmte Zeit, in der die Handlung geschehen wird. Der Zeitraum dieser Handlung ist festgelegt.

Αύριο **θα σηκωθώ** πολύ νωρίς.	Morgen werde ich sehr früh aufstehen.
Την επόμενη εβδομάδα **θα ταξιδέψω** για την Αθήνα.	Nächste Woche werde ich nach Athen reisen.

Der Konjunktiv (Möglichkeitsform)

Der **Dauerkonjunktiv** wird mit der Partikel να und den Verbformen des Präsens gebildet.
Der **einmalige Konjunktiv** wird mit der Partikel να und den gleichen Verbformen wie das Futurum exactum gebildet.
Der **Konjunktiv Perfekt** wird mit der Partikel να und den Verbformen des Perfekts gebildet.

Der Konjunktiv steht nach den Partikeln να und ας und nach den Konjunktionen αν, εάν (ob, wenn), όταν (wenn). Er hat nichts mit dem Konjunktiv im Deutschen zu tun; z. B. steht er für Infinitive mit und ohne „zu" im Deutschen.

Nach πριν, προτού (bevor), μόλις (sobald), για να (damit) steht der Konjunktiv Aorist, ebenso beim verneinten Imperativ Aorist.

Να τον **ειδοποιήσω** ;	Soll ich ihn verständigen?
Ας ρωτήσει και το διευθυντή του.	Er soll auch seinen Chef fragen.
Αν έρθει στην ώρα του, μπορεί να πάρει μέρος στο παιχνίδι.	Wenn er pünktlich ist, kann er am Spiel teilnehmen.
Πριν φύγει, τηλεφώνησέ του.	Bevor er weggeht, rufe ihn an.
Μόλις φτάσουμε, θα σου αγοράσω ένα παγωτό.	Sobald wir ankommen, werde ich dir ein Eis kaufen.
Σημείωσέ το, **για να μην** το **ξεχάσεις.**	Notiere es dir, damit du es nicht vergisst.

Der Imperativ (Befehlsform)

Der Imperativ Präsens und Aorist wird durch μη(ν) verneint.

Imperativ Präsens

	Aktiv		Passiv	
	1. Konjugation	2. Konjugation	1. Konjugation	2. Konjugation
Sing.	πλήρωνε μην πληρώνεις	ρώτα μη ρωτάς	– –	– –
Plur.	πληρώνετε μην πληρώνετε	ρωτάτε μη ρωτάτε	–	–

Imperativ Aorist

Sing.	πλήρωσε μην πληρώσεις	ρώτησε μη ρωτήσεις	δηλώσου μη δηλωθείς	κοιμήσου μην κοιμηθείς
Plur.	πληρώστε μην πληρώσετε	ρωτήστε μη ρωτήσετε	δηλωθείτε μη δηλωθείτε	κοιμηθείτε μην κοιμηθείτε
	bezahlen	fragen	sich anmelden	schlafen

Unregelmäßige Imperativformen
Präsens

έχε	habe	να είσαι	sei
έχετε	habt/haben Sie	να είστε	seid/seien Sie

Aorist

	Singular	Plural	
βγαίνω	βγες	βγείτε	herauskommen
βλέπω	δες	δείτε/δέ(σ)τε	sehen
βρίσκω	βρες	βρείτε	finden
δίνω	δώσε	δώστε	geben
έρχομαι	έλα	ελάτε	kommen
κάθομαι	κάθησε/κάτσε	καθήστε	sich setzen, sitzen
λέ(γ)ω	πες	πείτε/πέστε	sagen
παίρνω	πάρε	πάρ(ε)τε	nehmen
πίνω	πιες	πιείτε/πιέ(σ)τε	trinken
τρώ(γ)ω	φά(γ)ε	φάτε	essen

Wichtige unregelmäßige Verben

Präsens	Präteritum	Aorist	θα/να-Form	
αισθάνομαι	αισθανόμουν	αισθάνθηκα	αισθανθώ	(sich) fühlen
ακούω	άκουγα	άκουσα	ακούσω	hören
ανεβαίνω	ανέβαινα	ανέβηκα	ανέβω/ανεβώ	(ein)steigen
βάζω	έβαζα	έβαλα	βάλω	legen, stellen
βγάζω	έβγαζα	έβγαλα	βγάλω	herausnehmen
βγαίνω	έβγαινα	βγήκα	βγω	aus-, hinausgehen
βλέπω	έβλεπα	είδα	δω	sehen
βρίσκω	έβρισκα	βρήκα	βρω	finden
βρίσκομαι	βρισκόμουν	βρέθηκα	βρεθώ	sich befinden
γίνομαι	γινόμουν	έγινα	γίνω	werden
γελώ	γελούσα	γέλασα	γελάσω	lachen
δίνω	έδινα	έδωσα	δώσω	geben
διψώ	διψούσα	δίψασα	διψάσω	Durst haben
είμαι	ήμουν	—	είμαι	sein
έρχομαι	ερχόμουν	ήρθα	έρθω	kommen
ευχαριστώ	ευχαριστούσα	ευχαρίστησα	ευχαριστήσω	danken
εύχομαι	ευχόμουν	ευχήθηκα	ευχηθώ	wünschen
έχω	είχα	—	έχω	haben
ζω	ζούσα	έζησα	ζήσω	leben
θέλω	ήθελα	θέλησα	θελήσω	wollen
θυμού(ά)μαι	θυμόμουν	θυμήθηκα	θυμηθώ	sich erinnern
κάθομαι	καθόμουν	κάθησα	καθήσω	sich setzen, sitzen
καίγομαι	καιγόμουν	κάηκα	καώ	sich verbrennen
καίω	έκαιγα	έκαψα	κάψω	brennen
καλώ	καλούσα	κάλεσα	καλέσω	einladen
καταλαβαίνω	καταλάβαινα	κατάλαβα	καταλάβω	verstehen
κλαίω	έκλαιγα	έκλαψα	κλάψω	weinen
κοιμού(ά)μαι	κοιμόμουν	κοιμήθηκα	κοιμηθώ	schlafen
λέ(γ)ω	έλεγα	είπα	πω	sagen
λυπού(ά)μαι	λυπόμουν	λυπήθηκα	λυπηθώ	bedauern
μαθαίνω	μάθαινα	έμαθα	μάθω	lernen, erfahren
μένω	έμενα	έμεινα	μείνω	bleiben, wohnen

μπαίνω	έμπαινα	μπήκα	μπω	hineingehen
μπορώ	μπορούσα	μπόρεσα	μπορέσω	können
ντύνομαι	ντυνόμουν	ντύθηκα	ντυθώ	sich anziehen
ξέρω	ήξερα	—	ξέρω	wissen
ξεχνώ	ξεχνούσα	ξέχασα	ξεχάσω	vergessen
παθαίνω	πάθαινα	έπαθα	πάθω	erleiden
παίρνω	έπαιρνα	πήρα	πάρω	nehmen
πεινώ	πεινούσα	πείνασα	πεινάσω	Hunger haben
πετώ	πετούσα	πέταξα	πετάξω	fliegen
πέφτω	έπεφτα	έπεσα	πέσω	fallen, hinfallen
πηγαίνω	πήγαινα	πήγα	πάω	gehen
πίνω	έπινα	ήπια	πιω	trinken
πλένω	έπλενα	έπλυνα	πλύνω	waschen
πονώ	πονούσα	πόνεσα	πονέσω	wehtun
στέκομαι	στεκόμουν	στάθηκα	σταθώ	stehen
στέλνω	έστελνα	έστειλα	στείλω	schicken
συγχωρώ	συγχωρούσα	συγχώρεσα	συγχωρέσω	verzeihen
τραβώ	τραβούσα	τράβηξα	τραβήξω	ziehen
τρώ(γ)ω	έτρωγα	έφαγα	φάω	essen
φαίνομαι	φαινόμουν	φάνηκα	φανώ	scheinen
φέρνω	έφερνα	έφερα	φέρω	bringen
φεύγω	έφευγα	έφυγα	φύγω	weggehen
φοβού(ά)μαι	φοβόμουν	φοβήθηκα	φοβηθώ	fürchten
φταίω	έφταιγα	έφταιξα	φταίξω	Schuld sein
χαίρομαι	χαιρόμουν	χάρηκα	χαρώ	sich freuen

Deutsch – Griechisch

Das themenbezogene Vokabular finden Sie in den Wortlisten der Kapitel.

A

ab από *acc* [a'pɔ]
Abend το βράδυ [tɔ 'vraði]
aber αλλά [a'la], όμως ['ɔmɔs]
abfahren (von) αναχωρώ (από) [anaxɔ'rɔ (a'pɔ)]
Abfall τα σκουπίδια [ta sku-'piðia]
abgeben (παρα)δίνω [(para)'ðinɔ]
abholen παίρνω ['pɛrnɔ]
Abkürzung *(Wort)* η συντομογραφία [i sindɔmɔɣra'fia]; *(Weg)* ο σύντομος δρόμος [ɔ 'sindɔmɔs 'ðrɔmɔs]
ablehnen απορρίπτω [apɔ'riptɔ]
abreisen (nach) αναχωρώ (για) [anaxɔ'rɔ (ja)]
abschließen *(Tür)* κλειδώνω [kli'ðɔnɔ], *(Vertrag)* συνάπτω [si'naptɔ]
abwärts *adv* προς τα κάτω [prɔs ta 'katɔ]
Achtung! Προσοχή! [prɔsɔ'çi]
Adresse η διεύθυνση [i ði'ɛfθinsi]
Ägäis το Αιγαίο [tɔ ɛ'jɛɔ]
ähnlich *adj* όμοιος ['ɔmiɔs]
Akropolis η Ακρόπολη [i a'krɔpɔli]
alle όλοι ['ɔli]
allein μόνος ['mɔnɔs]
alles όλα ['ɔla]
als *(zeitlich)* όταν ['ɔtan]; *(bei Vergleich)* από *acc* [a'pɔ]
also λοιπόν [li'pɔn]
alt *adj (Ding, Freund)* παλιός [pa'ljɔs]; *(Lebensalter)* μεγάλος [mɛ'ɣalɔs]
Alter η ηλικία [i ili'kia]
Amt *(Dienststelle)* η υπηρεσία [i ipirɛ'sia]
amüsieren, s. ~ διασκεδάζω [ðiaskɛ'ðazɔ]
an σε *acc* [sɛ]
andere(r, s) *adj* άλλος ['alɔs], διαφορετικός [ðiafɔrɛti'kɔs]
anders *adv* αλλιώς [al'jɔs]
Anfang η αρχή [i ar'çi]
anfangen αρχίζω [ar'çizɔ]
Angabe *(Deklaration)* η δήλωση [i 'ðilɔsi]
angenehm *adj* ευχάριστος [ɛf'xaristɔs]
Angst ο φόβος [ɔ 'fɔvɔs]
anhalten σταματώ [stama'tɔ]
Anlage η εγκατάσταση [i ɛŋga'tastasi]
anmelden δηλώνω [ði'lɔnɔ]
ansehen *(anschauen)* κοιτάζω [ki'tazɔ]
anstatt αντί *gen* [an'di]
anstrengend *adj* κουραστικός [kurasti'kɔs]
antworten απαντώ [apan'dɔ]
anziehen *(Kleidungsstück)* ντύνω ['dinɔ], φορώ [fɔ'rɔ]
anzünden ανάβω [a'navɔ]
Appetit η όρεξη [i 'ɔrɛksi]
Arbeit η δουλειά [i ðul'ja]
arbeiten δουλεύω [ðu'lɛvɔ]
arbeitslos *adj* άνεργος ['anɛrɣɔs]
ärgern, s. ~ über θυμώνω με *acc* [θi'mɔnɔ mɛ]
arm *adj* φτωχός [ftɔ'xɔs]
Art *(Weise)* ο τρόπος [ɔ 'trɔpɔs]
Athen η Αθήνα [i a'θina]
Athene η Αθηνά [i aθi'na]
Athener *adj* αθηναϊκός [aθinai'kɔs]
Athener/in ο Αθηναίος/η Αθηναία [ɔ aθi'nɛɔs/i aθi'nɛa]
Attika η Αττική [i ati'ki]
auch *adv (ebenfalls)* και [kɛ], επίσης [ɛ'pisis]; **~ nicht** ούτε ['utɛ]

auf *prp* (πάνω) σε [('panɔ) sɛ] *acc*; ~ **Griechisch** στα ελληνικά [sta ɛlini'ka]
aufbewahren φυλάω [fi'laɔ]
Aufenthalt η παραμονή [i paramɔ'ni]; *(Zug)* η στάση [i'stasi]
auffordern καλώ [ka'lɔ]
aufhalten, s. ~ παραμένω [para'mɛnɔ], διαμένω [ðia'mɛnɔ]
aufhören παύω ['pavɔ], σταματώ [stama'tɔ]
aufpassen (auf) προσέχω *acc* [prɔ'sɛxɔ]
aufschreiben σημειώνω [si'mjɔnɔ], γράφω ['grafɔ]
aufstehen σηκώνομαι [si'kɔnɔmɛ]
aufwachen ξυπνώ [ksi'pnɔ]
aufwärts *adv* προς τα πάνω [prɔs ta 'panɔ]
Augenblick η στιγμή [i stiɣ'mi]
aus *(Herkunft, Material)* από *acc* [a'pɔ]; *(Grund)* για *acc* [ja]
Ausbildung η εκπαίδευση [i ɛk'pɛðɛfsi]
Ausdruck η έκφραση [i 'ɛkfrasi]
Ausgang η έξοδος [i 'ɛksɔðɔs]
ausgeben ξοδεύω [ksɔ'ðɛvɔ]
ausgehen *(weggehen)* βγαίνω έξω ['vjɛnɔ 'ɛksɔ]; *(Licht)* σβήνω ['zvinɔ]
ausgezeichnet *adj* εξαιρετικός [ɛksɛrɛti'kɔs]
Auskunft *(Information)* η πληροφορία [i plirɔfɔ'ria]; *(Schalter)* πληροφορίες [plirɔfɔ'riɛs]
Ausland το εξωτερικό [tɔ ɛksɔtɛri'kɔ]
Ausländer/in ο ξένος / η ξένη [ɔ 'ksɛnɔs / i 'ksɛni]
ausländisch ξένος ['ksɛnɔs]
ausmachen *(Licht)* σβήνω ['zvinɔ]; *(Termin)* κανονίζω [kanɔ'nizɔ]
ausruhen, s. ~ ξεκουράζομαι [ksɛku'razɔmɛ]
außen *adv* έξω ['ɛksɔ]
außer εκτός από *acc* [ɛ'ktɔs a'pɔ]
außerdem *adv* εκτός απ' αυτό [ɛ'ktɔs ap a'ftɔ]
außerhalb έξω από *acc* ['ɛksɔ a'pɔ]
Aussicht *(Blick)* η θέα [i 'θɛa]
aussprechen προφέρω [prɔ'fɛrɔ]
aussuchen διαλέγω [ðia'lɛɣɔ]
austauschen ανταλλάσσω [anda'lasɔ]
Ausverkauf το ξεπούλημα [tɔ ksɛ'pulima]
Auswahl η επιλογή [i ɛpilɔ'ji]
Auto το αυτοκίνητο [tɔ aftɔ'kinitɔ]; ~ **fahren** πάω με αυτοκίνητο ['paɔ mɛ aftɔ'kinitɔ]
Automat *(Waren~)* το αυτόματο [tɔ a'ftɔmatɔ]
automatisch *adj* αυτόματος [a'ftɔmatɔs]

B

Baby το μωρό [tɔ mɔ'rɔ]
bald *adv* σύντομα ['sindɔma]; **so ~ wie möglich** όσο το δυνατό πιο σύντομα ['ɔsɔ tɔ ðina'tɔ pjɔ 'sindɔma]
Ball *(Sport)* η μπάλα [i 'bala]
Bank (1) *(Geldinstitut)* η τράπεζα [i 'trapɛza]
Bank (2) *(Sitz~)* το παγκάκι [tɔ paŋ'gaki]
bar zahlen πληρώνω τοις μετρητοίς [pli'rɔnɔ tis mɛtri'tis]
Bauernhof το αγρόκτημα [tɔ a'ɣrɔktima]
Baum το δέντρο [tɔ 'ðɛndrɔ]
beabsichtigen σκοπεύω [skɔ'pɛvɔ]
beachten προσέχω [prɔ'sɛxɔ]
beantworten απαντώ [apan'dɔ]
bedauern λυπάμαι [li'pamɛ]
Bedeutung η σημασία [i sima'sia]
Bedienung η εξυπηρέτηση [i ɛksipi'rɛtisi]
Bedingung *(Voraussetzung)* η προϋπόθεση [i prɔi'pɔθɛsi]; *(Umstände)* **unter schwierigen ~en** κάτω από δύσκολες

συνθήκες ['katɔ a'pɔ 'ðiskɔlɛs sin'θikɛs]
beeilen, s. ~ βιάζομαι ['vjazɔmɛ]
beenden τελειώνω [tɛl'jɔnɔ]
befinden, s. ~ βρίσκομαι ['vriskɔmɛ]
befürchten φοβάμαι [fɔ'vamɛ]
begegnen συναντώ [sinan'dɔ]
begeistert sein (von) μένω ενθουσιασμένος (από) *acc* ['mɛnɔ ɛnθusia'zmɛnɔs(a'pɔ)]
begleiten συνοδεύω [sinɔ'ðɛvɔ]
begrüßen χαιρετώ [çɛrɛ'tɔ]
behalten κρατώ [kra'tɔ]
Behälter το δοχείο [tɔ ðɔ'çiɔ]
behandeln *(MED)* θεραπεύω [θɛra'pɛvɔ]
Behörde η αρχή [i ar'çi]
bei *(lokal)* σε *acc* [sɛ]
beide και οι δυο [kɛ i ðjɔ]
Beifall το χειροκρότημα [tɔ çirɔ'krɔtima]
Beispiel το παράδειγμα [tɔ pa'raðiɣma]; **zum ~** για παράδειγμα [ja pa'raðiɣma]
beißen δαγκώνω [ðaŋ'gɔnɔ]
bekannt *adj* γνωστός [ɣnɔ'stɔs]; **jdn mit jdm ~ machen** γνωρίζω κάποιον σε κάποιον [ɣnɔ'rizɔ 'kapiɔn sɛ 'kapiɔn]
Bekannte, der/die ~ ο γνωστός/η γνωστή [ɔ ɣnɔ'stɔs / i ɣnɔ'sti]
Bekanntschaft η γνωριμία [i ɣnɔri'mia]
beklagen, s. ~ (über) παραπονιέμαι (για) *acc* [parapɔ'njɛmɛ (ja)]
bekommen παίρνω ['pɛrnɔ]
belästigen ενοχλώ [ɛnɔ'xlɔ]
Beleidigung η προσβολή [i prɔzvɔ'li]
Belohnung η αμοιβή [i ami'vi]
bemerken *(merken)* καταλαβαίνω [katala'vɛnɔ]; *(beobachten, anmerken)* παρατηρώ [parati'rɔ]
bemühen, s. ~ προσπαθώ [prɔspa'θɔ]
benachrichtigen ειδοποιώ [iðɔ'pjɔ]
benötigen χρειάζομαι [xri'azɔmɛ]
benutzen χρησιμοποιώ [xrisimɔ'pjɔ]
beobachten *(betrachten)* παρατηρώ [parati'rɔ]
bequem *adj* άνετος ['anɛtɔs]
bereit *adj (fertig)* έτοιμος ['ɛtimɔs]; *(willig)* πρόθυμος ['prɔθimɔs]
bereits ήδη ['iði]
Berlin το Βερολίνο [tɔ vɛrɔ'linɔ]
Berg το βουνό [tɔ vu'nɔ]
Bern η Βέρνη [i 'vɛrni]
Beruf το επάγγελμα [tɔ ɛ'paŋgɛlma]
berühmt *adj* διάσημος ['ðjasimɔs]
berühren αγγίζω [aŋ'gizɔ]
beschädigen ζημιώνω [zi'mjɔnɔ], βλάπτω ['vlaptɔ]
beschließen αποφασίζω [apɔfa'sizɔ]
beschreiben περιγράφω [pɛri'ɣrafɔ]
beschweren, s. ~ (über) παραπονιέμαι (για) *acc* [parapɔ'njɛmɛ (ja)]
besetzt *adj (Platz, TEL)* πιασμένος [pia'zmɛnɔs]
besichtigen επισκέπτομαι [ɛpi'skɛptɔmɛ], βλέπω ['vlɛpɔ]
Besitzer/in ο ιδιοκτήτης /η ιδιοκτήτρια [ɔ iðiɔ'ktitis/i iðiɔ'ktitria]
besonders *adv* ιδιαίτερα [iði'ɛtɛra]
besorgen εξοικονομώ [ɛksikɔnɔ'mɔ], προμηθεύω [prɔmi'θɛvɔ]
besser *adv* καλύτερα [ka'litɛra]
bestätigen βεβαιώνω [vɛvɛ'ɔnɔ]
beste(r, -s) *adj* ο καλύτερος [ɔ ka'litɛrɔs]
bestehen *(existieren)* υπάρχω [i'parxɔ]; **~ auf** επιμένω σε *acc* [ɛpi'mɛnɔ sɛ]; **~ aus** αποτελούμαι από *acc* [apɔtɛ'lumɛ a'pɔ]
bestimmt *adj* ορισμένος [ɔri'zmɛnɔs]; *adv* σίγουρα ['siɣura]
Besuch η επίσκεψη [i ɛ'piskɛpsi]

besuchen, jdn ~ επισκέπτομαι κάποιον [εpi'skεptɔmε 'kapiɔn]
beten προσεύχομαι [prɔs-'εfxɔmε]
Betrag το ποσό [tɔ pɔ'sɔ]
betreten *verb (Raum)* μπαίνω σε *acc* ['bεnɔ sε]; *(Rasen)* πατώ [pa'tɔ]
betrinken, s. ~ μεθώ [mε'θɔ]
Betrug η απάτη [i a'pati]
betrunken μεθυσμένος [mεθi-'zmεnɔs]
Bett το κρεβάτι [krε'vati]; **zu ~ gehen** πάω στο κρεβάτι ['paɔ stɔ krε'vati]
Beutel η σακούλα [i sa'kula]
bevor πριν [prin]
Beweis η απόδειξη [i a'pɔðiksi]
bewundern θαυμάζω [θav-'mazɔ]
bezahlen πληρώνω [pli'rɔnɔ]
bezaubernd γοητευτικός [ɣɔitεfti'kɔs]
Biene η μέλισσα [i 'mεlisa]
bieten προσφέρω [prɔs'fεrɔ]
Bild *(Foto)* η φωτογραφία [i fɔtɔɣra'fia]; *(Gemälde)* ο πίνακας [ɔ 'pinakas]
bilden σχηματίζω [sçima'tizɔ], διαμορφώνω [ðiamɔr'fɔnɔ]
billig *adj* φτηνός [fti'nɔs]
bis μέχρι *acc* ['mεxri]
bisschen, ein ~ λίγο ['liɣɔ]
Bitte η παράκληση [i pa'raklisi]
bitten, jdn um etw ~ παρακαλώ κάποιον για κάτι [paraka'lɔ 'kapiɔn ja 'kati]
bitter *adj* πικρός [pi'krɔs]
Blatt το φύλλο [tɔ 'filɔ]
bleiben μένω ['mεnɔ]
bleich *adj* χλωμός [xlɔ'mɔs]
Blick *(Aufblicken)* το βλέμμα [tɔ 'vlεma]; *(Aus~)* η θέα [i 'θεa]
blöd(e) *adj* κουτός [ku'tɔs]
blühen ανθίζω [an'θizɔ]
Blume το λουλούδι [tɔ lu'luði]
Boden *(Land, Erd~)* το έδαφος [tɔ 'εðafɔs]; *(Fuß~)* το πάτωμα [tɔ 'patɔma]
Bonn η Βόννη [i 'vɔni]
böse *(schlecht)* κακός [ka'kɔs]; *(verärgert)* θυμωμένος [θimɔ'mεnɔs]
Botschaft *(dipl. Vertretung)* η πρεσβεία [i prε'zvia]
Brand η πυρκαγιά [i pirka'ja]
brauchen χρειάζομαι [xri'azɔmε]
braun *adj (Möbel, Schuhe)* καφέ [ka'fε]; *(Augen, Haar)* καστανός [kasta'nɔs]; *(gebräunt)* μαυρισμένος [mavri'zmεnɔs]
breit *adj* φαρδύς [far'ðis], πλατύς [pla'tis]
brennen καίω ['kεɔ]
Brieftasche το πορτοφόλι [tɔ pɔrtɔ'fɔli]
bringen φέρνω ['fεrnɔ]
Bruder ο αδελφός [ɔ aðεl'fɔs]
Buch το βιβλίο [tɔ vi'vliɔ]
buchen *(Platz)* κλείνω (θέση) ['klinɔ ('θεsi)]
buchstabieren συλλαβίζω [sila'vizɔ]
Bucht ο κόλπος [ɔ 'kɔlpɔs]
Bummel η βόλτα [i 'vɔlta]
bunt *(mehrfarbig)* πολύχρωμος [pɔ'lixrɔmɔs]
Büro το γραφείο [tɔ ɣra'fiɔ]
Busch ο θάμνος [ɔ 'θamnɔs]

C

Café η καφετέρια [i kafε'tεria]
Chef το αφεντικό [tɔ afεndi'kɔ]
Cousin/e ο ξάδελφος/η ξαδέλφη [ɔ 'ksaðεlfɔs/i ksa'ðεlfi]

D

da *adv (dort)* εκεί [ε'ki]; *conj (Grund)* επειδή [εpi'ði]
dafür sein είμαι υπέρ *gen* ['imε i'pεr]
dagegen sein είμαι κατά *gen* ['imε ka'ta]
daheim *adv* στο σπίτι [stɔ 'spiti]
damals *adv* τότε ['tɔtε]
danach *adv* μετά (απ' αυτό) [mε'ta (ap a'ftɔ)], ύστερα ['istεra]

danken ευχαριστώ [εfxari'stɔ]
dann adv (später) μετά [mε'ta]
dasein (anwesend) είμαι εδώ ['imε ε'ðɔ]
dass ότι ['ɔti], πως [pɔs]
dasselbe το ίδιο [tɔ 'iðiɔ]
Datum η ημερομηνία [i imεrɔmi'nia]
Dauer η διάρκεια [i ði'arkia]
dauern διαρκώ [ðiar'kɔ]
dein ... σου [su]
denken an σκέπτομαι acc ['skεptɔmε]
denn διότι [ði'ɔti], γιατί [ja'ti]
deshalb adv γι' αυτό [ji af'tɔ]
deutlich adj σαφής [sa'fis]; adv σαφώς [sa'fɔs]
deutsch adj γερμανικός [jεrmani'kɔs]
Deutsche, der/die ~ ο Γερμανός / η Γερμανίδα [ɔ jεrma-'nɔs / i jεrma'niða]
Deutschland η Γερμανία [i jεrma'nia]
dick adj παχύς [pa'çis], χοντρός [xɔn'drɔs]
diese(r, -s) αυτός [af'tɔs]
Ding το πράγμα [tɔ 'praɣma]
direkt adj άμεσος ['amεsɔs]; adv (Flug, Weg) κατευθείαν [katεf'θian]
doch adv (dennoch) κι όμως [ki 'ɔmɔs]
doppelt adj διπλός [ði'plɔs]
Dorf το χωριό [tɔ xɔr'jɔ]
dort adv εκεί [ε'ki]
Dose το κουτί [tɔ ku'ti]
draußen adv έξω ['εksɔ]
drin(nen) adv μέσα ['mεsa]
dringend adj επείγων [ε'piɣɔn]; adv επειγόντος [εpi'ɣɔntɔs]
dritte(r, -s) adj τρίτος ['tritɔs]
du εσύ [ε'si]
dumm adj κουτός [ku'tɔs]
dunkel adj σκοτεινός [skɔti'nɔs]
dünn adj λεπτός [lε'ptɔs]
durch (quer ~) δια μέσου gen [ðja 'mεsu], μέσω gen ['mεsɔ]; (Mittel) με acc [mε]

durchschnittlich adj μέσος ['mεsɔs]; adv κατά μέσον όρο [ka'ta 'mεsɔn 'ɔrɔ]
dürfen μπορώ [bɔ'rɔ], επιτρέπεται [εpi'trεpetε]
durstig sein διψάω [ði'psaɔ]

E

eben (1) adj (flach) επίπεδος [ε'pipεðɔs]
eben (2) adv (zeitlich) μόλις τώρα ['mɔlis 'tɔra]
Ebene η πεδιάδα [i pε'ðjaða]
echt adj γνήσιος ['ɣnisiɔs]
Ecke η γωνία [i ɣɔ'nia]
Ehefrau η σύζυγος [i 'siziɣɔs]
Ehemann ο σύζυγος [ɔ 'siziɣɔs]
eigen adj δικός [ði'kɔs]
Eigenschaft η ιδιότητα [i i'ðjɔtita]
Eigentümer/in ο ιδιοκτήτης/η ιδιοκτήτρια [ɔ iðiɔ'ktitis/i iðiɔ'ktitria]
eilig adj βιαστικός [vjasti'kɔs]; es ~ haben βιάζομαι ['vjazɔmε]
ein(e) ένας ['εnas]; μια ['mia]; ένα ['εna]
Eindruck η εντύπωση [i εn'dipɔsi]
einfach adj απλός [a'plɔs]
Eingang η είσοδος [i 'isɔðɔs]
einheimisch adj ντόπιος ['dɔpiɔs]
einige μερικοί [mεri'ki]
einigen, s. ~ συμφωνώ [simfɔ'nɔ]
einkaufen ψωνίζω [psɔ'nizɔ]
einladen προσκαλώ [prɔska'lɔ]
einmal μια φορά [mja fɔ'ra]
einpacken βάζω μέσα ['vazɔ 'mεsa]
einsam adj μόνος ['mɔnɔs]
einschalten ανάβω [a'navɔ]
eintreffen φτάνω ['ftanɔ]
eintreten (in Raum) μπαίνω ['bεnɔ]
Eintritt η είσοδος [i 'isɔðɔs]
Eintrittskarte το εισιτήριο [tɔ isi'tiriɔ]
Eintrittspreis η τιμή εισιτηρίου [i ti'mi isiti'riu]

Einwohner/in ο/η κάτοικος [ɔ/i 'katikɔs]
einzig, einzigartig *adj* μοναδικός [mɔnaði'kɔs]
elektrisch *adj* ηλεκτρικός [ilɛktri'kɔs]
Eltern οι γονείς [i γɔ'nis]
empfangen *(Gäste)* υποδέχομαι [ipɔ'ðɛxɔmɛ]; *(erhalten)* λαμβάνω [lam'vanɔ]
empfehlen συνιστώ [sini'stɔ]
Ende το τέλος [tɔ 'tɛlɔs]; **am ~** στο τέλος [stɔ 'tɛlɔs]
enden τελειώνω [tɛl'jɔnɔ]
endgültig *adj* οριστικός [ɔristi'kɔs]
endlich *adv* επιτέλους [ɛpi'tɛlus]
eng *adj* στενός [stɛ'nɔs]
englisch *adj* αγγλικός [aŋgli'kɔs]
Enkel/in ο εγγονός / η εγγονή [ɔ ɛŋgɔ'nɔs / i ɛŋgɔ'ni]
entdecken ανακαλύπτω [anaka'liptɔ]
entfernt *adj* απομακρυσμένος [apɔmakri'zmɛnɔs]
Entfernung *(Abstand)* η απόσταση [i a'pɔstasi]
entgegengesetzt *adj* αντίθετος [an'diθɛtɔs]
enthalten περιέχω [pɛri'ɛxɔ]
entscheiden, s. entschließen αποφασίζω [apɔfa'sizɔ]
entschuldigen, s. ~ ζητώ συγγνώμη [zi'tɔ siŋ'gnɔmi]
Entschuldigung η συγγνώμη [i siŋ'gnɔmi]
enttäuscht *adj* απογοητευμένος [apɔγɔitɛv'mɛnɔs]
entweder ... oder ή ... ή [i ... i], είτε ... είτε ['itɛ ... 'itɛ]
entwickeln εξελίσσω [ɛksɛ'lisɔ], **s. ~** αναπτύσσομαι [ana'ptisɔmɛ]; *(Bilder)* εμφανίζω [ɛmfa'nizɔ]
entzückend *adj* γοητευτικός [γɔitɛfti'kɔs], χαριτωμένος [xaritɔ'mɛnɔs]
er αυτός [af'tɔs]
Erde η γη [i ji]
Erdgeschoss το ισόγειο [tɔ i'sɔjiɔ]
ereignen, s. ~ συμβαίνω [sim'vɛnɔ], γίνομαι ['jinɔmɛ]
Ereignis το γεγονός [tɔ jɛγɔ'nɔs]
erfahren *verb* μαθαίνω [ma'θɛnɔ]
erfreut *adj* ευχαριστημένος [ɛfxaristi'mɛnɔs], **über jdn/etw ~ sein** χαίρομαι για κάποιον/κάτι ['çɛrɔmɛ ja 'kapjɔn/'kati]
Erfrischungsgetränk το αναψυκτικό [tɔ anapsikti'kɔ]
Ergebnis το αποτέλεσμα [tɔ apɔ'tɛlɛzma]
erhalten *verb (bekommen)* λαμβάνω [lam'vanɔ], παίρνω ['pɛrnɔ]
erhöhen *(Preise)* αυξάνω [af'ksanɔ]
erholen, s. ~ ξεκουράζομαι [ksɛku'razɔmɛ]
erinnern, s. ~ (an) θυμάμαι *acc* [θi'mamɛ]; **sie erinnert mich an ihre Mutter** μου θυμίζει τη μητέρα της [mu θi'mizi ti mi'tɛra tis]; **jdn an etw ~** υπενθυμίζω κάτι σε κάποιον [ipɛnθi'mizɔ 'kati sɛ 'kapiɔn]
erklären *(erläutern)* εξηγώ [ɛksi'γɔ]; *(deklarieren)* δηλώνω [ði'lɔnɔ]
erkundigen, s. ~ nach ρωτάω για *acc* [rɔ'taɔ ja]
erlauben επιτρέπω [ɛpi'trɛpɔ]
Erlaubnis η άδεια [i 'aðia]
erledigen τακτοποιώ [taktɔ'pjɔ]
Ermäßigung η έκπτωση [i 'ɛkptɔsi]
ernst *adj* σοβαρός [sɔva'rɔs]
Ernte *(das Ernten)* η συγκομιδή [i siŋgɔmi'ði]; *(das Geerntete)* η σοδειά [i sɔ'ðja]
erreichen *(Ort)* φτάνω ['ftanɔ]; *(erzielen)* επιτυγχάνω [ɛpitiŋ'xanɔ]; *(telefonisch)* βρίσκω ['vriskɔ]
Ersatz *(Schaden~)* η αποζημίωση [i apɔzi'miɔsi]
erschöpft εξαντλημένος [ɛksandli'mɛnɔs]
erschrecken τρομάζω [trɔ'mazɔ]

ersetzen αναπληρώνω [anapli'rɔnɔ]; *(Schaden)* αποζημιώνω [apɔzi'mjɔnɔ]
erst *adv (zuerst)* πρώτα ['prɔta]; *(nicht früher als)* μόνο ['mɔnɔ]; *(eben)* μόλις ['mɔlis]
erste(r, -s) *adj* πρώτος ['prɔtɔs]
Erwachsene(r) ο ενήλικος / η ενήλικη [ɔ ɛ'nilikɔs/i ɛ'niliki]
erwarten περιμένω [pɛri'mɛnɔ]
erzählen διηγούμαι [ðii'ɣumɛ]
Esel ο γάιδαρος [o 'ɣaiðarɔs]
essbar *adj* φαγώσιμος [fa'ɣɔsimɔs]
Essen το φαγητό [tɔ faji'tɔ]
essen τρώω ['trɔɔ]
etwa *adv (circa)* περίπου [pɛ'ripu]
etwas *prn* κάτι ['kati]; *adv (ein wenig)* λίγο ['liɣɔ]
euer ... σας [sas]
Europa η Ευρώπη [i ɛv'rɔpi]
Europäer/in ο Ευρωπαίος / η Ευρωπαία [ɔ ɛvrɔ'pɛɔs/i ɛvrɔ'pɛa]
europäisch *adj* ευρωπαϊκός [ɛvrɔpai'kɔs]
extra *adv (zusätzlich, besonders)* έξτρα ['ɛkstra]; *(getrennt)* ξεχωριστά [ksɛxɔri'sta]

F

Fabrik το εργοστάσιο [tɔ ɛrɣɔ'stasiɔ]
fahren πηγαίνω [pi'jɛnɔ]
Fahrer/in ο/η οδηγός [ɔ/i ɔði'ɣɔs]
Fahrgast ο επιβάτης [ɔ ɛpi-'vatis]
Fahrstuhl το ασανσέρ [tɔ asan'sɛr]
Fahrt *(Unterwegssein)* ο δρόμος [ɔ 'ðrɔmɔs]; *(Reise)* το ταξίδι [tɔ ta'ksiði]
fair *adj (anständig)* τίμιος ['timiɔs]; *(gerecht)* δίκαιος ['ðikɛɔs]
fallen πέφτω ['pɛftɔ]
falsch *adj* λάθος ['laθɔs]
Familie η οικογένεια [i ikɔ'jɛnia]
fangen πιάνω ['pjanɔ]
fast *adv* σχεδόν [sçɛ'ðɔn]
faul *adj (träge)* τεμπέλης [tɛm'bɛlis]; *(Obst)* σάπιος ['sapiɔs]
fehlen λείπω ['lipɔ]
Fehler *(den man macht)* το λάθος [tɔ 'laθɔs]; *(den man hat)* το ελάττωμα [tɔ ɛ'latɔma]
feilschen παζαρεύω [baza'rɛvɔ]
fein *adj (dünn, fig)* λεπτός [lɛp'tɔs]; *(Staub, Regen)* ψιλός [psi'lɔs]; *(elegant)* κομψός [kom'psɔs]
Feld το χωράφι [tɔ xɔ'rafi]
Fell το δέρμα [tɔ 'ðɛrma]
Fels ο βράχος [ɔ 'vraxɔs]
Ferien οι διακοπές [i ðiakɔ'pɛs]
fertig *adj (bereit)* έτοιμος ['ɛtimɔs]
fest *adj (hart)* σκληρός [skli'rɔs]; *(stabil)* σταθερός [staθɛ'rɔs]
Fest η γιορτή [i jɔr'ti]
fett *adj (fettig)* λιπαρός [lipa'rɔs]; *(dick)* παχύς [pa'çis]
feucht *adj* υγρός [i'ɣrɔs]
Feuer η φωτιά [i fɔ'tja]
feuergefährlich *adj* εύφλεκτος ['ɛflɛktɔs]
Feuerlöscher ο πυροσβεστήρας [ɔ pirɔzvɛ'stiras]
Feuermelder ο αναγγελτήρας πυρκαγιάς [ɔ anaŋgɛl'tiras pirka'jas]
Feuerwehr η πυροσβεστική [i pirɔzvɛsti'ki]
finden βρίσκω ['vriskɔ]
Firma η επιχείρηση [i ɛpi'çirisi], η φίρμα [i 'firma]
Fisch το ψάρι [tɔ 'psari]
Fischhändler ο ιχθυοπώλης [ɔ ixθiɔ'pɔlis]
fit sein είμαι σε φόρμα ['imɛ sɛ 'fɔrma]
flach *adj (nicht tief)* ρηχός [ri'xɔs]; *(niedrig)* χαμηλός [xami'lɔs]
Flasche το μπουκάλι [tɔ bu'kali]
Fleck(en) ο λεκές [ɔ lɛ'kɛs]
flicken μπαλώνω [ba'lɔnɔ]
Fliege η μύγα [i 'miɣa]
fliegen πετώ [pɛ'tɔ]
fließen τρέχω ['trɛxɔ], ρέω ['rɛɔ]
Fluss ο ποταμός [ɔ pɔta'mɔs]

flüssig *adj* ρευστός [rɛf'stɔs], υγρός [i'ɣrɔs]
folgen ακολουθώ [akɔlu'θɔ]
Form η μορφή [i mɔr'fi]
Formular το έντυπο [tɔ 'ɛndipɔ]
fort sein λείπω ['lipɔ]
Foto η φωτογραφία [i fɔtɔɣra'fia]
Frage η ερώτηση [i ɛ'rɔtisi]
fragen ρωτώ [rɔ'tɔ]
französisch *adj* γαλλικός [ɣali'kɔs]
Frau η γυναίκα [i ji'nɛka]; *(Anrede)* κυρία ... [ki'ria]
Fräulein η δεσποινίς [i ðɛspi'nis]
frei *adj* ελεύθερος [ɛ'lɛfθɛrɔs]; *(gratis)* δωρεάν [ðɔrɛ'an]
fremd *adj* ξένος ['ksɛnɔs]
Fremde, der/die ~ ο ξένος / η ξένη [ɔ 'ksɛnɔs / i 'ksɛni]
Freude η χαρά [i xa'ra]
freuen, s. ~ über χαίρομαι για *acc* ['çɛrɔmɛ ja]; **s. auf etw ~** περιμένω κάτι πώς και πώς [pɛri'mɛnɔ 'kati pɔs kɛ pɔs]
Freund/in ο φίλος/η φίλη [ɔ 'filɔs/i 'fili]
freundlich *adj* φιλικός [fili'kɔs]
frieren κρυώνω [kri'ɔnɔ]
frisch *adj (Obst)* φρέσκος ['frɛskɔs]
froh *adj (fröhlich)* χαρούμενος [xa'rumɛnɔs]; *(zufrieden)* ευχαριστημένος [ɛfxaristi'mɛnɔs]
früh *adj/adv* νωρίς [nɔ'ris]
frühstücken παίρνω πρωινό ['pɛrnɔ prɔi'nɔ]
fühlen αισθάνομαι [ɛs'θanɔmɛ]
führen οδηγώ [ɔði'ɣɔ]
Führer/in ο/η οδηγός [ɔ/i ɔði'ɣɔs]; *(Fremden~)* ο/η ξεναγός [ɔ/i ksɛna'ɣɔs]
füllen γεμίζω [jɛ'mizɔ]
Fundbüro το γραφείο απολεσθέντων αντικειμένων [tɔ ɣra'fiɔ apɔlɛs'θɛndɔn andiki'mɛnɔn]
funktionieren λειτουργώ [litur'ɣɔ]
für για *acc* [ja]
fürchten, s. ~ vor φοβάμαι *acc* [fɔ'vamɛ]
fürchterlich *adj* φοβερός [fɔvɛ'rɔs], τρομερός [trɔmɛ'rɔs]
Fußgänger/in ο πεζός/η πεζή [ɔ pɛ'zɔs/i pɛ'zi]

G

ganz *adj (vollständig)* όλος ο ['ɔlɔs ɔ]; *adv (vollständig)* εντελώς [ɛndɛ'lɔs]
Garantie η εγγύηση [i ɛŋ'giisi]
Garten ο κήπος [ɔ 'kipɔs]
Gast ο φιλοξενούμενος [ɔ filɔksɛ'numɛnɔs]; *(Kunde)* ο πελάτης [ɔ pɛ'latis]
Gastfreundschaft η φιλοξενία [i filɔksɛ'nia]
Gastgeber/in ο οικοδεσπότης / η οικοδέσποινα [ɔ ikɔðɛ'spɔtis / i ikɔ'ðɛspina]
Gebäude το κτίριο [tɔ 'ktiriɔ]
geben δίνω ['ðinɔ]
geboren *adj* γεννημένος [jɛni'mɛnɔs]
gebräuchlich *adj* συνηθισμένος [siniθi'zmɛnɔs]
Gebühren τα τέλη [ta 'tɛli]
Geburtstag τα γενέθλια [ta jɛ'nɛθlia]
Geduld η υπομονή [i ipɔmɔ'ni]
Gefahr ο κίνδυνος [ɔ 'kinðinɔs]
gefährlich επικίνδυνος [ɛpi'kinðinɔs]
gefallen αρέσω [a'rɛsɔ]
Gefühl το (συν)αίσθημα [tɔ (sin)'ɛsθima]
gegen *(wider)* εναντίον *gen* [ɛnan'diɔn], κατά *gen* [ka'ta]; *(in Richtung auf)* προς *acc* [prɔs]; *(zeitlich)* κατά *acc* [ka'ta]
Gegend η περιοχή [i pɛriɔ'çi]
Gegenstand το αντικείμενο [tɔ andi'kimɛnɔ]
Gegenteil το αντίθετο [tɔ an'diθɛtɔ]; **im ~** αντίθετα [an'diθɛta]
gegenüber *(lokal)* απέναντι από *acc* [a'pɛnandi a'pɔ]
geheim *adj (heimlich)* κρυφός [kri'fɔs]

gehen πηγαίνω [pi'jɛnɔ]; zu **Fuß** ~ πηγαίνω με τα πόδια [pi'jɛnɔ mɛ ta 'pɔðia]
gehören ανήκω [a'nikɔ]
Geld το χρήμα [tɔ 'xrima], τα λεφτά [ta lɛf'ta]
Geldbeutel το πορτοφόλι [tɔ pɔrtɔ'fɔli]
Gelegenheit η ευκαιρία [i ɛfkɛ'ria]
gelegentlich *adv* πού και πού [pu kɛ pu]
gelten ισχύω [is'çiɔ]
gemeinsam *adj* κοινός [ki'nɔs]; *adv* μαζί [ma'zi]
gemischt *adj* ανάμικτος [a'namiktɔs]
genau *adj* ακριβής [akri'vis]; *adv* ακριβώς [akri'vɔs]
genehmigen εγκρίνω [ɛŋ'grinɔ]
genießen απολαμβάνω [apɔlam'vanɔ]
genug *adv* αρκετά [arkɛ'ta]
geöffnet *adj* ανοιχτός [ani'xtɔs]
gerade (1) *adj* ευθύς [ɛ'fθis]
gerade (2) *adv (zeitlich)* μόλις ['mɔlis]
Geräusch ο θόρυβος [ɔ 'θɔrivɔs]
Gericht *(Speise)* το φαγητό [tɔ faji'tɔ]; *(JUR)* το δικαστήριο [tɔ ðika'stiriɔ]
gern *adv* ευχαρίστως [ɛfxa'ristɔs]
Geruch η μυρωδιά [i mirɔ'ðja]
Gesang *(Lied)* το τραγούδι [tɔ tra'ɣuði]
geschehen συμβαίνω [sim'vɛnɔ], γίνομαι ['jinɔmɛ]
Geschenk το δώρο [tɔ 'ðɔrɔ]
Geschichte η ιστορία [i istɔ'ria]
geschlossen *adj* κλειστός [kli'stɔs]
Geschmack *(Sinn, von Speise)* η γεύση [i 'jɛfsi]; *(Urteilsfähigkeit)* το γούστο [tɔ 'ɣustɔ]
Geschwindigkeit η ταχύτητα [i ta'çitita]
Gespräch η συνομιλία [i sinɔmi'lia]
gesund *adj (nicht krank)* υγιής [iji'is]; *(Vitamin, Sport)* υγιεινός [ijii'nɔs]
Gewicht το βάρος [tɔ 'varɔs]
gewöhnlich *adj* συνηθισμένος [siniθi'zmɛnɔs]; *adv* συνήθως [si'niθɔs]
gibt, es ~ υπάρχει [i'parçi]; έχει *acc* ['ɛçi]
Gift το δηλητήριο [tɔ ðili'tiriɔ]
giftig δηλητηριώδης [ðilitir-'jɔðis]
Glaube η πίστη [i 'pisti]
glauben πιστεύω [pi'stɛvɔ]
gleich *adj (identisch)* ίδιος ['iðiɔs], ίσος ['isɔs]; *adv (sofort)* αμέσως [a'mɛsɔs]
gleichzeitig *adj* ταυτόχρονος [ta'ftɔxrɔnɔs]
Glück *(Glücksfall)* η τύχη [i 'tiçi]; *(Glücklichsein)* η ευτυχία [i ɛfti'çia]
glücklich *adj (froh)* ευτυχισμένος [ɛftiçi'zmɛnɔs]; *(vom Glück begünstigt)* τυχερός [tiçɛ'rɔs]
Glückwunsch τα συγχαρητήρια [ta si'ŋxari'tiria]
Gott ο θεός [ɔ θɛ'ɔs]
gratis δωρεάν [ðɔrɛ'an]
gratulieren συγχαίρω [siŋ'çɛrɔ]
Grenze τα σύνορα [ta 'sinɔra]
groß *adj (nicht klein, Wert, Worte, Künstler)* μεγάλος [mɛ'ɣalɔs]; *(hoch, hochgewachsen)* ψηλός [psi'lɔs]
Größe *(Ausdehnung, Kleider~)* το μέγεθος [tɔ 'mɛjɛθɔs], *(Fläche, Ausmaß)* η έκταση [i 'ɛktasi]; *(Höhe)* το ύψος [tɔ 'ipsɔs]
Großmutter η γιαγιά [i ja'ja]
Großvater ο παππούς [ɔ pa'pus]
Grund *(Erdboden)* το έδαφος [tɔ 'ɛðafɔs]; *(Ursache)* ο λόγος [ɔ 'lɔɣɔs]
Gruppe η ομάδα [i ɔ'maða]
grüßen χαιρετώ [çɛrɛ'tɔ]
gültig *adj* έγκυρος ['ɛŋgirɔs]
gut *adj* καλός [ka'lɔs]

H

haben έχω ['ɛxɔ]
Haken ο γάντζος [ɔ 'ɣandzɔs]; *(Kleider~)* η κρεμάστρα [i krɛ-'mastra]

halb *adj* μισός [mi'sɔs]
Hälfte το μισό [tɔ mi'sɔ]
Halt! Στοπ! [stɔp]
haltbar bis διατηρείται μέχρι [ðiati'ritɛ 'mɛxri]
halten *(stehenbleiben)* σταματώ [stama'tɔ]; *(Stoff, Konserve, Wetter, Wort, fest~)* κρατώ [kra'tɔ]
handgemacht *adj* χειροποίητος [çirɔ'piitɔs]
hart *adj* σκληρός [skli'rɔs]
hässlich *adj* άσχημος ['asçimɔs]
häufig *adv* συχνά [six'na]
Hauptstadt η πρωτεύουσα [i prɔ'tɛvusa]
Haus το σπίτι [tɔ 'spiti]
heben σηκώνω [si'kɔnɔ]
heilig *adj* άγιος ['ajɔs]
Heimat η πατρίδα [i pa'triða]
heimlich *adj* κρυφός [kri'fɔs]
Heimreise το ταξίδι επιστροφής [tɔ ta'ksiði ɛpistrɔ'fis]
heiraten παντρεύομαι [pan-'drɛvɔmɛ]
heiß *adj* ζεστός [zɛ'stɔs]; **es ist ~** κάνει ζέστη ['kani 'zɛsti]
heißen *(sich nennen)* λέγομαι ['lɛɣɔmɛ]
heizen θερμαίνω [θɛr'mɛnɔ]
helfen, jdm ~ βοηθώ κάποιον [vɔi'θɔ 'kapiɔn]
hell *adj* φωτεινός [fɔti'nɔs]
herausgeben *(Geld)* δίνω ρέστα ['ðinɔ 'rɛsta]
Herein! Εμπρός! [ɛm'brɔs]
hereinkommen έρχομαι μέσα ['ɛrxɔmɛ 'mɛsa]
Herr ο κύριος [ɔ 'kiriɔs]; *(Anrede)* κύριε ['kiriɛ]
herrlich *adj* υπέροχος [i'pɛrɔxɔs]
Herz η καρδιά [i kar'ðja]
herzlich *adj* εγκάρδιος [ɛŋ'garðiɔs]
hier *adv* εδώ [ɛ'ðɔ]
Hilfe η βοήθεια [i vɔ'iθia]; **erste Hilfe** οι πρώτες βοήθειες [i 'prɔtɛs vɔ'iθiɛs]
Himmel ο ουρανός [ɔ ura'nɔs]
hinausgehen βγαίνω ['vjɛnɔ]
hineingehen μπαίνω ['bɛnɔ]
hinlegen βάζω κάτω ['vazɔ 'katɔ]; **s. ~** ξαπλώνω [ksa'plɔnɔ]
hinten *adv* πίσω ['pisɔ]
hinter πίσω από *acc* ['pisɔ a'pɔ]
hoch *adj* ψηλός [psi'lɔs]
höchstens *adv* το πολύ [tɔ pɔ'li]
Hochzeit *(Feier)* ο γάμος [ɔ 'ɣamɔs]
Hof η αυλή [i av'li]
hoffen ελπίζω [ɛl'pizɔ]
höflich *adj* ευγενικός [ɛvjɛni'kɔs]
Höhe το ύψος [tɔ 'ipsɔs]
holen φέρνω ['fɛrnɔ]; *(Arzt, Polizei)* καλώ [ka'lɔ]
Holz το ξύλο [tɔ 'ksilɔ]
hören ακούω [a'kuɔ]
hübsch *adj* χαριτωμένος [xaritɔ'mɛnɔs]
Hügel ο λόφος [ɔ 'lɔfɔs]
Hund ο σκύλος [ɔ 'skilɔs]
hungrig sein πεινάω [pi'naɔ]

I

ich εγώ [ɛ'ɣɔ]
Idee η ιδέα [i i'ðɛa]
ihr ... της [tis]
Imbiss *(Snack)* ο μεζές [ɔ mɛ'zɛs]
immer *adv* πάντα ['panda]
in σε *acc* [sɛ]
inbegriffen sein περιλαμβάνεται [pɛrilam'vanɛtɛ]
informieren πληροφορώ [plirɔfɔ'rɔ]
Inhalt το περιεχόμενο [tɔ pɛriɛ-'xɔmɛnɔ]
innen *adv* μέσα ['mɛsa]
Insekt το έντομο [tɔ 'ɛndɔmɔ]
Insel το νησί [tɔ ni'si]
interessant *adj* ενδιαφέρων [ɛnðia'fɛrɔn]
interessieren, s. ~ für ενδιαφέρομαι για *acc* [ɛnðia'fɛrɔmɛ ja]
international *adj* διεθνής [ðiɛθ'nis]
Irrtum η πλάνη [i 'plani]

J

Jahr ο χρόνος [ɔ 'xrɔnɔs], το έτος [tɔ 'ɛtɔs]
Jahreszeit η εποχή [i ɛpɔ'çi]
jährlich adj ετήσιος [ɛ'tisiɔs]
jede(r, -s) adj κάθε ['kaθɛ]; prn ο καθένας [ɔ ka'θɛnas]
jemand κανείς [ka'nis], κάποιος ['kapiɔs]
jene(r, -s) εκείνος [ɛ'kinɔs]
jetzt adv τώρα ['tɔra]
Jugendliche(r) ο νέος / η νέα [ɔ 'nɛɔs / i 'nɛa]
jung adj νέος ['nɛɔs]
Junge το αγόρι [tɔ a'ɣɔri], το παιδί [tɔ pɛ'ði]
Junggeselle ο εργένης [ɔ ɛr'jɛnis]

K

kalt adj κρύος ['kriɔs], ψυχρός [psi'xrɔs]
kaputt adj χαλασμένος [xala'zmɛnɔs]
Kasse το ταμείο [tɔ ta'miɔ]
Katze η γάτα [i 'ɣata]
kaufen αγοράζω [aɣɔ'razɔ]
kaum adv (sehr wenig) σχεδόν καθόλου [sçɛ'ðɔn ka'θɔlu]
Kaution η εγγύηση [i ɛŋ'giisi]
kein(e) adj κανένας [ka'nɛnas]
keine(r, -s) prn κανένας [ka'nɛnas]
kennen ξέρω ['gzɛrɔ], γνωρίζω [ɣnɔ'rizɔ]; ~ lernen γνωρίζω [ɣnɔ'rizɔ]
Kind το παιδί [tɔ pɛ'ði]
Kiste το κιβώτιο [tɔ ki'vɔtiɔ]
klar adj καθαρός [kaθa'rɔs], σαφής [sa'fis]
Klasse η τάξη [i 'taksi], (Bahn, Schiff) η θέση [i 'θɛsi]
Kleidung τα ρούχα [ta 'ruxa]
klein adj μικρός [mi'krɔs]; (Wuchs, Höhe) κοντός [kɔn'dɔs]
Klima το κλίμα [tɔ 'klima]
Klingel το κουδούνι [tɔ ku'ðuni]
klug adj έξυπνος ['ɛksipnɔs]

kochen (Essen) μαγειρεύω [maji'rɛvɔ]; (Wasser) βράζω [vrazɔ]
Koffer η βαλίτσα [i va'litsa]
Kollege/Kollegin ο/η συνάδελφος [ɔ/i si'naðɛlfɔs]
kommen έρχομαι ['ɛrxɔmɛ]
Kompass η πυξίδα [i pi'ksiða]
können μπορώ [bɔ'rɔ]; (gelernt haben) ξέρω ['ksɛrɔ]
Konsulat το προξενείο [tɔ prɔksɛ'niɔ]
Kontakt η επαφή [i ɛpa'fi]
kontrollieren ελέγχω [ɛ'lɛŋxɔ]
Korb το καλάθι [tɔ ka'laθi]
Körper το σώμα [tɔ 'sɔma]
kosten (1) (probieren) δοκιμάζω [ðɔki'mazɔ]
kosten (2) (Geld) κοστίζω [kɔ'stizɔ]
kostenlos adj δωρεάν [ðɔrɛ'an]
Kraft η δύναμη [i 'ðinami]
krank adj άρρωστος ['arɔstɔs]
Krankenwagen το ασθενοφόρο [tɔ asθɛnɔ'fɔrɔ]
kritisieren κριτικάρω [kriti'karɔ]
Küche η κουζίνα [i ku'zina]
kühl ψυχρός [psi'xrɔs], δροσερός [ðrɔsɛ'rɔs]
Kummer η στεναχώρια [i stɛna'xɔria]
kümmern, s. ~ um (sorgen für) φροντίζω για acc [frɔn'dizɔ ja]
Kunde/Kundin ο πελάτης/η πελάτισσα [ɔ pɛ'latis/i pɛ'latisa]
kurz adj (räumlich) κοντός [kɔn'dɔs]; adj (zeitlich) σύντομος ['sindɔmɔs]; adv λίγο ['liɣɔ]
Kuss το φιλί [tɔ fi'li]
küssen φιλώ [fi'lɔ]
Küste η ακτή [i ak'ti], η παραλία [i para'lia]

L

lachen γελώ [jɛ'lɔ]
lächerlich adj γελοίος [jɛ'liɔs]
Lage (Situation) η κατάσταση [i ka'tastasi]; (Position) η θέση [i 'θɛsi]

Lampe η λάμπα [i 'lamba]
Land η χώρα [i 'xɔra]; *(Fest~)* η ξηρά [i ksi'ra]
lang *adj (räumlich)* μακρύς [ma'kris]; *(zeitlich)* μεγάλος [mɛ'ɣalɔs]
Länge το μήκος [tɔ 'mikɔs], το μάκρος [tɔ 'makrɔs]
langsam *adj* αργός [ar'ɣɔs]
langweilig *adj* βαρετός [varɛ'tɔs]
Lärm ο θόρυβος [ɔ 'θɔrivɔs]
lassen αφήνω [a'finɔ]
lästig *adj* ενοχλητικός [ɛnɔxliti-'kɔs]
laufen *(gehen)* πηγαίνω [pi'jɛnɔ]
laut *adj* δυνατός [ðina'tɔs]
läuten χτυπώ (το κουδούνι) [xti'pɔ (tɔ ku'ðuni)]
Leben η ζωή [i zɔ'i]
leben ζω [zɔ]
lebhaft ζωηρός [zɔi'rɔs]
leer *adj* άδειος ['aðjɔs]
legen βάζω ['vazɔ]
lehren διδάσκω [ði'ðaskɔ]
leicht *adj (Gewicht)* ελαφρύς [ɛla'fris]; *(einfach)* εύκολος ['ɛfkɔlɔs], απλός [a'plɔs]
leider *adv* δυστυχώς [ðisti'xɔs]
leihen *(ver~)* δανείζω [ða'nizɔ]; *(ent~)* δανείζομαι [ða'nizɔmɛ]
leise *adj* σιγανός [siɣa'nɔs]; *adv* σιγά [si'ɣa]
lernen μαθαίνω [ma'θɛnɔ]
lesen διαβάζω [ðia'vazɔ]
letzte(r, -s) *adj* τελευταίος [tɛlɛf'tɛɔs]
Leute ο κόσμος [ɔ 'kɔzmɔs]
Licht το φως [tɔ fɔs]
lieb *adj* αγαπητός [aɣapi'tɔs]
Liebe *(zu Personen, Dingen, Tätigkeiten)* η αγάπη [i a'ɣapi]; *(körperlich)* ο έρωτας [ɔ 'ɛrɔtas]
lieben αγαπώ [aɣa'pɔ]
liebenswürdig *adj (freundlich)* ευγενικός [ɛvɣɛni'kɔs]
lieber *adv (besser)* καλύτερα [ka'litɛra], **~ haben** προτιμώ (να) [prɔti'mɔ (na)]
Liebling *(als Anrede)* αγάπη [a'ɣapi]
Lied το τραγούδι [tɔ tra'ɣuði]
liegen *(s. befinden)* βρίσκομαι ['vriskɔmɛ]; *(ausgestreckt sein)* είμαι ξαπλωμένος ['imɛ ksaplɔ'mɛnɔs]
Linie η γραμμή [i ɣra'mi]
linke(r, -s) *adj* αριστερός [aristɛ'rɔs]
links *adv* αριστερά [aristɛ'ra]
loben επαινώ [ɛpɛ'nɔ]
Loch η τρύπα [i 'tripa]
lösen λύνω ['linɔ]
Luft ο αέρας [ɔ a'ɛras]
Luftzug το αεράκι [tɔ aɛ'raki]
Lüge το ψέμα [tɔ 'psɛma]
Lust η διάθεση [i ði'aθɛsi], **~ haben (zu)** έχω όρεξη να ['ɛxɔ 'ɔrɛksi (na)]
lustig *adj (froh)* εύθυμος ['ɛfθimɔs]; *(erheiternd)* αστείος [a'stiɔs]
luxuriös *adj* πολυτελής [pɔlitɛ'lis]

M

machen κάνω ['kanɔ]
Mädchen το κορίτσι [tɔ kɔ'ritsi]
mager *adj (Mensch)* αδύνατος [a'ðinatɔs]; *(Speise)* άπαχος ['apaxɔs]
Mahlzeit το γεύμα [tɔ 'jɛvma]
malen ζωγραφίζω [zɔɣra'fizɔ]
man κανείς [ka'nis]
Mann ο άνδρας [ɔ 'anðras]
männlich *adj (BIO, LING)* αρσενικός [arsɛni'kɔs]; *(mannhaft)* ανδρικός [anðri'kɔs]
Mannschaft *(Sport)* η ομάδα [i ɔ'maða]; *(Schiff)* το πλήρωμα [tɔ 'plirɔma]
Maschine η μηχανή [i mixa'ni]
Material το υλικό [tɔ ili'kɔ]
Meer η θάλασσα [i 'θalasa]
mehr *adv* περισσότερο [pɛri'sɔtɛro]
mein ... μου [mu]

meinen *verb (glauben)* νομίζω [nɔ'mizɔ]; *(im Sinn haben)* εννοώ [εnɔ'ɔ]
Meinung η γνώμη [i 'ɣnɔmi]
melden *(anzeigen, erklären)* δηλώνω [ði'lɔnɔ]
Menge η ποσότητα [i pɔ'sɔtita]
Mensch ο άνθρωπος [ɔ 'anθrɔpɔs]
merken *(wahrnehmen)* καταλαβαίνω [katala'vεnɔ]; **s. etw ~** θυμάμαι κάτι [θi'mamε 'kati]
Messe *(REL)* η λειτουργία [i litur'jia]
mieten νοικιάζω [ni'kjazɔ]
mild *adj* ήπιος ['ipiɔs]
mindestens *adv* τουλάχιστον [tu'laçistɔn]
Minute το λεπτό [tɔ lεp'tɔ]
misstrauen δυσπιστώ [ðispi'stɔ]
Missverständnis η παρεξήγηση [i parε'ksijisi]
mit με *acc* [mε]
mitbringen φέρνω μαζί μου ['fεrnɔ ma'zi mu]
mitnehmen παίρνω μαζί ['pεrnɔ ma'zi]
Mittag (1) *(Zeit)* το μεσημέρι [tɔ mεsi'mεri]
Mittag (2) *(~essen)* το μεσημεριανό [tɔ mεsimεrja'nɔ]
Mitte η μέση [i 'mεsi]
Mittel το μέσο [tɔ 'mεsɔ]; *(Heil~)* το φάρμακο [tɔ 'farmakɔ]
Mittelmeer η Μεσόγειος (Θάλασσα) [i mε'sɔjiɔs ('θalasa)]
Möbel *pl* τα έπιπλα [ta 'εpipla]
Mode η μόδα [i 'mɔða]
modern σύγχρονος ['siŋxrɔnɔs], μοντέρνος [mɔ'dεrnɔs]
mögen *(gern haben)* μου αρέσει [mu a'rεsi]; *(Menschen auch)* συμπαθώ [simba'θɔ]
möglich *adj* δυνατός [ðina'tɔs]
Möglichkeit η δυνατότητα [i ðina'tɔtita]
Mole ο μόλος [ɔ 'mɔlɔs]
Monat ο μήνας [ɔ 'minas]
monatlich *adj* μηνιαίος [mini'εɔs]
Mond το φεγγάρι [tɔ fεŋ'gari]
morgen *adv (am nächsten Tag)* αύριο ['avriɔ]; **heute ~** σήμερα το πρωί [tɔ prɔ'i]
Morgen το πρωί [tɔ prɔ'i]
Möwe ο γλάρος [ɔ 'ɣlarɔs]
Mücke το κουνούπι [tɔ ku'nupi]
müde *adj* κουρασμένος [kura'zmεnɔs]
Mühe ο κόπος [ɔ 'kɔpɔs]; **s. ~ geben** κοπιάζω [kɔ'pjazɔ]
Müll τα σκουπίδια [ta sku'piðja]
Mülltonne ο κάδος απορριμμάτων [ɔ 'kaðɔs apɔri'matɔn]
Muschel το μύδι [tɔ 'miði]
Musik η μουσική [i musi'ki]
müssen πρέπει ['prεpi]
Mutter η μητέρα [i mi'tεra]

N

nach *(zeitlich)* μετά *acc* [mε'ta]; *(Richtung)* για *acc* [ja]
Nachbar/in ο γείτονας / η γειτόνισσα [ɔ 'jitɔnas / i ji'tɔnisa]
Nachmittag το απόγευμα [tɔ a'pɔjεvma]
Nachricht *(Botschaft)* το μήνυμα [tɔ 'minima]; *(Meldung)* η είδηση [i 'iðisi]
nächste(r, -s) *adj* επόμενος [ε'pɔmεnɔs]
Nacht η νύχτα [i 'nixta]
nackt *adj* γυμνός [jim'nɔs]
Nadel η βελόνα [i vε'lɔna]
nahe *adj (räumlich, zeitlich)* κοντινός [kɔndi'nɔs]; *adv* κοντά [kɔn'da]
Name το όνομα [tɔ 'ɔnɔma]
nass *adj (feucht)* υγρός [i'ɣrɔs]; *(durchnässt)* βρεγμένος [vrε'ɣmεnɔs]
Natur η φύση [i 'fisi]
natürlich *adj* φυσικός [fisi'kɔs]; *adv* φυσικά [fisi'ka]
neben *(räumlich)* δίπλα σε *acc* ['ðipla sε]
negativ *adj* αρνητικός [arniti'kɔs]
nehmen παίρνω ['pεrnɔ]
nennen ονομάζω [ɔnɔ'mazɔ]

nervös *adj* νευρικός [nεvri'kɔs]
nett *adj (freundlich)* ευγενικός [εvjεni'kɔs]
neu *adj* νέος ['nεɔs], καινούργιος [kε'nurjiɔs]
neugierig *adj* περίεργος [pε'riεrɣɔs]
Neuigkeit το νέο [tɔ 'nεɔ]
nicht *adv (im Aussagesatz)* δεν [ðεn]; *(bei Aufforderung/ Konjunktiv)* μην [min]; **gar ~** καθόλου [ka'θɔlu]
nichts τίποτα ['tipɔta]
nie *adv* ποτέ [pɔ'tε]
niedrig *adj* χαμηλός [xami'lɔs]
niemand κανένας [ka'nεnas]
nirgends *adv* πουθενά [puθε'na]
noch *adv* ακόμα [a'kɔma]; **~ nicht** όχι ακόμα ['ɔçi a'kɔma]
Nonne η καλόγρια [i ka'lɔɣria]
Norden ο βορράς [ɔ vɔ'ras]
nördlich von στα βόρεια *gen* [sta 'vɔria]
normal *adj* κανονικός [kanɔni'kɔs], φυσιολογικός [fisiɔlɔji'kɔs]
Notfall η περίπτωση έκτακτης ανάγκης [i pε'riptɔsi 'εktaktis a'naŋgis]
notwendig *adj* αναγκαίος [anaŋ'gεɔs]
nüchtern *adj (nicht betrunken)* νηφάλιος [ni'faliɔs]; *(mit leerem Magen)* νηστικός [nisti'kɔs]
Nummer ο αριθμός [ɔ ariθ'mɔs]
nur *adv* μόνο ['mɔnɔ]

O

ob αν [an], εάν [ε'an]
oben *adv* πάνω ['panɔ]
obwohl αν και [aŋ gε], μολονότι [mɔlɔ'nɔti]
oder ή [i]
offen *adj* ανοιχτός [anix'tɔs]
öffentlich *adj* δημόσιος [ði'mɔsiɔs]
offiziell *adj* επίσημος [ε'pisimɔs]
öffnen ανοίγω [a'niɣɔ]
Öffnungszeiten οι ώρες λειτουργίας [i 'ɔrεs litur'jias]
oft *adv* συχνά [si'xna]
ohne χωρίς *acc* [xɔ'ris]
Ort το μέρος [tɔ 'mεrɔs]
Osten η ανατολή [i anatɔ'li]
Österreich η Αυστρία [i af'stria]
Österreicher/in ο Αυστριακός/ η Αυστριακή [ɔ afstria'kɔs / i afstria'ki]
österreichisch *adj* αυστριακός [afstria'kɔs]
östlich von ανατολικά *gen* [anatɔli'ka]

P

Paar το ζευγάρι [tɔ zεv'ɣari]
paar, ein ~ μερικοί [mεri'ki]
Park το πάρκο [tɔ 'parkɔ]
parken παρκάρω [par'karɔ], σταθμεύω [staθ'mεvɔ]
Party το πάρτι [tɔ 'parti]
passen *(Farben, Menschen)* ταιριάζω [tεr'jazɔ]; *(gelegen kommen)* **etw passt mir** κάτι με βολεύει ['kati mε vɔ'lεvi]
Pauschale το εφάπαξ [tɔ ε'fapaks]
Person το πρόσωπο [tɔ 'prɔsɔpɔ], το άτομο [tɔ 'atɔmɔ]
Personal το προσωπικό [tɔ prɔsɔpi'kɔ]
Personalien τα προσωπικά στοιχεία [ta prɔsɔpi'ka sti'çia]
persönlich *adj* προσωπικός [prɔsɔpi'kɔs]
Pfad το μονοπάτι [tɔ mɔnɔ'pati]
Pfand το ενέχυρο [tɔ ε'nεçirɔ]
Pflanze το φυτό [tɔ fi'tɔ]
pflücken μαζεύω [ma'zεvɔ]
Plakat η αφίσα [i a'fisa]
Plan το σχέδιο [tɔ 'sçεðiɔ]
Platz *(Position, Sitz~)* η θέση [i 'θεsi]; *(Freiraum)* ο χώρος [ɔ 'xɔrɔs]; *(Ort)* το μέρος [tɔ 'mεrɔs]; *(in der Stadt, Dorf~)* η πλατεία [i pla'tia]
plötzlich *adv* ξαφνικά [ksafni'ka]
positiv *adj* θετικός [θεti'kɔs]

praktisch *adj* πρακτικός [prakti'kɔs]
Preis η τιμή [i ti'mi]
Priester ο ιερέας [ɔ iɛ'rɛas]
privat *adj* ιδιωτικός [iðiɔti'kɔs]
Problem το πρόβλημα [tɔ 'prɔvlima]
Produkt το προϊόν [tɔ prɔi'ɔn]
Programm το πρόγραμμα [tɔ 'prɔɣrama]
Prospekt ο προσπέκτους [ɔ prɔ'spɛktus]
protestieren διαμαρτύρομαι [ðiamar'tirɔmɛ]
provisorisch *adj* πρόχειρος ['prɔçirɔs]
Prozent, 50 ~ πενήντα τοις εκατό [pɛ'ninda tis ɛkat'tɔ]
prüfen ελέγχω [ɛ'lɛŋxɔ]
Publikum το κοινό [tɔ ki'nɔ]
pünktlich *adj* ακριβής στην ώρα μου [akri'vis stin 'ɔra mu]
putzen καθαρίζω [kaθa'rizɔ]

Q

Qualität η ποιότητα [i pi'ɔtita]
Quittung η απόδειξη [i a'pɔðiksi]

R

Rabatt η έκπτωση [i 'ɛkptɔsi]
Radio το ραδιόφωνο [tɔ ra'ðjɔfɔnɔ]
Rasen το γρασσίδι [tɔ gra'siði]
Rat *(~schlag)* η συμβουλή [i simvu'li]
raten *(Rat erteilen)* συμβουλεύω [simvu'lɛvɔ]; *(er~)* μαντεύω [man'dɛvɔ]
rauchen καπνίζω [ka'pnizɔ]
Raucher/in ο καπνιστής / η καπνίστρια [ɔ kapni'stis / i kap'nistria]
Raum *(Platz, PHYS)* ο χώρος [ɔ 'xɔrɔs]; *(Zimmer)* το δωμάτιο [tɔ ðɔ'matiɔ]
Rechnung ο λογαριασμός [ɔ lɔɣaria'zmɔs]
Recht *(~sordnung)* το δίκαιο [tɔ 'ðikɛɔ], **~ haben** έχω δίκιο ['ɛxɔ 'ðikiɔ]; *(~sanspruch)* το δικαίωμα [tɔ ði'kɛɔma]
rechte(r, -s) *adj* δεξιός [ðɛ'ksjɔs]
rechts *adv* δεξιά [ðɛ'ksja]
rechtzeitig *adv* έγκαιρα ['ɛŋgɛra]
reden μιλώ [mi'lɔ]
regelmäßig *adj* τακτικός [takti'kɔs]
regeln *(TECH, JUR)* ρυθμίζω [riθ'mizɔ]; *(Angelegenheit)* κανονίζω [kanɔ'nizɔ]
Region η περιοχή [i pɛriɔ'çi]
reich *adj* πλούσιος ['plusiɔs]
reichen *(aus~)* φτάνω ['ftanɔ]
reif *adj* ώριμος ['ɔrimɔs]
reinigen καθαρίζω [kaθa'rizɔ]
Reise το ταξίδι [tɔ ta'ksiði]
Reisebüro το γραφείο ταξιδίων [tɔ ɣra'fiɔ taksi'ðiɔn]
Reiseführer ο οδηγός ταξιδίων [ɔ ɔði'ɣɔs taksi'ðiɔn]
Reisegesellschaft η εταιρία ταξιδίων [i ɛtɛ'ria taksi'ðiɔn]
reisen (nach) ταξιδεύω (σε) *acc* [taksi'ðɛvɔ (sɛ)]
Reisende, der/die ~ ο ταξιδιώτης / η ταξιδιώτισσα [ɔ taksi'ðjɔtis / i taksi'ðjɔtisa]
reißen *(zer~)* σκίζω ['skizɔ]
reklamieren υποβάλλω παράπονα για *acc* [ipɔ'valɔ pa'rapɔna ja]
rennen τρέχω ['trɛxɔ]
reparieren επισκευάζω [ɛpiskɛ'vazɔ]
reservieren κλείνω θέση ['klinɔ ('θɛsi)]
retten σώζω ['sɔzɔ]
richtig *adj (korrekt)* σωστός [sɔ'stɔs]
Richtung η κατεύθυνση [i ka'tɛfθinsi]
riechen μυρίζω [mi'rizɔ]
Risiko ο κίνδυνος [ɔ 'kinðinɔs]
Route *(Strecke)* η διαδρομή [i ðiaðrɔ'mi]

Rückfahrt η επιστροφή [i εpistrɔ'fi]
Rucksack το σακίδιο [tɔ sa'kiðiɔ]
rückwärts *adv* προς τα πίσω [prɔs ta 'pisɔ]
rufen φωνάζω [fɔ'nazɔ]
Ruhe *(Stille)* η ησυχία [i isi'çia]
ruhig *adj* ήσυχος ['isixɔs]
rund *adj* στρογγυλός [strɔŋgi'lɔs]

S

Saal η αίθουσα [i 'εθusa]
Sache *(Ding)* το πράγμα [tɔ 'praγma]
sagen λέω ['lεɔ]
Saison η σεζόν [i sε'zɔn]
sammeln *(auf~)* μαζεύω [ma'zεvɔ]; *(Briefmarken)* συλλέγω [si'lεγɔ]
satt *adj* χορτάτος [xɔr'tatɔs]
Satz *(LING)* η πρόταση [i 'prɔtasi]
sauber *adj* καθαρός [kaθa'rɔs]
schade, Wie ~! Τι κρίμα! ['ti 'krima]
Schaden η ζημιά [i zim'ja]
schädlich *adj* βλαβερός [vlavε'rɔs]
Schatten η σκιά [i skja]
schauen κοιτάζω [ki'tazɔ]
Schaufenster η βιτρίνα [i vi'trina]
schenken δωρίζω [ðɔ'rizɔ]
schicken στέλνω ['stεlnɔ]
Schild, das η πινακίδα [i pina'kiða]
schimpfen μαλώνω [ma'lɔnɔ]
schlafen κοιμάμαι [ki'mamε]
schlagen χτυπώ [xti'pɔ]
Schlamm η λάσπη [i 'laspi]
Schlange το φίδι [tɔ 'fiði]
schlank *adj* λεπτός [lε'ptɔs]
schlecht *adj* άσχημος ['asçimɔs]
schließen κλείνω ['klinɔ]
schlimm *adj* *(unangenehm)* άσχημος ['asçimɔs]; *(böse)* κακός [ka'kɔs]
Schloss *(Gebäude)* τα ανάκτορα [ta a'naktɔra]; *(Tür~)* η κλειδαριά [i kliðar'ja]
schmal *adj* στενός [stε'nɔs]
schmecken *(gut ~)* είμαι νόστιμος ['imε 'nɔstimɔs]
schmerzen πονώ [pɔ'nɔ]
Schmutz η βρομιά [i vrɔ'mja]
schmutzig *adj* βρόμικος ['vrɔmikɔs]
schnarchen ροχαλίζω [rɔxa'lizɔ]
schneiden κόβω ['kɔvɔ]
schnell *adj* γρήγορος ['γriγɔrɔs]
schon *adv* ήδη ['iði]
schön *adj* *(klassisch ~)* όμορφος ['ɔmɔrfɔs]; *(hübsch, angenehm, gut)* ωραίος [ɔ'rεɔs]
schrecklich *adj* *(entsetzlich)* τρομακτικός [trɔmakti'kɔs]
schreiben γράφω ['γrafɔ]
schreien φωνάζω [fɔ'nazɔ]
schriftlich *adj* γραπτός [γrap'tɔs]
schüchtern *adj* ντροπαλός [drɔpa'lɔs]
Schuld *(Verschulden)* το φταίξιμο [tɔ 'ftεksimɔ]; *(Geld)* το χρέος [tɔ 'xrεɔs]
schulden χρωστώ [xrɔ'stɔ]
Schule το σχολείο [tɔ sxɔ'liɔ]
schwach *adj* *(körperlich)* αδύναμος [a'ðinamɔs]; *(Charakter, Argument)* αδύνατος [a'ðinatɔs]
Schweiz η Ελβετία [i εlvε'tia]
Schweizer *adj* ελβετικός [εlvεti'kɔs]
Schweizer/in ο Ελβετός / η Ελβετίδα [ɔ εlvε'tɔs / i εlvε'tiða]
schwer *adj* *(Gewicht, Krankheit)* βαρύς [va'ris]; *(schwierig)* δύσκολος ['ðiskɔlɔs]
Schwester η αδελφή [i aðεl'fi]; *(Kranken~)* η νοσοκόμα [i nɔsɔ'kɔma]
schwierig *adj* δύσκολος ['ðiskɔlɔs]
schwimmen κολυμπώ [kɔlim'bɔ]
schwindlig, ~ sein/werden ζαλίζομαι [za'lizɔmε]
schwitzen ιδρώνω [i'ðrɔnɔ]
See, der η λίμνη [i 'limni]
See, die η θάλασσα [i 'θalasa]
sehen βλέπω ['vlεpɔ]
sehr *adv* πολύ [pɔ'li]

Seil το σκοινί [tɔ ski'ni]
sein (1) *verb* είμαι ['imɛ]
sein (2) *poss prn* ... του [tu]
seit εδώ και ... *acc* [ɛ'ðɔ kɛ]
Seite η πλευρά [i plɛv'ra]; *(Buch~)* η σελίδα [i sɛ'liða]
Sekunde το δευτερόλεπτο [tɔ ðɛftɛ'rɔlɛptɔ]
Selbstbedienung η αυτοεξυπηρέτηση [i aftɔɛksipi'rɛtisi]
selten *adj* σπάνιος ['spaniɔs]
Sendung *(Radio, TV)* η εκπομπή [i ɛkpɔm'bi]
servieren σερβίρω [sɛr'virɔ]
setzen βάζω ['vazɔ]; **s. ~** κάθομαι ['kaθɔmɛ]
Sex το σεξ [tɔ sɛks]
sicher *adj (ungefährdet)* ασφαλής [asfa'lis]; *(gewiß)* σίγουρος ['siɣurɔs]
Sicherheitsnadel η παραμάνα [i para'mana]
Sicherung *(EL)* η ασφάλεια [i as'falia]
Sicht η ορατότητα [i ɔra'tɔtita]
sie *sing* αυτή [af'ti]; *pl* αυτοί [af'ti]
Sie εσείς [ɛ'sis]
Signal το σήμα [tɔ 'sima]
singen τραγουδώ [traɣu'ðɔ]
Sinn *(Inhalt)* το νόημα [tɔ 'nɔima]; *(~esorgan)* η αίσθηση [i 'ɛsθisi]
Sitz *(~platz)* το κάθισμα [tɔ 'kaθisma], η θέση [i 'θɛsi]
sitzen κάθομαι ['kaθɔmɛ]
so *adv (auf diese Weise)* έτσι ['ɛtsi]
sofort *adj* άμεσος ['amɛsɔs]; *adv* αμέσως [a'mɛsɔs]
Sohn ο γιός [ɔ jɔs]
sollen πρέπει ['prɛpi], **~ wir warten?** Να περιμένουμε; [na pɛri'mɛnumɛ]
Sonder... *(außerplanmäßig)* έκτακτος ... ['ɛktaktɔs]
Sorte το είδος [tɔ 'iðɔs]; *(Zigaretten)* η μάρκα [i 'marka]
Spaß *(Scherz)* το αστείο [tɔ a'stiɔ]; *nur sg (Vergnügen)* η διασκέδαση [i ðia'skɛðasi]
spät *adv* αργά [ar'ɣa]
spazieren gehen κάνω βόλτα ['kanɔ 'vɔlta]
Spaziergang η βόλτα [i 'vɔlta], ο περίπατος [ɔ pɛ'ripatɔs]
speziell *adj* ειδικός [iði'kɔs]
spielen παίζω ['pɛzɔ]
Sport ο αθλητισμός [ɔ aθliti'zmɔs], το σπόρ [tɔ spɔr]
Sportplatz το γήπεδο [tɔ 'ɣipɛðɔ]
Sprache η γλώσσα [i 'ɣlɔsa]
sprechen μιλώ [mi'lɔ]
springen πηδώ [pi'ðɔ]
Staat το κράτος [tɔ 'kratɔs]
Stadt η πόλη [i 'pɔli]
Stadtplan ο χάρτης πόλεως [ɔ 'xartis 'pɔlɛɔs]
Stadtteil η συνοικία [i sini'kia]
stark *adj* δυνατός [ðina'tɔs], *(kräftig)* γερός [jɛ'rɔs]
statt αντί *gen* [an'di]
stattfinden γίνομαι ['jinɔmɛ]
Staub η σκόνη [i 'skɔni]
stechen *(Insekt, Dorn)* τσιμπώ [tsim'bɔ]
Steg *(Boots~)* η προβλήτα [i prɔ'vlita]
stehen στέκομαι ['stɛkɔmɛ]
stehen bleiben σταματώ [stama'tɔ]
stehlen κλέβω ['klɛvɔ]
steil *adj* απότομος [a'pɔtɔmɔs]
Stein η πέτρα [i 'pɛtra]
steinig *adj* πετρώδης [pɛ'trɔðis]
Stelle το μέρος [tɔ 'mɛrɔs]
stellen βάζω ['vazɔ]
Stempel η σφραγίδα [i sfra'jiða]
sterben πεθαίνω [pɛ'θɛnɔ]
Stern το άστρο [tɔ 'astrɔ]
still *adj* ήσυχος ['isixɔs]
Stimme η φωνή [i fɔ'ni]; *(bei Wahlen)* η ψήφος [i 'psifɔs]
stimmen *nur 3. Person (richtig sein)* είναι σωστός ['inɛ sɔ'stɔs]
stinken βρομώ [vrɔ'mɔ]
Stock *(Stab)* το μπαστούνι [tɔ ba'stuni]
Stockwerk το πάτωμα [tɔ 'patɔma], ο όροφος [ɔ 'ɔrɔfɔs]

Stoff *(Gewebe)* το ύφασμα [tɔ 'ifazma]; *(CHEM)* η ουσία [i u'sia]
stören ενοχλώ [εnɔ'xlɔ]
stornieren ακυρώνω [aki'rɔnɔ]
Stoß *(Schubs)* η σπρωξιά [i sprɔ'ksja]
Strafe *(Bestrafung)* η τιμωρία [i timɔ'ria]; *(JUR)* η ποινή [i pi'ni]
Strand *(Ufer)* η παραλία [i para'lia]
Straße ο δρόμος [ɔ 'ðrɔmɔs]; *(mit Namen)* η οδός [i ɔ'ðɔs]
Strauß *(Blumen~)* το μπουκέτο [tɔ bu'kεtɔ]
Strecke *(Weg~)* η απόσταση [i a'pɔstasi]; *(Route)* η διαδρομή [i ðiaðrɔ'mi]
Streichholz το σπίρτο [tɔ 'spirtɔ]
Strom *(EL)* το ρεύμα [tɔ 'rεvma]
Strömung το ρεύμα [tɔ 'rεvma]
Stück το κομμάτι [tɔ kɔ'mati]
studieren σπουδάζω [spu'ðazɔ]
Stuhl η καρέκλα [i ka'rεkla]
Stunde η ώρα [i 'ɔra]; **eine halbe ~** μισή ώρα [mi'si 'ɔra]; **eine viertel ~** ένα τέταρτο ['εna 'tεtartɔ]; *(Unterrichts~)* το μάθημα [tɔ 'maθima]
stürzen *(fallen)* πέφτω ['pεftɔ]
suchen ψάχνω ['psaxnɔ]
Süden ο νότος [ɔ 'nɔtɔs]
südlich von στα νότια *gen* [sta 'nɔtia]
Summe *(Geld~)* το ποσό [tɔ pɔ'sɔ]
süß *adj* γλυκός [ɣli'kɔs]
Swimmingpool η πισίνα [i pi'sina]
sympathisch *adj* συμπαθητικός [simbaθiti'kɔs]

T

Tabak ο καπνός [ɔ kap'nɔs]
Tag η (η)μέρα [i (i)'mεra]
tanken βάζω βενζίνη ['vazɔ vεn'zini]
Tanz ο χορός [ɔ xɔ'rɔs]
Tasche *(Hosen~)* η τσέπη [i 'tsεpi]; *(Hand~)* η τσάντα [i 'tsanda]; *(Reise~)* η βαλίτσα [i va'litsa]
tauschen *(Plätze, Geld)* αλλάζω [a'lazɔ]; *(aus~)* ανταλλάσσω [anda'lasɔ]
Teil το μέρος [tɔ 'mεrɔs]
teilen μοιράζω [mi'razɔ]
teilnehmen (an) παίρνω μέρος (σε) *acc* ['pεrnɔ 'mεrɔs (sε)]
telefonieren τηλεφωνώ [tilεfɔ'nɔ]
Termin *(Frist)* η προθεσμία [i prɔθε'zmia]; *(Verabredung, Arzt~)* το ραντεβού [tɔ randε'vu]
teuer *adj* ακριβός [akri'vɔs]
tief *adj* βαθύς [va'θis]; *(niedrig)* χαμηλός [xami'lɔs]
Tier το ζώο [tɔ 'zɔɔ]
Tipp η συμβουλή [i simvu'li]
Tisch το τραπέζι [tɔ tra'pεzi]
Tochter η κόρη [i 'kɔri]
Tod ο θάνατος [ɔ 'θanatɔs]
Ton *(Laut, Klang)* ο ήχος [ɔ 'ixɔs]
tot *adj* νεκρός [nε'krɔs]
Tour *(Ausflug)* η εκδρομή [i εkðrɔ'mi]
Tourist/in ο τουρίστας/η τουρίστρια [ɔ tu'ristas/i tu'ristria]
Tracht *(Volks~)* η φορεσιά [i fɔrε'sja]
tragen *(transportieren)* κουβαλώ [kuva'lɔ]; *(Name, Datum, Schuld)* φέρω ['fεrɔ]; *(Kleidung, Brille)* φορώ [fɔ'rɔ]
Traum το όνειρο [tɔ 'ɔnirɔ]
traurig *adj* *(betrübt)* λυπημένος [lipi'mεnɔs]; *(betrüblich)* θλιβερός [θlivε'rɔs]
treffen συναντώ [sinan'dɔ]
trennen χωρίζω [xɔ'rizɔ]
Treppe η σκάλα [i 'skala]
treu *adj* πιστός [pi'stɔs]
trinken πίνω ['pinɔ]
trocken *adj* *(nicht naß)* στεγνός [stε'ɣnɔs]; *(Klima, Wein, Mund)* ξερός [ksε'rɔs], ξηρός [ksi'rɔs]
trocknen στεγνώνω [stε'ɣnɔnɔ]
trotzdem παρ' όλα αυτά [par 'ɔla af'ta]

trüb(e) *adj (Wasser, Tag, Blick)* θολός [θɔ'lɔs]; *(Scheibe)* θαμπός [θam'bɔs]

Tuch *(Taschen~, Kopf~)* το μαντήλι [tɔ man'dili]; *(Staub~, Wisch~)* το πανί [tɔ pa'ni]

tun κάνω ['kanɔ]

Tunnel το τούνελ [tɔ 'tunɛl]

Tür η πόρτα [i 'pɔrta]

Tüte η σακούλα [i sa'kula]

typisch *adj* τυπικός [tipi'kɔs]

U

üben *(Fähigkeiten)* ασκώ [a'skɔ]

über *(lokal, mehr als)* πάνω από *acc* ['panɔ a'pɔ]; *(betreffend)* για *acc* [ja]; *(via, vermittels)* μέσω *gen* ['mɛsɔ]

überall παντού [pan'du]

Übergang η μετάβαση [i mɛ'tavasi]

überholen *(Auto)* προσπερνώ [prɔspɛr'nɔ]

übernachten διανυκτερεύω [ðianiktɛ'rɛvɔ]

überqueren περνώ [pɛr'nɔ]

überrascht *adj* έκπληκτος ['ɛkpliktɔs]

übersetzen μεταφράζω [mɛta'frazɔ]

üblich *adj* συνηθισμένος [siniθi-'zmɛnɔs]

übrig bleiben απομένω [apɔ'mɛnɔ]

Ufer *(Meeres~)* η ακτή [i a'kti]

um *(lokal)* γύρω από *acc* ['jirɔ a'pɔ]; *(Uhrzeit)* στις *acc* [stis]

umarmen αγκαλιάζω [aŋgal'jazɔ]

Umgebung το περιβάλλον [tɔ pɛri'valɔn]

umkehren επιστρέφω [ɛpi'strɛfɔ], γυρίζω πίσω [ji'rizɔ 'pisɔ]

Umrechnung η μετατροπή [i mɛtatrɔ'pi]

umsonst *adv (gratis)* δωρεάν [ðɔrɛ'an]; *(vergeblich)* άδικα ['aðika]

umtauschen αλλάζω [a'lazɔ]

Umweg ο γύρος (δρόμου) [ɔ 'jirɔs ('ðrɔmu)]

Umwelt το περιβάλλον [tɔ pɛri'valɔn]

umziehen, s. ~ αλλάζω ρούχα [a'lazɔ 'ruxa]

unangenehm *adj* δυσάρεστος [ðis'arɛstɔs]

unanständig *adj* άσεμνος ['asɛmnɔs]

und και [kɛ]

unerfreulich *adj* δυσάρεστος [ðis'arɛstɔs]

unerträglich *adj* ανυπόφορος [ani'pɔfɔrɔs]

Unfall το ατύχημα [tɔ a'tiçima]

ungeeignet *adj* ακατάλληλος [aka'talilɔs]

ungefähr *adv* περίπου [pɛ'ripu]

ungewöhnlich *adj* ασυνήθιστος [asi'niθistɔs]

unglaublich *adj* απίστευτος [a'pistɛftɔs]

Unglück *(Bahn~, Flugzeug~, Schiffs~)* η δυστυχία [i ðisti'çia]; *(kein Glück, Missgeschick)* η ατυχία [i ati'çia]

Universität το πανεπιστήμιο [tɔ panɛpi'stimiɔ]

Unkosten τα έξοδα [ta 'ɛksɔða]

unmöglich *adj* αδύνατος [a'ðinatɔs]

unser ... μας [mas]

unten *adv* κάτω ['katɔ]

unter *(~halb)* κάτω από *acc* ['katɔ a'pɔ]

unterbrechen διακόπτω [ðia'kɔptɔ]

Unterführung η υπόγεια διάβαση [i i'pɔjia ði'avasi]

unterhalten, s. ~ κουβεντιάζω [kuvɛn'djazɔ], συζητώ [sizi'tɔ]

Unterhaltung *(Gespräch)* η κουβέντα [i ku'vɛnda], η συζήτηση [i si'zitisi]

Unterkunft το κατάλυμα [tɔ ka'talima]

unterrichten *(lehren)* διδάσκω [ði'ðaskɔ]

Unterschied η διαφορά [i ðiafɔ'ra]
unterschreiben υπογράφω [ipɔ'ɣrafɔ]
Unterschrift η υπογραφή [i ipɔɣra'fi]
untersuchen εξετάζω [ɛksɛ'tazɔ]
unterwegs στο δρόμο [stɔ 'ðrɔmɔ], καθ' οδόν [kaθ ɔ'ðɔn]
unwahrscheinlich *adj* απίθανος [a'piθanɔs]
unwichtig *adj* ασήμαντος [a'simandɔs]
Urlaub η άδεια [i 'aðia], οι διακοπές [i ðiakɔ'pɛs]

V

Vater ο πατέρας [ɔ pa'tɛras]
Verabredung *(Treffen)* το ραντεβού [tɔ randɛ'vu]
verabschieden, s. ~ αποχαιρετώ [apɔçɛrɛ'tɔ]
Veränderung η αλλαγή [i ala'ji]
Veranstaltung *(Ereignis)* η εκδήλωση [i ɛk'ðilɔsi]
verantwortlich *adj* υπεύθυνος [i'pɛfθinɔs]
verbessern *(Qualität)* βελτιώνω [vɛl'tjɔnɔ]
verbieten απαγορεύω [apaɣɔ-'rɛvɔ]
Verbindung *(auch TEL)* η σύνδεση [i 'sinðɛsi]; *(Zug~)* η ανταπόκριση [i anda'pɔkrisi]
Verbot η απαγόρευση [i apa-'ɣɔrɛfsi]
verboten *adj* απαγορευμένος [apaɣɔrɛv'mɛnɔs]
Verbrauch η κατανάλωση [i kata'nalɔsi]
verbrennen *vt* καίω ['kɛɔ]; *vi* καίγομαι ['kɛɣɔmɛ]
verbringen *(Zeit)* περνώ [pɛr'nɔ]
verdorben *adj (Obst, Laune, Magen)* χαλασμένος [xala-'zmɛnɔs]
Verein ο σύλλογος [ɔ 'silɔɣɔs]
Vergangenheit το παρελθόν [tɔ parɛl'θɔn]
vergehen *(Zeit, Schmerz)* περνώ [pɛr'nɔ]
vergessen ξεχνώ [ksɛx'nɔ]
vergleichen συγκρίνω [siŋ'grinɔ]
Vergnügen η διασκέδαση [i ðia'skɛðasi]
verheiratet (mit) παντρεμένος (με) *acc* [pandrɛ'mɛnɔs (mɛ)]
verhindern αποτρέπω [apɔ'trɛpɔ]
verirren, s. ~ χάνομαι ['xanɔmɛ]
Verkauf η πώληση [i 'pɔlisi]
verkaufen πουλώ [pu'lɔ]
Verkehr η συγκοινωνία [i siŋginɔ'nia]
verlangen *(auch Personen)* ζητώ [zi'tɔ]; *(fordern)* απαιτώ [apɛ'tɔ]
verlassen *verb* εγκαταλείπω [ɛŋgata'lipɔ]
Verletzte, der/die ~ η/ο τραυματίας [i/ɔ travma'tias]
verlieren χάνω ['xanɔ]
Verlobte, der/die ~ ο αρραβωνιαστικός / η αρραβωνιαστικιά [ɔ aravɔniasti'kɔs / i aravɔnia-sti'kja]
Verlust η απώλεια [i a'pɔlia]
vermeiden αποφεύγω [apɔ-'fɛvɣɔ]
vermieten νοικιάζω [ni'kjazɔ]
Verpackung η συσκευασία [siskɛva'sia]
verpassen *(Zug, Chance)* χάνω ['xanɔ]
Verpflegung η (δια)τροφή [i (ðia)trɔ'fi]
verpflichtet sein είμαι υποχρεωμένος ['imɛ ipɔxrɛɔ'mɛnɔs]
verrechnen, s. ~ κάνω λάθος στο λογαριασμό ['kanɔ 'laθɔs stɔ lɔɣaria'zmɔ]
verreisen φεύγω για ταξίδι ['fɛvɣɔ ja ta'ksiði]
verrückt *adj* τρελός [trɛ'lɔs]
verschieben *(zeitlich)* αναβάλλω [ana'valɔ]
verschließen *(zumachen)* κλείνω ['klinɔ]

verschwinden εξαφανίζομαι [εksafa'nizɔmε]
Versicherung *(Vertrag, ~sfirma)* η ασφάλεια [i a'sfalia]
verspäten, s. ~ καθυστερώ [kaθistε'rɔ], αργώ [ar'ɣɔ]
versprechen υπόσχομαι [i'pɔsxɔmε]
verständigen, jdn ~ ειδοποιώ κάποιον [iðɔ'pjɔ 'kapjɔn]; **s. ~** συνεννοούμαι [sinεnɔ'umε]
verstehen καταλαβαίνω [katala'vεnɔ]
versuchen *(sich bemühen)* προσπαθώ [prɔspa'θɔ]
Vertrag το συμβόλαιο [tɔ sim'vɔlεɔ]
vertragen αντέχω [a'ndεxɔ]
Vertrauen η εμπιστοσύνη [i εmbistɔ'sini]
verunglücken παθαίνω ατύχημα [pa'θεnɔ a'tiçima]
verursachen προκαλώ [prɔka'lɔ], προξενώ [prɔksε'nɔ]
Verwaltung η διοίκηση [i ði'ikisi]
verwandt *adj* συγγενής [siŋgε'nis]
verwechseln μπερδεύω [bεr'ðενɔ], συγχέω [siŋ'çεɔ]
verwenden χρησιμοποιώ [xrisimɔ'pjɔ]
Verzeichnis ο κατάλογος [ɔ ka'talɔɣɔs]
viel *adj* πολύς [pɔ'lis]; *adv* πολύ [pɔ'li]
vielleicht *adv* ίσως ['isɔs]; *(in Fragen)* μήπως ['mipɔs]
Villa η βίλα [i 'vila]
Vogel το πουλί [tɔ pu'li]
Volk ο λαός [ɔ la'ɔs]
voll *adj (gefüllt)* γεμάτος [jε'matɔs]; *(ganz)* ολόκληρος [ɔ'lɔklirɔs]
Volt βολτ [vɔlt]
von από *acc* [a'pɔ]
vor *(lokal)* μπροστά από *acc* [brɔ'sta a'pɔ]; *(zeitlich)* πριν *acc* [prin]
Voraus, im ~ εκ των προτέρων [εk tɔm brɔ'tεrɔn]
vorbereiten προετοιμάζω [prɔεti'mazɔ]
Vorfahrt η προτεραιότητα [i prɔtεrε'ɔtita]
vorher *adv* πριν [prin]
Vormittag το πρωί [tɔ prɔ'i]
vorn *adv* μπροστά [brɔ'sta]
Vorort το προάστιο [tɔ prɔ'astiɔ]
Vorschlag η πρόταση [i 'prɔtasi]
Vorsicht! Προσοχή! [prɔsɔ'çi]
vorsichtig *adj* προσεκτικός [prɔsεkti'kɔs]
vorstellen *(bekanntmachen)* συστήνω [si'stinɔ]
Vorstellung *(Theater)* η παράσταση [i pa'rastasi]; *(Präsentation)* η παρουσίαση [i paru'siasi]
vorwärts *adv* προς τα μπρος [prɔs ta brɔs]

W

wach *adj* ξύπνιος ['ksipniɔs]
wachsen *(Lebewesen)* μεγαλώνω [mεɣa'lɔnɔ]; *(an~)* αυξάνομαι [av'ksanɔmε]
wagen τολμώ [tɔl'mɔ]
wählen *(aus~)* διαλέγω [ðia-'lεɣɔ]; *(TEL)* καλώ [ka'lɔ]
wahr *adj* αληθινός [aliθi'nɔs]
während *prp* κατά τη διάρκεια *gen* [ka'ta ti ði'arkia]; *conj* ενώ [ε'nɔ]
wahrscheinlich *adv* πιθανόν [piθa'nɔn], μάλλον ['malɔn]
Wand ο τοίχος [ɔ 'tixɔs]
wandern κάνω πεζοπορία ['kanɔ pεzɔpɔ'ria]
warm *adj* ζεστός [zε'stɔs]
warnen (vor) προειδοποιώ (για) *acc* [prɔiðɔ'pi'ɔ (ja)]
warten περιμένω [pεri'mεnɔ]
was τι [ti]
waschen πλένω ['plεnɔ]
Wasser το νερό [tɔ nε'rɔ]
Watt βατ [vat]
Wechsel *(Veränderung)* η αλλαγή [i ala'ji]; *(Austausch)* η ανταλλαγή [i andala'ji]
Wechselgeld τα ρέστα [ta 'rεsta]
wecken ξυπνώ [ksip'nɔ]

Weg ο δρόμος [ɔ 'ðrɔmɔs]
weg sein *(fehlen)* λείπω [lipɔ]; *(verschwunden sein)* εξαφανίστηκα [ɛksafa'nistika]
wegen εξαιτίας *gen* [ɛksɛ'tias]
weggehen φεύγω ['fɛvɣɔ]
weiblich *adj (fraulich, BIO, LING)* θηλυκός [θili'kɔs]; *(MED)* γυναικείος [jinɛ'kiɔs]
weich *adj* μαλακός [mala'kɔs]
weil γιατί [ja'ti], επειδή [ɛpi'ði]
Weinberg ο αμπελώνας [ɔ ambɛ'lɔnas]
weinen κλαίω ['klɛɔ]
weit *adj (Weg)* μακρύς [ma'kris]; *(breit)* φαρδύς [far'ðis]
Welt ο κόσμος [ɔ 'kɔzmɔs]
wenig λίγος ['liɣɔs]
weniger λιγότερος [li'ɣɔtɛrɔs]
wenigstens *adv* τουλάχιστον [tu'laçistɔn]
wenn *(Bedingung)* (ε)άν [(ɛ)'an]; *(zeitlich)* όταν ['ɔtan]
werden γίνομαι ['jinɔmɛ]
werfen ρίχνω ['rixnɔ]
Wert η αξία [i a'ksia]
Wertsachen τα πολύτιμα αντικείμενα [ta pɔ'litima andi'kimɛna]
Wespe η σφήκα [i 'sfika]
Westen η δύση [i 'ðisi]
westlich von δυτικά από [ðiti'ka a'pɔ]
wichtig *adj* σημαντικός [simandi'kɔs], σπουδαίος [spu'ðɛɔs]
wie *(Frage)* πώς [pɔs]; *(Vergleich)* όπως ['ɔpɔs], σαν [san]
wieder πάλι ['pali], ξανά [ksa'na]
wiederholen επαναλαμβάνω [ɛpanalam'vanɔ]
wiederkommen ξανάρχομαι [ksa'narxɔmɛ]
wiegen *(Gewicht)* ζυγίζω [zi'jizɔ]
Wien η Βιέννη [i vi'ɛni]
Wiese το λιβάδι [tɔ li'vaði]
wild *adj* άγριος ['aɣriɔs]
willkommen *adj* ευπρόσδεκτος [ɛf'prɔzðɛktɔs]; **~!** *sing/pl* καλώς όρισες/ορίσατε! [ka'lɔs 'ɔrisɛs/ɔ'risatɛ]
wir εμείς [ɛ'mis]
wirklich *adj* πραγματικός [praɣmati'kɔs]; *adv* πράγματι ['praɣmati]
Wirt/in *(Tavernen~)* ο ταβερνιάρης / η ταβερνιάρισσα [ɔ taver'njaris / i taver'njarisa]
wissen ξέρω ['ksɛrɔ]
Witz το αστείο [tɔ as'tiɔ]
Woche η (ε)βδομάδα [i (ɛ)vðɔ'maða]
wochentags *adv* τις εργάσιμες ημέρες [tis ɛr'ɣasimɛs i'mɛrɛs]
wöchentlich *adj* εβδομαδιαίος [ɛvðɔma'ðiɛɔs]
wohnen μένω ['mɛnɔ]
Wohnung το σπίτι [tɔ 'spiti]
wollen θέλω ['θɛlɔ]
Wort η λέξη [i 'lɛksi]
wunderbar *adj* θαυμάσιος [θav'masiɔs]
wundern, s. ~ (über) εκπλήσσομαι (με/από) *acc* [ɛk'plisɔmɛ (mɛ/a'pɔ)]
wünschen *(wollen)* επιθυμώ [ɛpiθi'mɔ]; *(Wünsche)* εύχομαι ['ɛfxɔmɛ]
Wut ο θυμός [ɔ θi'mɔs], η οργή [i ɔr'ji]
wütend *adj* εξοργισμένος [ɛksɔrɣiz'mɛnɔs]

Z

Zahl ο αριθμός [ɔ ariθ'mɔs]
zahlen πληρώνω [pli'rɔnɔ]
zählen μετρώ [mɛ'trɔ]
zärtlich τρυφερός [trifɛ'rɔs]
Zeichen *(Kenn~)* το σήμα [tɔ 'sima]
zeichnen σχεδιάζω [sçɛði'azɔ]
zeigen δείχνω ['ðixnɔ]
Zeit ο χρόνος [ɔ 'xrɔnɔs]
Zeitung η εφημερίδα [i ɛfimɛ'riða]
zentral *adj* κεντρικός [kɛndri'kɔs]
Zentrum το κέντρο [tɔ 'kɛndrɔ]

zerstören καταστρέφω [kata-'strɛfɔ]
ziehen τραβώ [tra'vɔ], σύρω ['sirɔ]
Ziel *(Handlungs~)* ο στόχος [ɔ 'stɔxɔs]; *(Reise~)* ο προορισμός [ɔ prɔɔri'zmɔs]
ziemlich *adv* αρκετά [arkɛ'ta]
zögern διστάζω [ði'stazɔ]
zu *(Richtung)* προς *acc* [prɔs], σε *acc* [sɛ]; *(mit adj)* πολύ [pɔ'li]; ~ **sehr** πάρα πολύ ['para pɔ'li]
zu sein *nur 3. person (geschlossen)* είναι κλειστός ['inɛ kli'stɔs]
zubereiten ετοιμάζω [ɛti'mazɔ]
zuerst *adv* πρώτα ['prɔta]
zufällig *adv* τυχαία [ti'çɛa]
zufrieden *adj* ευχαριστημένος [ɛfxaristi'mɛnɔs]
zuhören ακούω προσεκτικά [a'kuɔ prɔsɛkti'ka]
Zukunft το μέλλον [tɔ 'mɛlɔn]
zukünftig *adj* μελλοντικός [mɛlɔndi'kɔs]
zuletzt *adv* στο τέλος [stɔ 'tɛlɔs]
zurück *adv* πίσω ['pisɔ]
zurückbringen επιστρέφω [ɛpi-'strɛfɔ], φέρνω πίσω ['fɛrnɔ 'pisɔ]

zurückgeben δίνω πίσω ['ðinɔ 'pisɔ], επιστρέφω [ɛpi'strɛfɔ]
zurückkehren επιστρέφω [ɛpi'strɛfɔ]
zusammen *adv* μαζί [ma'zi]
Zusammenstoß η σύγκρουση [i 'siŋgrusi]
zusätzlich *adj* πρόσθετος ['prɔsθɛtɔs]
zuschauen παρακολουθώ [parakɔlu'θɔ]
Zuschauer/in ο/η θεατής [ɔ/i θɛa'tis]
Zustand η κατάσταση [i ka'tastasi]
zuständig *adj* αρμόδιος [ar'mɔðiɔs]
zustimmen συμφωνώ [simfɔ'nɔ]
zweite(r, -s) *adj* δεύτερος ['ðɛftɛrɔs]
zweitens *adv* δεύτερον ['ðɛftɛrɔn]
zwingen αναγκάζω [anaŋ'gazɔ]
zwischen μεταξύ *gen* [mɛta'ksi]

Griechisch – Deutsch

Α, α

αγάπη [a'ɣapi] *f* Liebe
αγαπώ [aɣa'pɔ] lieben
αγγίζω [aŋ'gizɔ] berühren
αγγλικός [aŋgli'kɔs] englisch
άγιος ['ajɔs] heilig
αγκαλιάζω [aŋgal'jazɔ] umarmen
αγοράζω [aɣɔ'razɔ] kaufen
αγόρι [a'ɣɔri] *n* Junge
άγριος ['aɣriɔs] wild
άδεια ['aðia] *f* Erlaubnis; Urlaub
άδειος ['aðiɔs] leer
αδελφή [aðɛl'fi] *f* Schwester
αδελφός [aðɛl'fɔs] *m* Bruder
άδικος ['aðikɔs] *(umsonst)* vergeblich
αδύναμος [a'ðinamɔs] schwach
αδύνατος [a'ðinatɔs] unmöglich; schwach; mager
αέρας [a'ɛras] *m* Luft
αθηναϊκός [aθinai'kɔs] Athener
Αθηναίος/Αθηναία [aθi'nɛɔs/ aθi'nɛa] *m/f* Athener/in
αθλητισμός [aθliti'zmɔs] *m* Sport
Αιγαίο [ɛ'jɛɔ] *n* Ägäis
αίθουσα ['ɛθusa] *f* Saal
αισθάνομαι [ɛs'θanɔmɛ] (s.) fühlen
αίσθημα ['ɛsθima] *n* Gefühl
αιτία [ɛ'tia] *f* Ursache; Grund
ακατάλληλος [aka'talilɔs] ungeeignet
ακολουθώ [akɔlu'θɔ] folgen; befolgen; nachgehen
ακόμα [a'kɔma] noch
ακούω [a'kuɔ] hören
ακριβής [akri'vis] genau; korrekt; pünktlich
ακριβός [akri'vɔs] teuer
Ακρόπολη [a'krɔpɔli] *f* Akropolis
ακτή [ak'ti] *f* Küste, Ufer
ακυρώνω [aki'rɔnɔ] *(Zimmer, Tickets)* abbestellen; *(Fahrkarten)* entwerten
αλλαγή [ala'ji] *f* Wechsel; Veränderung
αλλάζω [a'lazɔ] (ver)ändern; tauschen; *(in andere Währung)* wechseln; ~ **ρούχα** [a'lazɔ 'ruxa] s. umziehen
αλλοδαπός [alɔða'pɔs] ausländisch; fremd
άλλος ['alɔs] andere(r, -s)
αλλού [a'lu] *adv* anderswo
άμεσος ['amɛsɔs] direkt; sofortig
αμμουδιά [amu'ðja] *f* Sandstrand
αμπελώνας [ambɛ'lɔnas] *m* Weinberg
αν [an] wenn; ob; ~ **και** [aŋ gɛ] obwohl, wenn auch
ανά [a'na] je, pro
αναβάλλω [ana'valɔ] aufschieben, verschieben
ανάβω [a'navɔ] anzünden; *(Licht, Radio)* anmachen
αναγγελτήρας πυρκαγιάς [anaŋgɛl'tiras pirka'jas] *m* Feuermelder
αναγκάζω [anaŋ'gazɔ] zwingen
αναγκαίος [anaŋ'gɛɔs] nötig, notwendig, erforderlich
ανακαλύπτω [anaka'liptɔ] entdecken
ανάκτορα [a'naktɔra] *n pl* Palast, Schloss
αναμένω [ana'mɛnɔ] erwarten
αναπαυτικός [anapafti'kɔs] bequem, gemütlich
ανάποδος [a'napɔðɔs] umgekehrt
αναπτύσσω [ana'ptisɔ] entwickeln
ανατολή [anatɔ'li] *f* Osten

189

ανατολικός [anatɔli'ka] östlich, Ost-
αναφέρω [ana'fɛrɔ] erwähnen; melden; *vp* **αναφέρομαι (σε)** [ana'fɛrɔmɛ (sɛ)] s. beziehen (auf)
αναχωρώ (από/για) [anaxɔ'rɔ (a'pɔ/ja)] abfahren (von/nach)
αναψυκτικό [anapsikti'kɔ] *n* Erfrischung(sgetränk)
άνδρας ['anðras] *m* Mann
ανδρικός [anðri'kɔs] männlich
ανελκυστήρας [anɛlki'stiras] *m* Fahrstuhl
άνεργος ['anɛrɣɔs] arbeitslos
άνετος ['anɛtɔs] bequem
ανήκω [a'nikɔ] gehören
ανηφορικός [anifɔri'kɔs] steil
ανθίζω [an'θizɔ] blühen
άνθρωπος ['anθrɔpɔs] *m* Mensch
ανοίγω [a'niɣɔ] aufmachen, öffnen
ανοιχτός [ani'xtɔs] offen; geöffnet; *(Farbton)* hell
ανταλλαγή [andala'ji] *f* Austausch; Wechsel
ανταλλάσσω [anda'lasɔ] (aus)tauschen; umtauschen
αντέχω [a'ndɛxɔ] ertragen; vertragen; aushalten
αντί [an'di] anstatt, statt
αντίθετο [an'diθɛtɔ] *n* Gegenteil
αντίθετος [an'diθɛtɔs] entgegengesetzt; umgekehrt
αντικείμενο [andi'kimɛnɔ] *n* Gegenstand, Objekt; **πολύτιμα αντικείμενα** [pɔ'litima andi'kimɛna] Wertsachen
αντίρρηση [an'dirisi] *f* Einwand; **δεν έχω ~!** [ðɛn 'ɛxɔ an'dirisi] Meinetwegen!
αντρόγυνο [an'drɔjinɔ] *n* Ehepaar
ανυπόφορος [ani'pɔfɔrɔs] unerträglich
αξία [a'ksia] *f* Wert
αξιόπιστος [a'ksjɔpistɔs] zuverlässig; vertrauenswürdig
απαγόρευση [apa'ɣɔrɛfsi] *f* Verbot
απαγορεύω [apaɣɔ'rɛvɔ] verbieten
απαίσιος [a'pɛsiɔs] abscheulich, widerlich
απαιτώ [apɛ'tɔ] fordern, verlangen; erfordern
απαντώ [apan'dɔ] (be)antworten; erwidern
απάτη [a'pati] *f* Betrug
άπαχος ['apaxɔs] mager
απελπισμένος [apɛlpi'zmɛnɔs] verzweifelt
απέναντι [a'pɛnandi] *adv* gegenüber
απίθανος [a'piθanɔs] unwahrscheinlich
απίστευτος [a'pistɛftɔs] unglaublich
απλός [a'plɔs] einfach
από [a'pɔ] von; ab; aus; durch; **~ κοινού** [a'pɔ ki'nu] *adv* gemeinsam
απόγευμα [a'pɔjɛvma] *n* Nachmittag
απογοητευμένος [apɔɣɔitɛv'mɛnɔs] enttäuscht
απόδειξη [a'pɔðiksi] *f* Beweis; Quittung
αποζημιώνω [apɔzi'mjɔnɔ] entschädigen
αποζημίωση [apɔzi'miɔsi] *f* Entschädigung; Schadenersatz
απόθεμα [a'pɔθɛma] *n* Vorrat
αποκτώ [apɔ'ktɔ] erlangen; erwerben; erzielen
απολαμβάνω [apɔlam'vanɔ] genießen
απομακρυσμένος [apɔmakri'zmɛnɔs] entfernt
απομένω [apɔ'mɛnɔ] übrig bleiben
απόρρητος [a'pɔritɔs] geheim, vertraulich
απορρίμματα [apɔ'rimata] *n pl* Abfall; Müll
απορρίπτω [apɔ'riptɔ] ablehnen; zurückweisen
απόσταση [a'pɔstasi] *f* Abstand; Entfernung
αποτέλεσμα [apɔ'tɛlɛzma] *n* Ergebnis
αποτελούμαι (από) [apɔtɛ'lumɛ (a'pɔ)] bestehen (aus)

απότομος [a'pɔtɔmɔs] steil; plötzlich; brüsk

αποφασίζω [apɔfa'sizɔ] beschließen; entscheiden; s. entschließen

αποφεύγω [apɔ'fɛvɣɔ] vermeiden

αποχαιρετώ [apɔçɛrɛ'tɔ] (s.) verabschieden; Abschied nehmen

απώλεια [a'pɔlia] f Verlust

άργιλος ['arjilɔs] f Ton, Tonerde

αργός [ar'ɣɔs] langsam

αργώ [ar'ɣɔ] s. verspäten

αρέσω [a'rɛsɔ] gefallen; **μου αρέσει να** [mu a'rɛsi na] mögen; gern haben

αριθμός [ariθ'mɔs] m Zahl; Anzahl; Nummer

αριστερός [aristɛ'rɔs] linke(r, -s); adv **αριστερά** [aristɛ'ra] links

αρκετός [arkɛ'tɔs] genügend, ausreichend; ziemlich viel

αρκώ [ar'kɔ] (aus)reichen, genügen

αρμόδιος [ar'mɔðiɔs] zuständig

αρνητικός [arniti'kɔs] negativ

αρνούμαι [ar'numɛ] verneinen; s. weigern; ablehnen

αρραβωνιαστικός/αρραβωνιαστικιά [aravɔniasti'kɔs/aravɔniasti'kja] m/f der/die Verlobte

άρρωστος ['arɔstɔs] krank

αρσενικός [arsɛni'kɔs] männlich, maskulin

αρχή [ar'çi] f Anfang, Beginn; Behörde; Grundsatz, Prinzip

αρχίζω [ar'çizɔ] anfangen

ασανσέρ [asan'sɛr] n Fahrstuhl

ασήμαντος [a'simandɔs] unwichtig, unbedeutend

ασθενοφόρο [asθɛnɔ'fɔrɔ] n Krankenwagen

άσκηση ['askisi] f Übung

ασκώ [a'skɔ] (Beruf) ausüben; (Recht, Kritik) üben

αστείο [a'stiɔ] n Scherz; Spaß; Witz

αστείος [a'stiɔs] lustig, witzig

άστρο ['astrɔ] n Stern

ασφάλεια [a'sfalia] f Sicherheit; Versicherung; (EL) Sicherung

ασφαλής [asfa'lis] sicher

άσχημος ['asçimɔs] hässlich; schlecht; schlimm

ατομικός [atɔmi'kɔs] persönlich; individuell; Atom-

άτομο ['atɔmɔ] n Person

Αττική [ati'ki] f Attika

ατύχημα [a'tiçima] n Unfall; **παθαίνω ~** [pa'θɛnɔ a'tiçima] verunglücken

ατυχία [ati'çia] f Unglück

αυλή [av'li] f Hof

αυξάνω [af'ksanɔ] (s.) erhöhen; zunehmen; anheben

αύριο ['avriɔ] adv morgen

Αυστρία [af'stria] f Österreich

αυστριακός [afstria'kɔs] österreichisch

Αυστριακός/Αυστριακή [afstria'kɔs/afstria'ki] m/f Österreicher/in

αυτοεξυπηρέτηση [aftɔɛksipi'rɛtisi] f Selbstbedienung

αυτοκίνητο [aftɔ'kinitɔ] n Auto; **πάω με ~** ['paɔ mɛ aftɔ'kinitɔ] (mit dem) Auto fahren

αυτόματο [a'ftɔmatɔ] n Automat

αυτόματος [a'ftɔmatɔs] automatisch

αυτός/αυτή/αυτό [af'tɔs/af'ti/af'tɔ] diese(r, -s); er/sie/es

αφεντικό [afɛndi'kɔ] n Chef

αφήνω [a'finɔ] lassen

αφίσα [a'fisa] f Plakat

αφού [a'fu] (Zeit) nachdem; (Grund) da (doch)

αχινός [açi'nɔs] m Seeigel

Β, β

βάζω ['vazɔ] stellen; setzen; legen; **~ βενζίνη** ['vazɔ vɛn'zini] tanken; **~ κάτω** ['vazɔ 'katɔ] hinlegen; **~ μέσα** ['vazɔ 'mɛsa] einpacken

βαθύς [va'θis] tief

βαλίτσα [va'litsa] f Reisetasche; Koffer

βαρετός [varɛ'tɔs] langweilig

βάρκα ['varka] f Boot

βάρος ['varɔs] n Gewicht

βαρύς [va'ris] *(Gewicht, Krankheit)* schwer
βατ [vat] *n (EL)* Watt
βγαίνω ['vjɛnɔ] hinausgehen; herauskommen; **~ έξω** ['vjɛnɔ 'ɛksɔ] ausgehen
βδομάδα [vðɔ'maða] *f* Woche
βεβαιώνω [vɛvɛ'ɔnɔ] bestätigen
βέβαιος ['vɛvɛɔs] sicher
βελόνα [vɛ'lɔna] *f* Nadel
βελτιώνω [vɛl'tjɔnɔ] verbessern
βενζινάκατος [vɛnzi'nakatɔs] *f* Motorboot
Βέρνη ['vɛrni] *f* Bern
Βερολίνο [vɛrɔ'linɔ] *n* Berlin
βιάζομαι ['vjazɔmɛ] es eilig haben, s. beeilen
βιβλίο [vi'vliɔ] *n* Buch
Βιέννη [vi'ɛni] *f* Wien
βίλα ['vila] *f* Villa
βιτρίνα [vi'trina] *f* Schaufenster
βλαβερός [vlavɛ'rɔs] schädlich
βλέμμα ['vlɛma] *n* Blick
βλέπω ['vlɛpɔ] sehen; ansehen
βοήθεια [vɔ'iθia] *f* Hilfe; **πρώτες βοήθειες** ['prɔtɛs vɔ'iθiɛs] *f* erste Hilfe
βοηθώ [vɔi'θɔ] helfen
βολτ [vɔlt] *n (EL)* Volt
βόλτα ['vɔlta] *f* Spaziergang
Βόννη ['vɔni] *f* Bonn
βόρειος ['vɔriɔs] nördlich; **στα βόρεια** *gen* [sta 'vɔria] nördlich von
βορράς [vɔ'ras] *m* Norden
βουνό [vu'nɔ] *n* Berg
βράδυ ['vraði] *n* Abend
βράζω ['vrazɔ] *(Wasser)* kochen
βράχος ['vraxɔs] *m* Fels
βρεγμένος [vrɛ'ɣmɛnɔs] nass
βρίσκω ['vriskɔ] finden; *vp* **βρίσκομαι** ['vriskɔmɛ] s. befinden; liegen
βρομιά [vrɔ'mja] *f* Schmutz
βρόμικος ['vrɔmikɔs] schmutzig
βρομώ [vrɔ'mɔ] stinken

Γ, γ

γάιδαρος ['ɣaiðarɔs] *m* Esel
γαλλικός [ɣali'kɔs] französisch
γάμος ['ɣamɔs] *m* Ehe; Heirat
γαμπρός [ɣam'brɔs] *m* Schwager; Schwiegersohn; Bräutigam
γάντζος ['ɣandzɔs] *m* Haken
γάτα ['ɣata] *f* Katze
γεγονός [jɛɣɔ'nɔs] *n* Ereignis; Tatsache, Fakt
γείτονας/γειτόνισσα ['jitɔnas/ji'tɔnisa] *m/f* Nachbar/in
γελοίος [jɛ'liɔs] lächerlich
γελώ [jɛ'lɔ] lachen; auslachen
γεμάτος [jɛ'matɔs] voll; gefüllt; füllig
γεμίζω [jɛ'mizɔ] füllen
γενέθλια [jɛ'nɛθlia] *n pl* Geburtstag
γεννημένος [jɛni'mɛnɔs] geboren
Γερμανία [jɛrma'nia] *f* Deutschland
Γερμανίδα [jɛrma'niða] *f* Deutsche
γερμανικός [jɛrmani'kɔs] deutsch
Γερμανός [jɛrma'nɔs] *m* Deutscher
γερός [jɛ'rɔs] stark, kräftig
γεύμα ['jɛvma] *n* Mahlzeit
γεύση ['jɛfsi] *f* Geschmack
γή [ji] *f* Erde
γήπεδο ['ɣipɛðɔ] *n* Sportplatz
για [ja] für; über; **γι' αυτό** [ji af'tɔ] daher, deshalb
γιαγιά [ja'ja] *f* Großmutter
γιατί [ja'ti] *(Frage)* warum, weshalb; *(Nebensatz)* weil
γίνομαι ['jinɔmɛ] werden; geschehen, stattfinden
γιορτή [jɔr'ti] *f* Fest; Feiertag; Namenstag
γιός [jɔs] *m* Sohn
γλάρος ['ɣlarɔs] *m* Möwe
γλυκός [ɣli'kɔs] süß
γλώσσα ['ɣlɔsa] *f* Sprache; Zunge
γνήσιος ['ɣnisiɔs] echt
γνώμη ['ɣnɔmi] *f* Meinung
γνωρίζω [ɣnɔ'rizɔ] kennen; kennen lernen
γνωστός [ɣnɔ'stɔs] bekannt; **~/γνωστή** [ɣnɔ'stɔs/ɣnɔ'sti] *m/f* Bekannte(r)
γονείς [ɣɔ'nis] *m pl* Eltern

γούστο ['ɣustɔ] *n* Geschmack
γραμμή [ɣra'mi] *f* Linie; Zeile
γραπτός [ɣrap'tɔs] schriftlich
γρασσίδι [gra'siði] *n* Rasen
γραφείο [ɣra'fiɔ] *n* Büro; ~ **απολεσθέντων αντικειμένων** [ɣra'fiɔ apɔlɛs'θɛndɔn andiki'mɛnɔn] Fundbüro; ~ **ταξιδίων** [ɣra'fiɔ taksi'ðiɔn] Reisebüro
γράφω ['ɣrafɔ] (auf)schreiben
γρήγορος ['ɣriɣɔrɔs] schnell
γυμνός [jim'nɔs] nackt
γυναίκα [ji'nɛka] *f* Frau
γυναικείος [jinɛ'kiɔs] weiblich; Damen-; Frauen-
γυρίζω [ji'rizɔ] drehen; ~ **πίσω** [ji'rizɔ 'pisɔ] umkehren
γύρω σε/από ['jirɔ sɛ/a'pɔ] um
γωνία [ɣɔ'nia] *f* Ecke; Winkel

Δ, δ

δαγκώνω [ðaŋ'gɔnɔ] beißen
δανείζω [ða'nizɔ] (ver)leihen; *vp* **δανείζομαι** [ða'nizɔmɛ] (ent)leihen
δάπεδο ['ðapɛðɔ] *n* (Fuß-)Boden
δείχνω ['ðixnɔ] zeigen, vorzeigen
δε(ν) [ðɛn] nicht
δέντρο ['ðɛndrɔ] *n* Baum
δεξιός [ðɛ'ksjɔs] rechte(r, -s); *adv* **δεξιά** [ðɛ'ksja] rechts
δέρμα ['ðɛrma] *n* Haut; Leder
δεσποινίς [ðɛspi'nis] *(Anrede)* Fräulein
δευτερόλεπτο [ðɛftɛ'rɔlɛptɔ] *n* Sekunde
δεύτερος ['ðɛftɛrɔs] zweite(r, -s)
δέχομαι ['ðɛxɔmɛ] annehmen; akzeptieren; empfangen
δηλητήριο [ðili'tiriɔ] *n* Gift
δηλητηριώδης [ðilitir'jɔðis] giftig
δηλώνω [ði'lɔnɔ] erklären; angeben; (an)melden
δήλωση ['ðilɔsi] *f* Erklärung; Angabe; Anmeldung
δημόσιος [ði'mɔsiɔs] öffentlich
διαβάζω [ðia'vazɔ] lesen
διαδρομή [ðiaðrɔ'mi] *f* Strecke; Tour; Route
διάθεση [ði'aθɛsi] *f* Verfügung; Stimmung; Lust
διακοπές [ðiakɔ'pɛs] *f pl* Ferien
διακόπτω [ðia'kɔptɔ] unterbrechen; abbrechen
διαλέγω [ðia'lɛɣɔ] (aus)wählen, aussuchen
διαμορφώνω [ðiamɔr'fɔnɔ] bilden; gestalten
διανυκτερεύω [ðianiktɛ'rɛvɔ] übernachten
διάρκεια [ði'arkia] *f* Dauer; **κατά τη** ~ [ka'ta ti ði'arkia] während
διαρκώ [ðiar'kɔ] dauern; (an)halten
διασκεδάζω [ðiaskɛ'ðazɔ] s. amüsieren, s. unterhalten
διασκέδαση [ðia'skɛðasi] *f* Unterhaltung; Vergnügen
διατηρώ [ðiati'rɔ] erhalten; bewahren; einhalten; **διατηρείται μέχρι** [ðiati'ritɛ 'mɛxri] haltbar bis
διατροφή [ðiatrɔ'fi] *f* Verpflegung
διαφορά [ðiafɔ'ra] *f* Unterschied; Differenz
διαφορετικός [ðiafɔrɛti'kɔs] verschieden; andere(r, -s)
διδάσκω [ði'ðaskɔ] lehren, unterrichten
διεθνής [ðiɛθ'nis] international
διεύθυνση [ði'ɛfθinsi] *f* Adresse; Direktion
διευθυντής/διευθύντρια [ðiɛfθin'dis/ðiɛf'θindria] *m/f* Direktor/in
δίκαιο ['ðikɛɔ] *n (JUR)* Recht, Rechtssystem; **έχω δίκιο** ['ɛxɔ 'ðikiɔ] Recht haben
δίκαιος ['ðikɛɔs] gerecht, fair
δικαίωμα [ði'kɛɔma] *n* Recht
δικαστήριο [ðika'stiriɔ] *n (JUR)* Gericht
δικός μου/σου/του/της/μας/σας/τους [ði'kɔz mu/su/tu/tis/mas/sas/tus] mein/dein/sein/ihr/unser/euer/ihr

δίνω ['ðinɔ] geben; ~ **πίσω** ['ðinɔ 'pisɔ] zurückgeben; ~ **ρέστα** ['ðinɔ 'rɛsta] *(Geld)* herausgeben
διοίκηση [ði'ikisi] *f* Verwaltung
διορθώνω [ðiɔr'θɔnɔ] berichtigen, korrigieren
δίπλα σε ['ðipla sɛ] neben
διπλός [ði'plɔs] doppelt
διψάω [ði'psaɔ] Durst haben
δοκιμάζω [ðɔki'mazɔ] versuchen, probieren; *(Speisen)* kosten
δουλειά [ðul'ja] *f* Arbeit
δουλεύω [ðu'lɛvɔ] arbeiten
δοχείο [ðɔ'çiɔ] *n* Behälter; Gefäß
δρόμος ['ðrɔmɔs] *m* Straße; Weg; Gang
δροσερός [ðrɔsɛ'rɔs] frisch; erfrischend; kühl
δύναμη ['ðinami] *f* Kraft, Stärke
δυνατός [ðina'tɔs] stark, kräftig; laut; möglich
δυνατότητα [ðina'tɔtita] *f* Möglichkeit
δυο [ðiɔ] zwei
δύση ['ðisi] *f* Westen; Sonnenuntergang
δύσκολος ['ðiskɔlɔs] schwierig
δυστύχημα [ði'stiçima] *n* Unglück; Unfall
δυστυχία [ðisti'çia] *f* Unglück; Elend
δυστυχώς [ðisti'xɔs] *adv* leider; unglücklicherweise
δυτικός [ðiti'kɔs] westlich, West-; **δυτικά από** [ðiti'ka a'pɔ] westlich von
δωμάτιο [ðɔ'matiɔ] *n* Zimmer, Raum
δωρεάν [ðɔrɛ'an] *adv* kostenlos
δώρο ['ðɔrɔ] *n* Geschenk

Ε, ε

εάν [ɛ'an] wenn; ob
εβδομάδα [ɛvðɔ'maða] *f* Woche
εβδομαδιαίος [ɛvðɔma'ðiɛɔs] wöchentlich
εγγονός/εγγονή [ɛŋgɔ'nɔs/ ɛŋgɔ'ni] *m/f* Enkel/in
εγγύηση [ɛŋ'giisi] *f* Garantie; Sicherheit, Kaution
έγκαιρος ['ɛŋgɛrɔs] rechtzeitig
εγκάρδιος [ɛŋ'garðiɔs] herzlich
εγκατάσταση [ɛŋga'tastasi] *f* Anlage; Installation
εγκρίνω [ɛŋ'grinɔ] billigen; genehmigen
έγκυρος ['ɛŋgirɔs] gültig; seriös
εγώ [ɛ'ɣɔ] ich
έδαφος ['ɛðafɔs] *n* Boden
έδρα ['ɛðra] *f* Sitz, Residenz
εδώ [ɛ'ðɔ] *adv* hier
εδώ και ... [ɛ'ðɔ kɛ] *acc* seit
είδηση ['iðisi] *f* Nachricht
ειδικός [iði'kɔs] speziell; besondere(r, -s)
ειδοποιώ [iðɔ'pjɔ] benachrichtigen, verständigen
είδος ['iðɔs] *n* Art; Ware; Sorte
εικόνα [i'kɔna] *f* Bild
είμαι ['imɛ] sein
είσοδος ['isɔðɔs] *f* Eingang; Einfahrt; Eintritt
είτε ... είτε ['itɛ ... 'itɛ] entweder ... oder
εκ τών προτέρων [ɛk tɔm brɔ'tɛrɔn] im Voraus
εκδήλωση [ɛk'ðilɔsi] *f* Veranstaltung
εκδρομή [ɛkðrɔ'mi] *f* Ausflug
εκεί [ɛ'ki] *adv* da, dort
εκείνος [ɛ'kinɔs] jene(r, -s)
εκκλησία [ɛkli'sia] *f* Kirche
εκλογή [ɛklɔ'ji] *f* Wahl
έκπληκτος ['ɛkpliktɔs] überrascht
εκπομπή [ɛkpɔm'bi] *f (Radio, TV)* Sendung
έκπτωση ['ɛkptɔsi] *f* Ermäßigung, Rabatt; **εκπτώσεις** [ɛk'ptɔsis] Schlussverkauf
έκτακτος ['ɛktaktɔs] Sonder-
έκταση ['ɛktasi] *f* Ausdehnung; Umfang
εκτός από [ɛ'ktɔs a'pɔ] außer
έκφραση ['ɛkfrasi] *f* Ausdruck
ελάττωμα [ɛ'latɔma] *n* Mangel; Fehler
ελαφρύς [ɛla'fris] leicht

Ελβετία [ɛlvɛ'tia] *f* Schweiz
ελβετικός [ɛlvɛti'kɔs] *adj* Schweizer
Ελβετός/Ελβετίδα [ɛlvɛ'tɔs/ ɛlvɛ'tiða] *m/f* Schweizer/in
ελέγχω [ɛ'lɛŋxɔ] kontrollieren
ελεύθερος [ɛ'lɛfθɛrɔs] frei; ledig
Ελλάδα [ɛ'laða] *f* Griechenland
Έλληνας/Ελληνίδα ['ɛlinas/ ɛli'niða] *m/f* Grieche/Griechin
ελληνικός [ɛlini'kɔs] griechisch; **στα ελληνικά** [sta ɛlini'ka] auf Griechisch
ελπίζω [ɛl'pizɔ] hoffen
εμείς [ɛ'mis] wir
εμποδίζω [ɛmbɔ'ðizɔ] hindern; behindern
Εμπρός! [ɛm'brɔs] Herein! *(TEL)* Hallo!
εμφανίζω [ɛmfa'nizɔ] *(Bilder)* entwickeln; *vp* **εμφανίζομαι** [ɛmfa'nizɔmɛ] erscheinen; auftauchen
έναρξη ['ɛnarksi] *f* Beginn; Eröffnung
ένας/μια/ένα ['ɛnas/mia/'ɛna] ein(e, -r)
ένδειξη ['ɛnðiksi] *f* (An-)Zeichen
ενδιαφέρομαι (για) [ɛnðia'fɛrɔmɛ (ja)] s. interessieren (für)
ενδιαφέρων/ενδιαφέρουσα/ενδιαφέρον [ɛnðia'fɛrɔn/ɛnðia'fɛrusa/ɛnðia'fɛrɔn] interessant
ενέχυρο [ɛ'nɛçirɔ] *n* Pfand
ενήλικος/ενήλικη [ɛ'nilikɔs/ ɛ'niliki] *m/f* Erwachsene(r)
ενημερώνω [ɛnimɛ'rɔnɔ] informieren, unterrichten
ενθουσιασμένος [ɛnθusia'zmɛnɔs] begeistert; **μένω ~ (από)** ['mɛnɔ ɛnθusia'zmɛnɔs (a'pɔ)] begeistert sein (von)
έννοια ['ɛnia] *f* Bedeutung; Sinn
εννοώ [ɛnɔ'ɔ] meinen
ενοχλητικός [ɛnɔxliti'kɔs] lästig
ενοχλώ [ɛnɔ'xlɔ] belästigen; stören
εντελώς [ɛndɛ'lɔs] *adv* völlig, ganz
έντομο ['ɛndɔmɔ] *n* Insekt
έντυπο ['ɛndipɔ] *n* Formular
εντύπωση [ɛn'dipɔsi] *f* Eindruck
εξαιρετικός [ɛksɛrɛti'kɔs] ausgezeichnet, hervorragend
εξαιτίας [ɛksɛ'tias] *gen* wegen
εξαντλημένος [ɛksandli'mɛnɔs] erschöpft
εξαφανίζομαι [ɛksafa'nizɔmɛ] verschwinden
εξελίσσω [ɛksɛ'lisɔ] entwickeln
εξετάζω [ɛksɛ'tazɔ] prüfen; untersuchen
εξηγώ [ɛksi'ɣɔ] erklären
έξοδα ['ɛksɔða] *n pl* Ausgaben, Kosten
έξοδος ['ɛksɔðɔs] *f* Ausgang; Ausfahrt; Ausweg
εξοικονομώ [ɛksikɔnɔ'mɔ] einsparen; besorgen
έξτρα ['ɛkstra] *adv* extra
εξυπηρέτηση [ɛksipi'rɛtisi] *f* Bedienung
έξυπνος ['ɛksipnɔs] klug
έξω ['ɛksɔ] außen, draußen; **~ από** ['ɛksɔ a'pɔ] außerhalb von
εξωτερικό [ɛksɔtɛri'kɔ] *n* Ausland
επάγγελμα [ɛ'paŋgɛlma] *n* Beruf
επαναλαμβάνω [ɛpanalam'vanɔ] wiederholen
επαφή [ɛpa'fi] *f* Kontakt; Berührung
επειδή [ɛpi'ði] da, weil
επιβάτης [ɛpi'vatis] *m* Fahrgast
επιθυμώ [ɛpiθi'mɔ] wünschen; wollen
επικίνδυνος [ɛpi'kinðinɔs] gefährlich
επιλέγω [ɛpi'lɛɣɔ] (aus)wählen
επιλογή [ɛpilɔ'ji] *f* Auswahl; Wahl
επιμένω (σε) [ɛpi'mɛnɔ (sɛ)] bestehen (auf)
επίπεδο [ɛ'pipɛðɔ] *n* Ebene; Niveau
έπιπλο ['ɛpiplɔ] *n* Möbel
επίσης [ɛ'pisis] ebenfalls, gleichfalls
επισκέπτομαι [ɛpi'skɛptɔmɛ] besuchen; *(Museum)* besichtigen
επισκευάζω [ɛpiskɛ'vazɔ] reparieren
επίσκεψη [ɛ'piskɛpsi] *f* Besuch
επιστρέφω [ɛpi'strɛfɔ] zurückkehren; zurückgeben

επιστροφή [ɛpistrɔ'fi] *f* Rückkehr; Rückfahrt; Rückgabe
επιτρεπτός [ɛpitrɛ'ptɔs] zulässig
επιτρέπω [ɛpi'trɛpɔ] erlauben, gestatten, zulassen; *vp* **επιτρέπεται** [ɛpi'trɛpɛtɛ] gestattet sein
επιτυγχάνω *oder* **επιτυχαίνω** [ɛpitiŋ'xanɔ/ɛpiti'xɛnɔ] erreichen
επόμενος [ɛ'pɔmɛnɔs] nächste(r, -s); *adv* **επομένως** [ɛpɔ'mɛnɔs] folglich
εποχή [ɛpɔ'çi] *f* Jahreszeit; Epoche
εργοστάσιο [ɛrɣɔ'stasiɔ] *n* Fabrik
έρχομαι ['ɛrxɔmɛ] kommen
έρωτας ['ɛrɔtas] *m* Liebe
ερώτηση [ɛ'rɔtisi] *f* Frage
εσείς [ɛ'sis] ihr; Sie
εσύ [ɛ'si] du
εσφαλμένος [ɛsfal'mɛnɔs] falsch
εταιρία [ɛtɛ'ria] *f* Gesellschaft; ~ **ταξιδίων** [ɛtɛ'ria taksi'ðiɔn] *f* Reiseveranstalter
ετήσιος [ɛ'tisiɔs] jährlich
ετοιμάζω [ɛti'mazɔ] vorbereiten; fertigmachen; zubereiten
έτοιμος ['ɛtimɔs] bereit, fertig
έτος ['ɛtɔs] *n* Jahr
έτσι ['ɛtsi] *adv* so
ευγενικός [ɛvjɛni'kɔs] liebenswürdig; höflich
ευθύς [ɛ'fθis] *adj* gerade; direkt
ευκαιρία [ɛfkɛ'ria] *f* Gelegenheit; Anlass
εύκολος ['ɛfkɔlɔs] einfach, leicht
ευρύς [ɛv'ris] breit; weit
ευρωπαϊκός [ɛvrɔpai'kɔs] europäisch
Ευρωπαίος/Ευρωπαία [ɛvrɔ'pɛɔs/ɛvrɔ'pɛa] *m/f* Europäer/in
Ευρώπη [ɛv'rɔpi] *f* Europa
ευτυχής [ɛfti'çis] glücklich; froh; *adv* **ευτυχώς** [ɛfti'çɔs] zum Glück, glücklicherweise
ευτυχία [ɛfti'çia] *f* Glück
ευτυχισμένος [ɛftiçi'zmɛnɔs] glücklich
εύφλεκτος ['ɛflɛktɔs] feuergefährlich
ευχαριστημένος [ɛfxaristi'mɛnɔs] zufrieden
ευχάριστος [ɛf'xaristɔs] angenehm; *adv* **ευχαρίστως** [ɛf-'xaristɔs] gern
ευχαριστώ [ɛfxari'stɔ] danken
εύχομαι ['ɛfxɔmɛ] wünschen
εφάπαξ [ɛ'fapaks] *n* Pauschale
εφημερίδα [ɛfimɛ'riða] *f* Zeitung
έχω ['ɛxɔ] haben; **έχει** ['ɛçi] es gibt

Ζ, ζ

ζαλίζομαι [za'lizɔmɛ] schwindlig sein/werden
ζεστός [zɛ'stɔs] warm; heiß; **κάνει ζέστη** ['kani 'zɛsti] es ist warm/heiß
ζευγάρι [zɛv'ɣari] *n* Paar; **ένα** ~ ['ɛna zɛ'vɣari] ein Paar
ζημιά [zim'ja] *f* Schaden
ζητώ [zi'tɔ] verlangen; suchen
ζυγίζω [zi'jizɔ] wiegen
ζω [zɔ] leben
ζωγραφίζω [zɔɣra'fizɔ] malen; zeichnen
ζωή [zɔ'i] *f* Leben
ζωηρός [zɔi'rɔs] lebhaft, lebendig
ζώο ['zɔɔ] *n* Tier

Η, η

ή [i] oder; **ή … ή** [i … i] entweder … oder
ήδη ['iði] *adv* bereits, schon
ηλεκτρικός [ilɛktri'kɔs] elektrisch
ηλικία [ili'kia] *f* Alter
ηλικιωμένος [ilikiɔ'mɛnɔs] alt
ημέρα ['mɛra] *f* Tag
ημερομηνία [imɛrɔmi'nia] *f* Datum
ήπιος ['ipiɔs] mild
ηρεμία [irɛ'mia] *f* Ruhe
ησυχία [isi'çia] *f* Ruhe; Stille
ήσυχος ['isixɔs] ruhig; still

Θ, θ

θάλασσα ['θalasa] *f* Meer; See *f*
θάνατος ['θanatɔs] *m* Tod

θαυμάζω [θav'mazɔ] bewundern
θαυμάσιος [θav'masiɔs] wunderbar
θέα ['θεa] *f* Aussicht, Blick
θεά [θε'a] *f* Göttin
θεατής [θεa'tis] *m/f* Zuschauer/in
θεός [θε'ɔs] *m* Gott
θεραπεύω [θεra'pεvɔ] behandeln; heilen
θερμαίνω [θεr'mεnɔ] heizen
θέση ['θεsi] *f* Lage; Stelle; Position; Stellung; Sitzplatz
θετικός [θεti'kɔs] positiv
θέτω ['θεtɔ] setzen, stellen
θεωρώ [θεɔ'rɔ] ansehen als, betrachten als, halten für
θηλυκός [θili'kɔs] weiblich; feminin
θλιβερός [θlivε'rɔs] traurig; bedrückend
θολός [θɔ'lɔs] trüb(e)
θόρυβος ['θɔrivɔs] *m* Geräusch; Lärm, Krach
θύελλα ['θiεla] *f* Sturm
θυμάμαι [θi'mamε] s. erinnern
θυμωμένος [θimɔ'mεnɔs] wütend; böse
θυμώνω [θi'mɔnɔ] wütend sein/werden; ~ **με** [θi'mɔnɔ mε] s. ärgern über

Ι, ι

ιδέα [i'ðεa] *f* Idee; Vorstellung; Ahnung
ιδιαίτερος [i'ðjεtεrɔs] besondere(r, -s); Sonder-
ιδιοκτήτης/ιδιοκτήτρια [iðiɔ'ktitis/iðiɔ'ktitria] Eigentümer/in; Vermieter/in
ίδιος ['iðiɔs] selbst; gleich; eigen; **ο ίδιος/η ίδια/το ίδιο** [ɔ 'iðiɔs/i 'iðia/tɔ 'iðiɔ] er/sie/es selbst; der-/die-/dasselbe
ιδιωτικός [iðiɔti'kɔs] privat
ιδρώνω [i'ðrɔnɔ] schwitzen
ιερέας [iε'rεas] *m* Priester
ισόγειο [i'sɔjiɔ] *n* Erdgeschoss
ίσος ['isɔs] gleich
ιστορία [istɔ'ria] *f* Geschichte
ισχυρός [isçi'rɔs] stark
ισχύω [is'çiɔ] gelten
ίσως ['isɔs] *adv* vielleicht
Ιταλία [ita'lia] *f* Italien
ιχθυοπώλης/ιχθυοπώλισσα [ixθiɔ'pɔlis/ixθiɔ'pɔlisa] *m/f* Fischhändler/in

Κ, κ

κάδος ['kaðɔs] *m* Tonne; ~ **απορριμμάτων** ['kaðɔs apɔri'matɔn] Mülltonne
καθαρίζω [kaθa'rizɔ] reinigen; putzen
καθαρός [kaθa'rɔs] sauber
κάθε ['kaθε] jede(r, -s)
καθένας/καθεμία/καθένα [ka'θεnas/kaθε'mia/ka'θεna] jede(r, -s)
κάθισμα ['kaθisma] *n* Sitz
καθόλου [ka'θɔlu] *adv* gar nicht; überhaupt
κάθομαι ['kaθɔmε] s. setzen; sitzen
καθυστερώ [kaθistε'rɔ] s. verspäten; verzögern
και [kε] und; auch; **~ ... ~ ...** [kε ... kε ...] sowohl ... als auch ...
καινούργιος [kε'nurjɔs] neu
καιρός [kε'rɔs] *m* Wetter; Zeit
καίω ['kεɔ] brennen; verbrennen; *vp* **καίγομαι** ['kεγɔmε] (ver)brennen; s. verbrennen
κακοκαιρία [kakɔkε'ria] *f* schlechtes Wetter; Unwetter
κακός [ka'kɔs] schlecht; schlimm; böse
καλάθι [ka'laθi] *n* Korb
καλόγρια [ka'lɔγria] *f* Nonne
καλός [ka'lɔs] gut; **καλύτερος** [ka'litεrɔs] besser
καλώ [ka'lɔ] rufen; aufrufen; *(TEL)* wählen, anrufen
καλώς όρισες/ορίσατε! [ka'lɔs 'ɔrisεs/ɔ'risatε] Herzlich willkommen!
κανείς [ka'nis] man
κανένας/καμία/κανένα [ka'nεnas/ka'mia/ka'nεna] kein(e); **κανένας** [ka'nεnas] niemand

κανονίζω [kanɔ'nizɔ] regeln
κανονικός [kanɔni'kɔs] normal;
adv **κανονικά** [kanɔni'ka] normal;
normalerweise; eigentlich
κάνω ['kanɔ] machen; tun
καπνίζω [ka'pnizɔ] rauchen
καπνιστής/καπνίστρια [kapni'stis/
kap'nistria] *m/f* Raucher/in
καπνός [kap'nɔs] *m* Rauch; Tabak
καρδιά [kar'ðja] *f* Herz
καρέκλα [ka'rɛkla] *f* Stuhl
καστανός [kasta'nɔs] braun
κατά [ka'ta] *gen* gegen
καταλαβαίνω [katala'vɛnɔ] verstehen
κατάλληλος [ka'talilɔs] geeignet
κατάλογος [ka'talɔɣɔs] *m* Liste;
Verzeichnis; Katalog
κατανάλωση [kata'nalɔsi] *f* Verbrauch
κατάσταση [ka'tastasi] *f* Lage;
Situation; Zustand
καταστρέφω [kata'strɛfɔ] zerstören
κατευθείαν [katɛ'fθian] *adv* geradeaus; direkt
κατεύθυνση [ka'tɛfθinsi] *f*
Richtung
κατηγορία [katiɣɔ'ria] *f* Klasse;
Kategorie
κάτι ['kati] etwas; irgend etwas
κάτοικος ['katikɔs] *m/f* Einwohner/in; Bewohner/in
κατοικώ [kati'kɔ] wohnen;
κατοικημένη περιοχή [katiki-
'mɛni pɛriɔ'çi] *(Verkehrsschild)*
Ortschaft
κάτοχος ['katɔxɔs] *m/f* Besitzer/in;
Inhaber/in
κάτω ['katɔ] *adv* unten; **~ από**
['katɔ a'pɔ] unter, unterhalb; **προς
τα ~** [prɔs ta 'katɔ] abwärts
καυγάς [kav'ɣas] *m* Streit
καφενείον [kafɛ'niɔn] *n* Kaffeehaus
καφές [ka'fɛs] *m* Kaffee
καφετέρια [kafɛ'tɛria] *f* Café
καφετής [kafɛ'tis] braun
κεντρικός [kɛndri'kɔs] zentral
κέντρο ['kɛndrɔ] *n* Zentrum

κέφι ['kɛfi] *n* Vergnügen, Spaß;
(gute) Laune
κήπος ['kipɔs] *m* Garten
κιβώτιο [ki'vɔtiɔ] *n* Kiste
κίνδυνος ['kinðinɔs] *m* Gefahr
κλαίω ['klɛɔ] weinen
κλέβω ['klɛvɔ] stehlen; bestehlen
κλειδαριά [kliðar'ja] *f* (Tür-)Schloss
κλειδώνω [kli'ðɔnɔ] zuschließen
κλείνω ['klinɔ] schließen, zumachen; **~ θέση** ['klinɔ 'θɛsi] Platz
buchen/reservieren
κλειστός [kli'stɔs] geschlossen
κλίμα ['klima] *n* Klima
κόβω ['kɔvɔ] schneiden; *(Blumen)*
pflücken
κοιμάμαι [ki'mamɛ] schlafen
κοινό [ki'nɔ] *n* Publikum
κοιτάζω [ki'tazɔ] (an)schauen; nachsehen; gucken
κόλπος ['kɔlpɔs] *m* Bucht
κολυμπώ [kɔlim'bɔ] schwimmen
κομμάτι [kɔ'mati] *n* Stück
κομψός [kom'psɔs] fein, elegant
κοντά [kɔn'da] *adv* nahe; **~ σε**
[kɔn'da sɛ] (nahe) bei
κοντινός [kɔndi'nɔs] nah
κοντός [kɔn'dɔs] kurz; *(Mensch)*
klein
κόπος ['kɔpɔs] *m* Mühe
κόρη ['kɔri] *f* Tochter
κορίτσι [kɔ'ritsi] *n* Mädchen
κόσμος ['kɔzmɔs] *m* Welt; Leute
κοστίζω [kɔ'stizɔ] kosten
κουβαλώ [kuva'lɔ] tragen
κουβέντα [ku'vɛnda] *f* Gespräch
κουβεντιάζω [kuvɛn'djazɔ] s.
unterhalten
κουδούνι [ku'ðuni] *n* Klingel
κουζίνα [ku'zina] *f* Küche; Herd
κουνούπι [ku'nupi] *n* Mücke
κουπόνι [ku'pɔni] *n* Gutschein
κουρασμένος [kura'zmɛnɔs] müde
κουραστικός [kurasti'kɔs] anstrengend
κουτί [ku'ti] *n* Büchse, Dose;
Schachtel
κουτός [ku'tɔs] dumm, blöd(e)
κράτος ['kratɔs] *n* Staat

κρατώ [kra'tɔ] halten; festhalten; behalten; anhalten
κρεβάτι [krɛ'vati] *n* Bett
κρεμάστρα [krɛ'mastra] *f* (Kleider-)Haken
κριτικάρω [kriti'karɔ] kritisieren
κρύος ['kriɔs] kalt
κρυφός [kri'fɔs] heimlich; geheim
κρυώνω [kri'ɔnɔ] frieren
κτήριο ['ktiriɔ] *n* Gebäude
κυβέρνηση [ki'vɛrnisi] *f* Regierung
κυρία [ki'ria] Dame; *(Anrede)* Frau
κυριλέ [kiri'lɛ] vornehm; fein
κύριος ['kiriɔs] *m* Herr; **κύριε** ['kiriɛ] *(Anrede)* Herr

Λ, λ

λάθος ['laθɔs] *n* Fehler
λάμπα ['lamba] *f* Lampe; Glühbirne
λαός [la'ɔs] *m* Volk
λάσπη ['laspi] *f* Schlamm
λείπω ['lipɔ] fehlen; weg sein
λειτουργώ [litur'ɣɔ] funktionieren
λεκές [lɛ'kɛs] *m* Fleck
λέξη ['lɛksi] *f* Wort
λεπτό [lɛp'tɔ] *n* Minute
λεπτός [lɛp'tɔs] dünn; fein; schlank
λεφτά [lɛf'ta] *n pl* Geld
λέω ['lɛɔ] sagen; *vp* **λέγομαι** ['lɛɣɔmɛ] s. nennen, heißen
λιβάδι [li'vaði] *n* Wiese
λίγος ['liɣɔs] wenig; **λιγότερος** [li'ɣɔtɛrɔs] weniger; **σε ~** [sɛ 'liɣɔ] gleich
λίμνη ['limni] *f* See *m*
λιπαρός [lipa'rɔs] fett
λογαριάζω [lɔɣar'jazɔ] berechnen; rechnen; zusammenrechnen
λογαριασμός [lɔɣaria'zmɔs] *m* Rechnung
λόγος ['lɔɣɔs] *m* Grund; Rede; Wort
λοιπόν [li'pɔn] *adv* also
λουλούδι [lu'luði] *n* Blume
λόφος ['lɔfɔs] *m* Hügel
λύνω ['linɔ] lösen
λυπάμαι [li'pamɛ] bedauern
λυπημένος [lipi'mɛnɔs] traurig

Μ, μ

μαγειρεύω [maji'rɛvɔ] *(Essen)* kochen
μαζεύω [ma'zɛvɔ] (auf)sammeln; zusammenräumen
μαζί [ma'zi] zusammen
μαθαίνω [ma'θɛnɔ] lernen; erfahren
μάθημα ['maθima] *n* Unterrichtsstunde; Unterricht; Fach
μακραίνω [ma'krɛnɔ] verlängern
μάκρος ['makrɔs] *n* Länge
μακρύς [ma'kris] lang; *(Weg)* weit; *adv* **μακριά** [ma'krja] *adv* weit, entfernt
μαλακός [mala'kɔs] weich; zart
μάλλον ['malɔn] *adv* wahrscheinlich
μαλώνω [ma'lɔnɔ] schimpfen; streiten, s. zanken
μαντεύω [man'dɛvɔ] (er)raten
μαντήλι [man'dili] *n* Tuch; Kopftuch
μάρκα ['marka] *f* Sorte
μάρτυρας ['martiras] *m/f* Zeuge/Zeugin
μαρτυρία [marti'ria] *f* Aussage
... μας [mas] unser
μαυρισμένος [mavri'zmɛnɔs] braungebrannt, gebräunt
με [mɛ] mit; durch
μεγάλος [mɛ'ɣalɔs] groß; alt
μεγαλώνω [mɛɣa'lɔnɔ] wachsen
μέγαρο ['mɛɣarɔ] *n* Palast
μέγεθος ['mɛjɛθɔs] *n* Größe; Format
μεζές [mɛ'zɛs] *m* Imbiss
μεθυσμένος [mɛθi'zmɛnɔs] betrunken
μεθώ [mɛ'θɔ] s. betrinken
μελαχρινός [mɛlaxri'nɔs] (dunkel)braun
μέλισσα ['mɛlisa] *f* Biene
μέλλον ['mɛlɔn] *n* Zukunft
μελλοντικός [mɛlɔndi'kɔs] (zu)künftig
μένω ['mɛnɔ] bleiben; übrigbleiben; wohnen
μέρα ['mɛra] *f* Tag

μερικοί [mɛri'ki] einige
μέρος ['mɛrɔs] *n* Teil
μέσα ['mɛsa] *adv* drin(nen), innen
μέση ['mɛsi] *f* Mitte
μεσημέρι [mɛsi'mɛri] *n* Mittag *m*
μεσημεριανό [mɛsimɛrja'nɔ] *n* Mittag(essen)
μέσο ['mɛsɔ] *n* Mittel
Μεσόγειος (Θάλασσα) [mɛ'sɔjiɔs ('θalasa)] *f* Mittelmeer
μέσος ['mɛsɔs] durchschnittlich
μέσω ['mɛsɔ] *gen* durch
μετά [mɛ'ta] nach; nachher; dann
μεταβολή [metavɔ'li] *f* Veränderung
μεταξύ [mɛta'ksi] *gen* zwischen
μεταφέρω [mɛta'fɛrɔ] befördern, transportieren
μεταφράζω [mɛta'frazɔ] übersetzen
μετάφραση [mɛ'tafrasi] *f* Übersetzung
μετρώ [mɛ'trɔ] zählen; messen
μέχρι ['mɛxri] *acc* bis
μήκος ['mikɔs] *n* Länge
μη(ν) [min] nicht; ~ **δεσμευτικός** [mi ðɛzmɛfti'kɔs] unverbindlich
μήνας ['minas] *m* Monat
μηνιαίος [mini'ɛɔs] monatlich
μήνυμα ['minima] *n* Nachricht
μήπως ['mipɔs] *adv* vielleicht
μητέρα [mi'tɛra] *f* Mutter
μηχανή [mixa'ni] *f* Maschine; **φωτογραφική** ~ [fɔtɔɣrafi'ki mixa'ni] Fotoapparat
μια ['mia] *siehe* **ένας**
μικρός [mi'krɔs] klein; jung
μιλώ [mi'lɔ] reden; sprechen
μισό [mi'sɔ] *n* Hälfte
μισός [mi'sɔs] halb
μόδα ['mɔða] *f* Mode
μοιάζω ['mjazɔ] s. ähneln
μοιράζω [mi'razɔ] teilen; verteilen
μόλις ['mɔlis] *adv* gerade, (so)eben; erst; kaum
μολονότι [mɔlɔ'nɔti] obwohl
μόλος ['mɔlɔs] *m* Mole
μοναδικός [mɔnaði'kɔs] einzigartig; einzig
μόνο ['mɔnɔ] *adv* nur
μονοπάτι [mɔnɔ'pati] *n* Pfad
μόνος ['mɔnɔs] allein; einsam
μοντέρνος [mɔ'dɛrnɔs] modern
μορφή [mɔr'fi] *f* Form
... μου [mu] mein
μουσική [musi'ki] *f* Musik
μπαίνω ['bɛnɔ] hineingehen; eintreten; ~ **σε** ['bɛnɔ sɛ] betreten
μπάλα ['bala] *f (Sport)* Ball
μπαλώνω [ba'lɔnɔ] flicken
μπαστούνι [ba'stuni] *n* Stock
μπερδεύω [bɛr'ðɛvɔ] verwechseln
μπορώ [bɔ'rɔ] können
μπουκάλι [bu'kali] *n* Flasche
μπουκέτο [bu'kɛtɔ] *n* Strauß
μπροστά [brɔ'sta] *adv* vorn; ~ **από** [brɔ'sta a'pɔ] vor
μύγα ['miɣa] *f* Fliege
μύδι ['miði] *n* Muschel
μυρίζω [mi'rizɔ] riechen
μυρωδιά [mirɔ'ðja] *f* Geruch
μύτη ['miti] *f* Nase; Spitze
μωρό [mɔ'rɔ] *n* Baby

N, ν

νεκρός [nɛ'krɔs] tot
νέο ['nɛɔ] *n* Neuigkeit
νέος ['nɛɔs] neu; jung; **νέος/νέα** ['nɛɔs/'nɛa] *m/f* Jugendliche(r)
νερό [nɛ'rɔ] *n* Wasser
νευρικός [nɛvri'kɔs] nervös
νησί [ni'si] *n* Insel
νηστικός [nisti'kɔs] nüchtern, mit leerem Magen
νηφάλιος [ni'faliɔs] nüchtern, nicht alkoholisiert
νόημα ['nɔima] *n* Sinn
νοικιάζω [ni'kjazɔ] mieten; vermieten
νομίζω [nɔ'mizɔ] glauben, meinen
νοσοκόμα [nɔsɔ'kɔma] *f* (Kranken-)Schwester
νόστιμος ['nɔstimɔs] köstlich
νότιος ['nɔtiɔs] südlich; **στα νότια** *gen* [sta 'nɔtia] südlich von
νότος ['nɔtɔs] *m* Süden
νούμερο ['numɛrɔ] *n* Nummer; Größe
ντόπιος ['dɔpiɔs] einheimisch

ντύνω ['dinɔ] *(Kleidung)* anziehen
νύχτα ['nixta] *f* Nacht

Ξ, ξ

ξάδελφος/ξαδέλφη ['ksaðɛlfɔs/ ksa'ðɛlfi] *m/f* Cousin/Cousine
ξανά [ksa'na] *adv* wieder
ξαπλώνω [ksa'plɔnɔ] s. hinlegen; **είμαι ξαπλωμένος** ['imɛ ksaplɔ'mɛnɔs] liegen
ξαφνικός [ksafni'kɔs] plötzlich
ξεκουράζομαι [ksɛku'razɔmɛ] s. ausruhen
ξεναγός [ksɛna'ɣɔs] *m/f* Fremdenführer/in
ξένος ['ksɛnɔs] fremd; ausländisch
ξεπούλημα [ksɛ'pulima] *n* Ausverkauf
ξερός [ksɛ'rɔs] trocken
ξέρω ['ksɛrɔ] wissen; kennen; können
ξεχνώ [ksɛx'nɔ] vergessen
ξεχωριστός [ksɛxɔri'stɔs] getrennt, separat; Extra-
ξοδεύω [ksɔ'ðɛvɔ] ausgeben
ξύλο ['ksilɔ] *n* Holz
ξύπνιος ['ksipniɔs] wach
ξυπνώ [ksip'nɔ] aufwachen; wecken

Ο, ο

ο/η/το [ɔ/i/tɔ] der/die/das
οδηγία [ɔð'jia] *f* Anleitung
οδηγός [ɔði'ɣɔs] *m/f* Führer/in; Fahrer/in; ~ **ταξιδίων** [ɔði'ɣɔs taksi'ðiɔn] *m* Reiseführer
οδηγώ [ɔði'ɣɔ] führen; fahren
οδός [ɔ'ðɔs] *f* Straße
οικογένεια [ikɔ'jɛnia] *f* Familie
ολόκληρος [ɔ'lɔklirɔs] voll(ständig); ganz
όλος ['ɔlɔs] ganz, gesamt; **όλοι** ['ɔli] alle; **όλα** ['ɔla] alles
ομάδα [ɔ'maða] *f* Gruppe; *(Sport)* Mannschaft
όμοιος ['ɔmiɔs] ähnlich; gleich
όμορφος ['ɔmɔrfɔs] schön
όμως ['ɔmɔs] jedoch; aber

όνειρο ['ɔnirɔ] *n* Traum
όνομα ['ɔnɔma] *n* Name
ονομάζομαι [ɔnɔ'mazɔmɛ] heißen
όπως ['ɔpɔs] *(Vergleich)* wie
οπωσδήποτε [ɔpɔs'ðipɔtɛ] *adv* unbedingt; bestimmt
ορατότητα [ɔra'tɔtita] *f* Sicht
οργισμένος [ɔrji'zmɛnɔs] zornig, wütend
όρεξη ['ɔrɛksi] *f* Appetit; **έχω ~ (να)** ['ɛxɔ 'ɔrɛksi (na)] Lust haben (zu)
οριστικός [ɔristi'kɔs] endgültig
όρος ['ɔrɔs] *m* Bedingung
όσο ['ɔsɔ] so; solange; soviel; ~ **για μένα** ['ɔsɔ ja 'mɛna] meinetwegen; ~ **το δυνατό πιο σύντομα** ['ɔsɔ tɔ ðina'tɔ pjɔ 'sindɔma] so bald wie möglich
όταν ['ɔtan] wenn; als
ότι ['ɔti] dass
ουρανός [ura'nɔs] *m* Himmel
ουσία [u'sia] *f* Stoff; Wesen
ούτε ['utɛ] auch nicht; kaum; **ούτε ... ούτε** ['utɛ ... 'utɛ] weder ... noch
όχι ['ɔçi] nein; nicht; ~ **ακόμα** ['ɔçi a'kɔma] noch nicht; ~ **πριν** ['ɔçi prin] erst

Π, π

παγκάκι [paŋ'gaki] *n* (Sitz-)Bank
παζαρεύω [paza'rɛvɔ] feilschen, handeln
παιδί [pɛ'ði] *n* Kind; Junge
παίζω ['pɛzɔ] spielen
παίρνω ['pɛrnɔ] nehmen; bekommen, erhalten; ~ **μαζί** ['pɛrnɔ ma'zi] mitnehmen; ~ **μέρος (σε)** ['pɛrnɔ 'mɛrɔs (sɛ)] teilnehmen (an)
πάλι ['pali] *adv* wieder
παλιός [pa'ljɔs] alt
πανεπιστήμιο [panɛpi'stimiɔ] *n* Universität
πανί [pa'ni] *n* Tuch; Lappen; Segel; Windel
πάντα ['panda] *adv* immer

παντελόνι [pandɛ'lɔni] *n* Hose
παντρεμένος (με) [pandrɛ'mɛnɔs (mɛ)] verheiratet (mit)
παντρεύομαι [pan'drɛvɔmɛ] heiraten
πάνω ['panɔ] *adv* oben; ~ **από** ['panɔ a'pɔ] über
παππούς [pa'pus] *m* Großvater
παρ' όλα αυτά [par 'ɔla af'ta] trotzdem
πάρα ['para] *adv* sehr; ~ **πολύ** ['para pɔ'li] sehr viel; zu viel
παρά [pa'ra] trotz; *conj* als
παράδειγμα [pa'raðiɣma] *n* Beispiel; **για** ~ [ja pa'raðiɣma] zum Beispiel
παραδίνω [para'ðinɔ] abgeben, übergeben, liefern; *(Gepäck, Post)* aufgeben
παρακαλώ (για) [paraka'lɔ (ja)] bitten (um)
παρακολουθώ [parakɔlu'θɔ] verfolgen; beobachten
παραλία [para'lia] *f* Strand
παραμονή [paramɔ'ni] *f* Aufenthalt
παραπονιέμαι (για) [parapɔ-'njɛmɛ (ja)] s. beschweren (über)
παράπονο [pa'rapɔnɔ] *n* Klage; Beschwerde; Beanstandung
παράσταση [pa'rastasi] *f (THEAT)* Vorstellung
παρατείνω [para'tinɔ] *(zeitlich)* verlängern
παρατηρώ [parati'rɔ] beobachten; bemerken; anmerken
παρελθόν [parɛl'θɔn] *n* Vergangenheit
παρκάρω [par'karɔ] parken
πάρκο ['parkɔ] *n* Park
παρουσιάζω [paru'sjazɔ] vorstellen; darstellen; präsentieren
πάρτι ['parti] *n* Party
πατέρας [pa'tɛras] *m* Vater
πάτος ['patɔs] *m* Boden, Grund
πατρίδα [pa'triða] *f* Heimat
πατώ [pa'tɔ] betreten; drücken
πάτωμα ['patɔma] *n* Fußboden; Stock(werk)
παύω ['pavɔ] aufhören
παχύς [pa'çis] dick; fett
πάω *siehe* **πηγαίνω**
πεδιάδα [pɛ'ðjaða] *f* Ebene
πεζός/πεζή [pɛ'zɔs/pɛ'zi] *m/f* Fußgänger/in
πεθαίνω [pɛ'θɛnɔ] sterben
πεινώ [pi'nɔ] hungrig sein
πελάτης/πελάτισσα [pɛ'latis/pɛ'latisa] *m/f* Kunde/Kundin
περί [pɛ'ri] *gen* über
περιβάλλον [pɛri'valɔn] *n* Umwelt
περιγράφω [pɛri'ɣrafɔ] beschreiben
περίεργος [pɛ'riɛrɣɔs] neugierig; seltsam
περιεχόμενο [pɛriɛ'xɔmɛnɔ] *n* Inhalt
περιέχω [pɛri'ɛxɔ] enthalten; beinhalten
περιλαμβάνω [pɛrilam'vanɔ] umfassen; enthalten
περιμένω [pɛri'mɛnɔ] warten; ~ **στην ουρά** [pɛri'mɛnɔ stin u'ra] Schlange stehen
περιοχή [pɛriɔ'çi] *f* Gegend
περίπατος [pɛ'ripatɔs] *m* Spaziergang; Bummel
περίπου [pɛ'ripu] *adv* etwa
περίπτωση [pɛ'riptɔsi] *f* Fall; ~ **έκτακτης ανάγκης** [pɛ'riptɔsi 'ɛktaktis a'naŋgis] Notfall
περισσότερο [pɛri'sɔtɛro] *adv* mehr
περίφημος [pɛ'rifimɔs] berühmt
περνώ [pɛr'nɔ] vorbeigehen; überqueren; *(Zeit)* vergehen; verbringen
περπατώ [pɛrpa'tɔ] laufen
πέτρα ['pɛtra] *f* Stein
πετσέτα [pɛ'tsɛta] *f* Handtuch; Serviette
πετώ [pɛ'tɔ] fliegen
πέφτω ['pɛftɔ] fallen; stürzen
πηγαίνω [pi'jɛnɔ] gehen; fahren; ~ **με τα πόδια** [pi'jɛnɔ mɛ ta 'pɔðia] zu Fuß gehen
πηδώ [pi'ðɔ] springen
πηλός [pi'lɔs] *m* Ton(erde)
πια [pja] mehr; endlich
πιάνω ['pjanɔ] nehmen; fassen

πιασμένος [pia'zmɛnɔs] *(Platz)* besetzt
πιθανόν [piθa'nɔn] wahrscheinlich; wohl; vermutlich
πικρός [pi'krɔs] bitter
πίνακας ['pinakas] *m* Bild
πινακίδα [pina'kiða] *f* Schild *n*
πίνω ['pinɔ] trinken
πισίνα [pi'sina] *f* Schwimmbecken; Swimmingpool
πιστεύω [pi'stɛvɔ] glauben
πιστός [pi'stɔs] treu
πίσω ['pisɔ] *adv* hinten; zurück; ~ **από** ['pisɔ a'pɔ] hinter
πλαζ [plaz] *f* Badestrand
πλάνη ['plani] *f* Irrtum
πλατεία [pla'tia] *f* Platz
πλατύς [pla'tis] breit
πλένω ['plɛnɔ] waschen
πλευρά [plɛv'ra] *f* Seite
πλήθος ['pliθɔs] *n* (Menschen-) Menge
πληροφορία [plirɔfɔ'ria] *f* Information; **πληροφορίες** [plirɔfɔ-'riɛs] Auskunft
πλήρωμα ['plirɔma] *n* Besatzung
πληρώνω [pli'rɔnɔ] zahlen, bezahlen; ~ **τοις μετρητοίς** [pli'rɔnɔ tis mɛtri'tis] bar zahlen
πλησιάζω [pli'sjazɔ] s. nähern
πλούσιος ['plusiɔs] reich
ποινή [pi'ni] *f* Strafe; **χρηματική ~** [xrimati'ki pi'ni] Geldstrafe
ποιότητα [pi'ɔtita] *f* Qualität
πόλη ['pɔli] *f* Stadt
πολιτισμός [pɔliti'zmɔs] *m* Kultur
πολύ [pɔ'li] *adv* sehr; zu; **το ~** [tɔ pɔ'li] höchstens
πολύς/πολλή/πολύ [pɔ'lis/pɔ'li/pɔ'li] viel
πολυτελής [pɔlitɛ'lis] luxuriös
πολύτιμος [pɔ'litimɔs] kostbar
πολύχρωμος [pɔ'lixrɔmɔs] bunt
πονηρός [pɔni'rɔs] schlau
πονώ [pɔ'nɔ] schmerzen, weh tun
πορεία [pɔ'ria] *f* Weg; Kurs
πόρτα ['pɔrta] *f* Tür
πορτοφόλι [pɔrtɔ'fɔli] *n* Brieftasche; Portemonnaie

ποσό [pɔ'sɔ] *n* Betrag
ποσοστό [pɔsɔ'stɔ] *n* Anteil
ποσότητα [pɔ'sɔtita] *f* Menge
ποτάμι *oder* **ποταμός** [pɔ'tami/pɔta'mɔs] *n/m* Fluss; Strom
ποτέ [pɔ'tɛ] *adv* nie; jemals
πού [pu] wo; ~ **και** ~ [pu kɛ pu] ab und zu
πουθενά [puθɛ'na] nirgends
πουλί [pu'li] *n* Vogel
πουλώ [pu'lɔ] verkaufen
πράγμα ['praɣma] *n* Ding; Sache
πραγματικός [praɣmati'kɔs] wirklich; tatsächlich
πρακτικός [prakti'kɔs] praktisch
πρακτορείο [praktɔ'riɔ] *n* Agentur
πράσινο ['prasinɔ] *n* Rasen
πρέπει ['prɛpi] müssen
πρεσβεία [prɛz'via] *f* (diplomatische) Botschaft
πριν [prin] *adv (zeitlich)* vor(her)
πρόβα ['prɔva] *f (THEAT)* Probe
πρόβλημα ['prɔvlima] *n* Problem
προβλήτα [prɔ'vlita] *f* Steg
πρόγραμμα ['prɔɣrama] *n* Programm; Plan
προετοιμάζω [prɔɛti'mazɔ] vorbereiten
προθεσμία [prɔθɛ'zmia] *f* Frist
πρόθυμος ['prɔθimɔs] willig, bereit
προκαλώ [prɔka'lɔ] hervorrufen; provozieren
προξενείο [prɔksɛ'niɔ] *n* Konsulat
προξενώ [prɔksɛ'nɔ] verursachen
προορισμός [prɔɔri'zmɔs] *m* (Reise-)Ziel, Bestimmungsort
προς [prɔs] *(Richtung)* nach, gegen; zu; ~ **τα κάτω** [prɔs ta 'katɔ] abwärts; bergab; ~ **τα μπρος** [prɔs ta brɔs] vorwärts
προσεκτικός [prɔsɛkti'kɔs] aufmerksam; sorgfältig; vorsichtig
προσέχω [prɔ'sɛxɔ] Acht geben (auf); aufpassen (auf); beachten
προσκαλώ [prɔska'lɔ] einladen
Προσοχή! [prɔsɔ'çi] *f* Achtung!; Vorsicht!
προσπαθώ [prɔspa'θɔ] s. bemühen; versuchen

προσπέκτους [prɔ'spɛktus] *m* Prospekt
προσπερνώ [prɔspɛr'nɔ] überholen
πρόσφατος ['prɔsfatɔs] kürzlich
προσφέρω [prɔ'sfɛrɔ] (an)bieten
προσωπικό [prɔsɔpi'kɔ] *n* Personal
προσωπικός [prɔsɔpi'kɔs] persönlich; **προσωπικά στοιχεία** [prɔsɔpi'ka sti'çia] Personalien
πρόσωπο ['prɔsɔpɔ] *n* Person
πρόταση ['prɔtasi] *f* Satz; Vorschlag
προτελευταίος [prɔtɛlɛf'tɛɔs] vorletzte(r, -s)
προτεραιότητα [prɔtɛrɛ'ɔtita] *f* Vorrang; Vorfahrt
προτιμώ (να) [prɔti'mɔ (na)] lieber haben; vorziehen
προτού [prɔ'tu] bevor
προϋπόθεση [prɔi'pɔθɛsi] *f* Voraussetzung
προφορά [prɔfɔ'ra] *f* Aussprache
προφέρω [prɔ'fɛrɔ] aussprechen
πρόχειρος ['prɔçirɔs] provisorisch
πρωί [prɔ'i] *n* Morgen; Vormittag; **σήμερα το ~** ['simɛra tɔ prɔ'i] heute früh
πρωινό ['pɛrnɔ prɔi'nɔ] *n* Frühstück; **παίρνω ~** ['pɛrnɔ prɔi'nɔ] frühstücken
πρώτα ['prɔta] *adv* (zu)erst, zunächst
πρωτεύουσα [prɔ'tɛvusa] *f* Hauptstadt
πρώτος ['prɔtɔs] erste(r, -s)
πυξίδα [pi'ksiða] *f* Kompass
πύργος ['pirɣɔs] *m* Turm, Burg
πυρκαγιά [pirka'ja] *f* Brand
πυροσβεστήρας [pirɔzvɛ'stiras] *m* Feuerlöscher
πυροσβεστική [pirɔzvɛsti'ki] *f* Feuerwehr
πώληση ['pɔlisi] *f* Verkauf
πώς [pɔs] wie
πως [pɔs] dass

Ρ, ρ

ραδιόφωνο [ra'ðjɔfɔnɔ] *n* Radio
ραντεβού [randɛ'vu] *n* Verabredung
ρέστα ['rɛsta] *n pl* Rest; Wechselgeld
ρεύμα ['rɛvma] *n* Strömung; (elektrischer) Strom
ρευστός [rɛf'stɔs] flüssig
ρέω ['rɛɔ] fließen
ρηχός [ri'xɔs] flach
ρίσκο ['riskɔ] *n* Risiko
ρίχνω ['rixnɔ] werfen; schießen
ρούχα ['ruxa] *n pl* Kleider, Sachen
ροχαλίζω [rɔxa'lizɔ] schnarchen
ρυθμίζω [riθ'mizɔ] regeln
ρωτώ [rɔ'tɔ] fragen; **~ για** [rɔ'tɔ ja] s. erkundigen nach

Σ, σ

σακίδιο [sa'kiðiɔ] *n* Rucksack
σακούλα [sa'kula] *f* Tüte, Beutel
σαν [san] wie
σάπιος ['sapiɔs] faul(ig)
... σας [sas] euer
σαφής [sa'fis] deutlich; klar
σβήνω ['zvinɔ] *(Licht)* ausgehen; ausmachen; löschen
σε [sɛ] in; an; bei; nach; zu; **(πάνω) ~** [('panɔ) sɛ] auf
σεζόν [sɛ'zɔn] *f* Saison
σελίδα [sɛ'liða] *f* (Buch-)Seite
σεξ [sɛks] *n* Sex
σερβίρω [sɛr'virɔ] servieren
σηκώνω [si'kɔnɔ] heben; *vp* **σηκώνομαι** [si'kɔnɔmɛ] aufstehen
σήμα ['sima] *n* Signal; Zeichen
σημάδι [si'maði] *n* Zeichen; Narbe
σημαντικός [simandi'kɔs] bedeutend, bedeutsam; wichtig
σημασία [sima'sia] *f* Bedeutung
σημειώνω [si'mjɔnɔ] aufschreiben, notieren
σημείωμα [si'miɔma] *n* Notiz
σιγά [si'ɣa] *adv* langsam; leise
σιγανός [siɣa'nɔs] leise
σιγουριά [siɣur'ja] *f* Sicherheit
σίγουρος ['siɣurɔs] sicher
σιωπή [siɔ'pi] *f* Schweigen; Stille

σιωπηλός [siɔpi'lɔs] schweigsam; still
σιωπώ [siɔ'pɔ] schweigen
σκάλα ['skala] *f* Treppe; Leiter *f*
σκέπτομαι ['skɛptɔmɛ] denken (an); bedenken
σκιά [skja] *f* Schatten
σκίζω ['skizɔ] reißen; zerreißen
σκληρός [skli'rɔs] hart
σκοινί [ski'ni] *n* Seil; Leine
σκόνη ['skɔni] *f* Pulver; Staub
σκοπεύω [skɔ'pɛvɔ] beabsichtigen
σκοπός [skɔ'pɔs] *m* Zweck; Absicht
σκοτεινός [skɔti'nɔs] dunkel; finster
σκουλήκι [sku'liki] *n* Wurm
σκουπίδια [sku'piðia] *n pl* Abfall; Müll
σκυλί *oder* **σκύλος** [ski'li/'skilɔs] *n/m* Hund
σοβαρός [sɔva'rɔs] ernst; seriös
σοδειά [sɔ'ðja] *f* Ernte
... σου [su] dein
σπάνιος ['spaniɔs] selten
σπίρτο ['spirtɔ] *n* Streichholz
σπίτι ['spiti] *n* Haus; Wohnung; **(στο) ~** [(stɔ) 'spiti] zuhause
σπορ [spɔr] *n* Sport
σποραδικός [spɔraði'kɔs] gelegentlich
σπουδάζω [spu'ðazɔ] studieren
σπουδαίος [spu'ðɛɔs] bedeutend
σταθερός [staθɛ'rɔs] fest; stabil
σταθμεύω [staθ'mɛvɔ] parken
σταματώ [stama'tɔ] (an)halten; stehenbleiben
στάση ['stasi] *f* Aufenthalt; Haltestelle
στεγνός [stɛ'ɣnɔs] trocken
στεγνώνω [stɛ'ɣnɔnɔ] trocknen
στέκομαι ['stɛkɔmɛ] stehen
στέλνω ['stɛlnɔ] schicken, senden
στεναχώρια [stɛna'xɔria] *f* Kummer
στενός [stɛ'nɔs] eng; schmal
στερεός [stɛrɛ'ɔs] fest; stabil
στιγμή [stiɣ'mi] *f* Augenblick
στοίβα ['stiva] *f* Stapel, Stoß
στόμιο ['stɔmiɔ] *n* Mündung
Στοπ! [stɔp] Halt!
στόχος ['stɔxɔs] *m* Ziel
στρογγυλός [strɔŋgi'lɔs] rund
συγγενής [siŋgɛ'nis] verwandt
συγγνώμη [siŋ'gnɔmi] *f* Entschuldigung; **ζητώ ~** [zi'tɔ siŋ'gnɔmi] s. entschuldigen
συγκοινωνία [siŋginɔ'nia] *f* Verkehr
συγκομιδή [siŋgɔmi'ði] *f* Ernte
συγκρατώ [siŋgra'tɔ] behalten
συγκρίνω [siŋ'grinɔ] vergleichen
σύγκρουση ['siŋgrusi] *f* Zusammenstoß
συγχαίρω [siŋ'çɛrɔ] gratulieren
συγχαρητήρια [si'ŋxari'tiria] *n pl* Glückwünsche
σύγχρονος ['siŋxrɔnɔs] modern
συζήτηση [si'zitisi] *f* Diskussion; Unterhaltung
συζητώ [sizi'tɔ] diskutieren; s. unterhalten
σύζυγος ['siziɣɔs] *m/f* Ehemann/frau
συλλαβίζω [sila'vizɔ] buchstabieren
συλλέγω [si'lɛɣɔ] sammeln
σύλλογος ['silɔɣɔs] *m* Verein
συμβαίνω [sim'vɛnɔ] geschehen
συμβιβάζω [simvi'vazɔ] vereinbaren; versöhnen
συμβόλαιο [sim'vɔlɛɔ] *n* Vertrag
συμβουλεύω [simvu'lɛvɔ] Rat erteilen, raten; *vp* **συμβουλεύομαι** [simvu'lɛvɔmɛ] konsultieren; um Rat fragen
συμβουλή [simvu'li] *f* Rat; Tipp
συμμετέχω (σε) [simɛ'tɛxɔ **(**sɛ**)**] teilnehmen (an)
συμπαθητικός [simbaθiti'kɔs] sympathisch
συμπαθώ [simba'θɔ] mögen; gern haben
συμπατριώτης/συμπατριώτισσα [simbatri'ɔtis/simbatri'ɔtisa] *m/f* Landsmann/männin
συμπτωματικός [simptɔmati'kɔs] zufällig
συμφέρον [sim'fɛrɔn] *n* Nutzen
συμφωνώ [simfɔ'nɔ] zustimmen; sich einigen

συνάδελφος [si'naðɛlfɔs] *m/f* Kollege/Kollegin
συναίσθημα [sin'ɛsθima] *n* Gefühl
συνάντηση [si'nandisi] *f* Begegnung; Treffen
συναντώ [sinan'dɔ] begegnen; treffen
σύνδεση ['sinðɛsi] *f* Verbindung
συνεννοούμαι [sinɛnɔ'umɛ] s. verständigen
συνεπής [sinɛ'pis] konsequent
συνηθισμένος [siniθi'zmɛnɔs] gewöhnlich; üblich
συνήθως [si'niθɔs] *adv* gewöhnlich
συνημμένο [sini'mɛnɔ] *n (Brief)* Anlage
συνιστώ [sini'stɔ] empfehlen; vorstellen
συνοδεύω [sinɔ'ðɛvɔ] begleiten
συνοικία [sini'kia] Stadtviertel
σύνολο ['sinɔlɔ] *n* Summe; Gesamtheit
συνομιλία [sinɔmi'lia] *f* Gespräch
σύνορα ['sinɔra] *n pl* Grenze
συντομογραφία [sindɔmɔɣra'fia] *f* Abkürzung
σύντομος ['sindɔmɔs] kurz; *adv* **σύντομα** ['sindɔma] bald, demnächst
σύρω ['sirɔ] ziehen
συσκευασία [siskɛva'sia] *f* Verpackung
συστήνω [si'stinɔ] *siehe* **συνιστώ**
συχνά [six'na] *adv* oft
σφάλμα ['sfalma] *n* Irrtum
σφήκα ['sfika] *f* Wespe
σφραγίδα [sfra'jiða] *f* Stempel
σχεδιάζω [sçɛði'azɔ] zeichnen; planen
σχεδόν [sçɛ'ðɔn] *adv* fast; beinahe; ~ **καθόλου** [sçɛ'ðɔn ka'θɔlu] kaum
σχηματίζω [sçima'tizɔ] bilden
σχολείο [sxɔ'liɔ] *n* Schule
σώζω ['sɔzɔ] retten
σώμα ['sɔma] *n* Körper
σωπαίνω [sɔ'pɛnɔ] schweigen
σωρός [sɔ'rɔs] *m* Haufen
σωστός [sɔ'stɔs] richtig

Τ, τ

ταβερνιάρης/ταβερνιάρισσα [taver'njaris/taver'njarisa] *m/f* Tavernenwirt/in
ταιριάζω [tɛr'jazɔ] passen
τακτικός [takti'kɔs] ordentlich; regelmäßig
τακτοποιώ [taktɔ'pjɔ] regeln; ordnen; erledigen
ταμείο [ta'miɔ] *n* Kasse
τάξη ['taksi] *f* Ordnung; Klasse
ταξιδεύω (σε) [taksi'ðɛvɔ (sɛ)] (ver)reisen (nach)
ταξίδι [ta'ksiði] *n* Reise; Fahrt
ταξιδιώτης/ταξιδιώτισσα [taksi'ðjɔtis/taksi'ðjɔtisa] *m/f* Reisende(r)
ταυτόχρονος [ta'ftɔxrɔnɔs] gleichzeitig
ταχύτητα [ta'çitita] *f* Geschwindigkeit; *(Auto)* Gang
τελειώνω [tɛl'jɔnɔ] (be)enden; zuende sein; abschließen
τελευταίος [tɛlɛf'tɛɔs] letzte(r, -s); *adv* **τελευταία** [tɛlɛ'ftɛa] neulich
τέλη ['tɛli] *n pl* Gebühren
τέλος ['tɛlɔs] *n* Ende; Schluss
τεμπέλης [tɛm'bɛlis] faul
τέρμα ['tɛrma] *n* Ende; Endstation; *(SPORT)* Ziel
τηλεφώνημα [tilɛ'fɔnima] *n* Telefonat
τηλεφωνώ [tilɛfɔ'nɔ] telefonieren
... της [tis] ihr
τι [ti] was; **Τι κρίμα!** ['ti 'krima] Wie schade!
τιμή [ti'mi] *f* Ehre, Preis
τίμιος ['timiɔs] anständig; redlich
τιμωρία [timɔ'ria] *f* Strafe
τίποτα ['tipɔta] *adv* nichts
τοίχος ['tixɔs] *m* Wand
τολμώ [tɔl'mɔ] wagen
τόνος ['tɔnɔs] *m* Ton; Akzent
τόπι [tɔ'tɔpi] *n (Sport)* Ball
τοποθεσία [tɔpɔθɛ'sia] *f* (Orts-)Lage
τοποθετώ [tɔpɔθɛ'tɔ] (auf)stellen; anbringen
τόπος ['tɔpɔs] *m* Ort
τόσο ['tɔsɔ] *adv* so, derart